核の時代70年

川名英之 著

緑風出版

上＝原爆投下により見渡す限り焦土と化した広島の爆心地。中央は広島県産業奨励館（現在、原爆ドーム）。（広島平和記念資料館所蔵）
中＝長崎市立山町高台から望む西天町天主堂方向の長崎市街被爆地。小川虎彦氏、写す。（長崎原爆資料館所蔵）
下＝広島上空に投下され、炸裂した原爆のキノコ雲。（広島平和記念資料館所蔵）

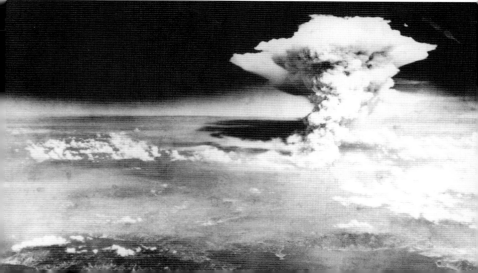

上＝広島に原爆「リトルボーイ」を投下した米軍爆撃機B‐29「エノラゲイ」と、その前に立つ操縦士ポール・ティベッツ中佐（中央のパイプをくわえている人物および他の乗組員。（AP提供）

中＝長崎に投下された原爆「ファットマン」の炸裂によって強烈な熱線の直射を受け、死亡した母子の遺体。1945年8月10日、山端庸介氏、写す。

下＝火傷と負傷にあえぐ被爆者たち。爆心地の東南東2270メートルの御幸橋西詰の巡査派出所前の臨時治療所で、1945年8月6日午前11時すぎ、松重美人氏、写す。（中国新聞社所蔵）

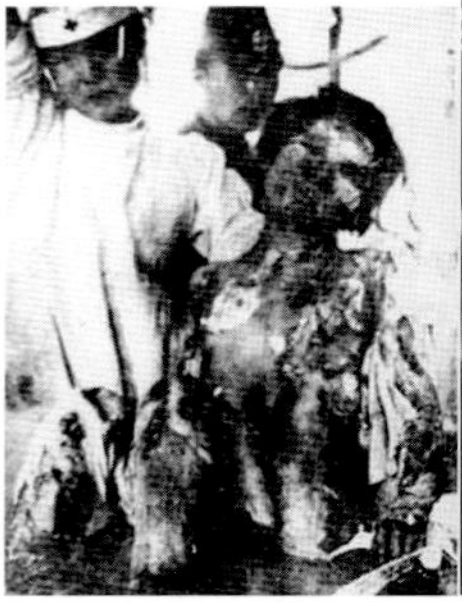

上右＝国連軍縮特別総会の演壇に立ち、熱線による全身やけどの写真を掲げて「ノーモア・ウォー、ノーモア・ヒバクシャ」と訴える山口仙二氏。一九八二年六月二十四日、写す。（ＵＰＩ提供）

上左＝熱線で全身にやけどを負い、長崎の大村海軍病院に収容された十四歳の少女。一九四五年八月十日頃、塩月正雄氏、写す。（長崎原爆資料館所蔵）

右＝上段が広島に投下された原爆「リトルボーイ」の模型（広島平和記念資料館の展示品）の写真と内部の仕組みの図解、下が長崎に投下された原爆「ファットマン」の模型（長崎原爆資料館の展示品）の写真と内部の仕組みの図解。写真は筆者、写す。内部のシステムの図解は広島平和記念資料館編集・発行『図録　ヒロシマを世界に』（一九九九年）二七頁。

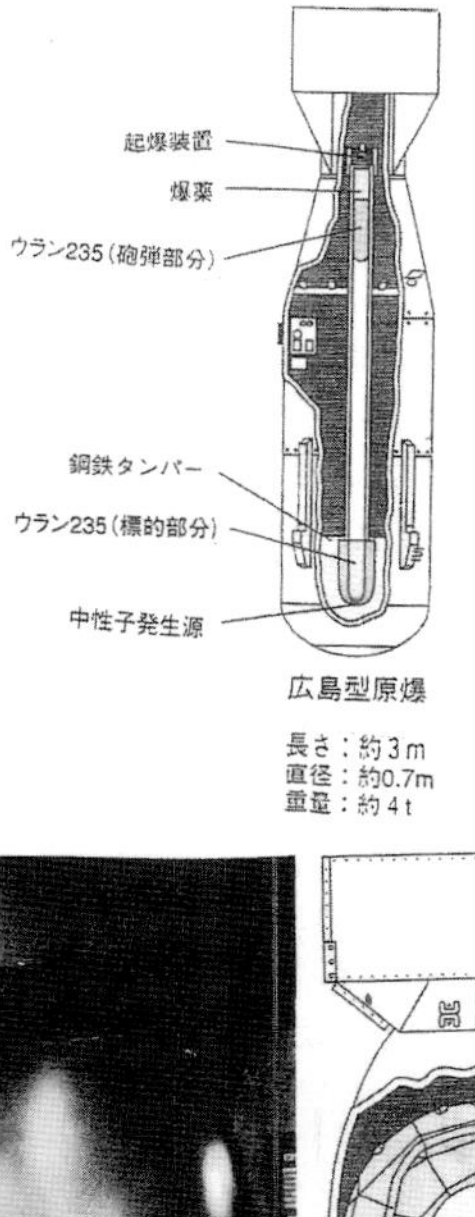

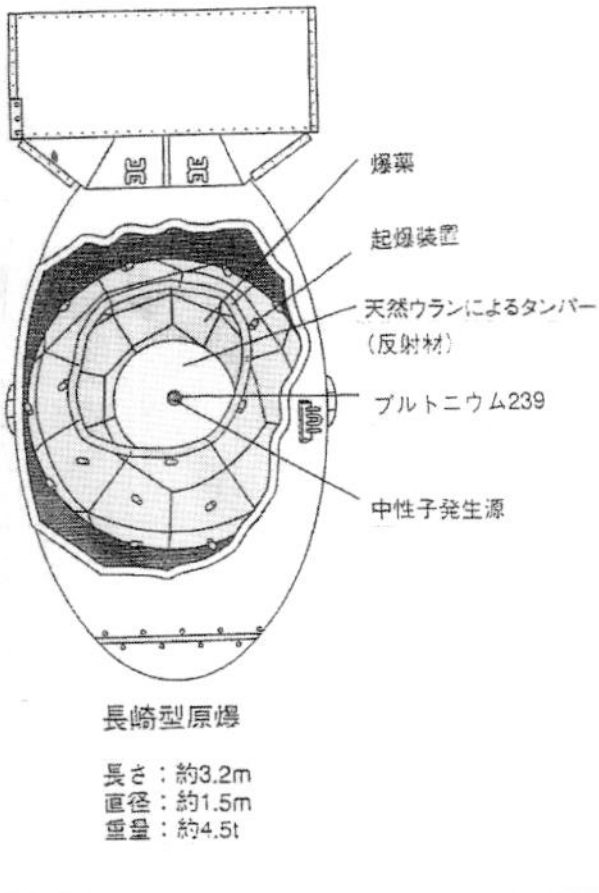

目次

核の時代70年

はじめに

第二次世界大戦末期の一九四五年八月、広島と長崎に人類史上、最初の核兵器原子爆弾が投下された。この原爆投下は戦争のあり方を根本から変え、「核の時代」が始まった。戦後、東西両陣営の冷戦に伴い、熾烈な核軍拡競争が続けられた。各国の核開発競争はとどまるところを知らず、一九八五年頃までに核保有五カ国によって蓄積された核兵器の爆発威力総量は広島型原爆の一四七万発分（推定ＴＮＴ火薬二二〇億トン分）に達した。これは地球上の人類を三五回以上殺せる量に相当する。

冷戦は一九八九年に終わったが、核兵器の削減は進んでいない。そのうえ新たに核兵器を持とうとする国が増える傾向にある。しかし核兵器のない安全な世界の実現は世界の大多数の悲願である。そこで「核の時代」の起点となった広島・長崎の被爆の実態と、過去七十年の核兵器問題の経過を検証する。

広島、長崎の被爆で注目されるのは放射線障害の恐ろしさである。放射線は長期にわたって種々の臓器にガン・白血病などの腫瘍を引き起こし、機能障害をもたらす。放射線は広島、長崎の爆心地から離れた地域の人々にまで腫瘍を引き起こした。広島の場合、白血病は一九五〇年頃から、甲状腺ガン、乳ガン、肺ガンなどは一九五五年頃から、それぞれ発症率が高くなり始めた。地球上のあらゆる生物のうちで放射線の発ガン効果に最も敏感なものが、人間であると言われている。

二発の原爆の炸裂による熱線、爆風、放射線のために死亡した人は六十九年後の二〇一四年八月の投下日現在、広島二九万二三二五人、長崎一六万五四〇九人、合計四五万七七三四人である。原爆投下から四カ月後の一九四五年十二月末の調べでは、両市の死者・行方不明の合計が約二一万四〇〇〇人だったから、六十九年間に二・一倍に増えたことになる。放射線障害の特徴は長期にわたる疾患だが、熱線と爆風は瞬間的に多くの死者を発生させた。広島と長崎の核爆発では、熱線（主に赤外線）の放射により爆心地で摂氏四千度前後の超高温状態が出現、人体を一瞬にして炭化させるなどの悲惨な被害をもたらした。また強烈な爆風（衝撃波）は広大な地域の建築物を倒壊させ、その下敷きになる人も多かった。私たちは今、核兵器が持つ強大な威力と凄まじい殺傷力を改めて思い知らされている。

太平洋戦争による日本の軍人・軍属の戦死者と民間人の死者の合計数は約三一〇万とされているが、実は広島、長崎で被爆して原爆症となり、それが原因で後年、死亡した人たちは含まれていない。一九四六年以降の死者二六万余人を計算に入れると、太平洋戦争による日本人の犠牲者は三三六万人になる。このほか様々な病気にかかり、闘病生活の後、死亡した一般の戦病死者もかなりの数にのぼっている。この人たちも、みんな戦争の犠牲者である。

核兵器が人道に反する大量破壊兵器であることは広島、長崎の無差別的、かつ残虐極まりない被爆実態から明らかである。このためにヒロシマ・ナガサキは七十年経った今もなお世界の核兵器問題の原点であり続けている。

大量破壊兵器には核兵器、化学兵器、生物兵器の三つがある。このうち生物兵器については一九七二年に「生物兵器禁止条約」（ＢＷＣ）が締結され、また化学兵器については一九九三年に「化学的兵器禁止条約」（ＣＷＣ）が締結され、それぞれ全面禁止された。しかし核兵器はこの二種類の大量破壊兵器と比べて桁外れに巨大な破壊力・殺傷力を持ち、そのうえ放射線障害が被爆者をほとんど全生涯にわたって苦しめる残忍性を併せ持っている。核兵器こそ、真っ先に全廃すべき大量破壊兵器と言うべきだろう。

ところが、逆に核兵器だけは禁止する条約がない。あるのは拡散を規制する核兵器拡散防止条約（ＮＰＴ）と核実験停止条約だけである。冷戦が終結し、核軍拡が止まってから四半世紀。国際社会の核軍縮は、はかばかしく進捗していない。フランシスコ・ローマ法王は第二次世界大戦終結後七十年を目前にした二〇一四年十一月三十日、世界に多数の核兵器が残っている現状について、次のように批判した。

「人類は原子力エネルギーを森羅万象と人類を破壊するために使った。人類は核問題について基本的な事柄も定められないでいる。人類は広島、長崎の被爆から何も学んでいない」

核軍縮が進んでいないばかりか、近年は核保有国が増加傾向にあり、そのうえテロ組織が核兵器の入手を狙う動きもある。核の脅威は確実に増大しつつある。私たちは今、核兵器のない世界の実現こそ、人類の悲願であることを改めて認識するとともに、原子の発見以降、今日までの核問題の経過をきちんと知る必要がある。

そこで本書では、一八九五年十一月のＸ線の発見にさかのぼり、今日に至る約百二十年の核の歴史をたどった。

(1)　一八九〇年代末頃から一九九〇年代初め頃までに放射性物質が発見され、原子科学の研究が目覚ましい進展を遂げた。一九三九年一月、ウラン２３５に中性子を照射すれば核分裂が起こり、その際、莫大なエネルギーが放出されることがわかった。この核分裂の発見は核兵器開発のルーツとなった。

(2) ウラン核分裂の際に放出される大きなエネルギーを利用して原子爆弾を開発する計画にナチス・ドイツが取り組み始めた。ナチス・ドイツのユダヤ人迫害で米国に亡命した著名な理論物理学者アインシュタインが米国大統領ルーズベルトに対し、ナチス・ドイツより先に米国が原子爆弾を開発するよう勧めた。

(3) 米国の原爆開発も核分裂の発見を原点としてスタートした。米国は三年の歳月をかけ、約二〇億ドルの巨費を投入して原子爆弾を製造、それを当初の使用目的の対独戦ではなく、対日戦に使うことを決め、広島・長崎に投下した。対日戦争における原爆使用から「核の時代」が始まった。

(4) 第二次世界大戦後、東西両陣営間に冷戦が激化、米国は独占していた原子爆弾を対ソ外交の切り札として使った。一九四六年七月、米国はマーシャル諸島ビキニ環礁で事前予告をして多数の実験用艦船を集結させ、原爆実験を行なった。対抗意識を燃やすソ連は原爆の早期開発に全力を挙げ、一九四九年八月二十九日、原爆実験に成功、米国の核独占を破った。次いで一九五三年八月十二日、米国より先に原爆の二十倍の威力を持つ水爆実験に成功した。

(5) 技術面の遅れに焦った米国が水爆開発に総力を傾け、一九五四年三月一日、水爆を開発、以後米ソ間に熾烈な核開発競争が繰り広げられた。この間、一九五二年に英国、一九六〇年にフランス、一九六四年に中国が核兵器を所有した。

(6) 緊迫した国際情勢が続いていた一九六二年十月、ソ連がキューバに核ミサイルを持ち込み、核基地を建設した。米国の偵察機が現場を写真撮影、ケネディ米国大統領はこれを基にフルシチョフ首相にミサイル基地の撤去を迫り、全面核戦争勃発の危機が高まった。結局、ソ連が譲歩、基地を撤去して危機が去った。

(7) 一九八九年十二月、ブッシュ米国大統領とゴルバチョフ・ソ連最高会議議長兼共産党書記長は地中海のソ連客船「マクシム・ゴーリキー」号船上の首脳会談で冷戦の終結を実現した。これにより東西両陣営間の核戦争勃発の危険性は遠のいた。

(8) 冷戦終結から九年後の一九九八年五月、インドとパキスタン、二〇〇〇年代に入って北朝鮮が核実験を行ない、核を保有した。これにより、米国、ロシア、英国、フランス、中国の五カ国のほかに、イスラエル、インド、パキスタン、朝鮮の四カ国に核の拡散が起こり、核兵器の拡散が人類の生存を脅かしている。

一九九五年四～五月の核拡散防止条約（NPT。一九七〇年三月、発効）締約国会議では、この条約の無期限延長と条約の運用を検討する「NPT再検討会議」を五年ごとに開催することが五月十一日に決まった。核保有国は核兵器を手放そうとせず、多くの非核保有国は核保有国に対し核廃絶を迫っている。再検討会議は現在、非核保有国と核保有国が核の拡散防止と核廃絶の実現をめぐる議論の中心的な舞台となっている。

いま世界には、人々の安全保障を脅かす危険が二つある。その一つは地球温暖化による気候の激変・異常気象の頻発や海面上昇の危険性、二つ目は野放図な核兵器の拡散による核テロや紛争の際の核兵器使用の危険性が存在することである。

国際政治の絡み合う核兵器問題は人類社会が抱える最大の問題の一つとなっている。この問題には長く、入り組んだ歴史があり、容易に解決できるような問題では決してない。例えばロシアがウクライナのクリミア半島を一方的に併合（二〇一四年三月）した際、併合に反対する欧米を牽制するために核兵器を臨戦態勢に置く可能性があったことをプーチン大統領が一年後に明らかにした。そして二〇一五年六月十六日には、年内に大陸間弾道ミサイル（ＩＣＢＭ）を新たに四〇基以上配備すると述べた。一方、北大西洋条約機構（ＮＡＴＯ）は、ロシアの脅威を念頭に置いた「即応行動計画」を進めており、ロシアと米国・ＮＡＴＯ間には冷戦時代に逆戻りさせるかのような事態が相次いでいる。

私たちは被爆七十年を機に、広島・長崎に人類未曾有の惨禍をもたらした核兵器について、改めて考えてみる必要があるだろう。そして「核兵器は人道上、使用を許されない兵器である」という基本的な事柄を再確認し、たとえ困難な道のりであっても、核兵器をなくす努力を続けていかなければならないと思う。

文中、敬称は省略させていただいた。

二〇一五年七月一日

著者

第1章　「核の世紀」を導いた核分裂発見

X線発見から核分裂までの略史

先駆者レントゲンとベクレル

原子核分裂の発見は原子爆弾の開発に直結し、開発された爆弾が実戦に使われて「核の時代」が出現した。では放射性物質の発見から核分裂の発見に至るまでの「核の時代」前史には、どんな研究成果がどのように積み上げれたのだろうか。原子物理学のそもそもの始まりからウラン核分裂現象が発見されるまでの四十四年間の研究の歩みを見て行こう。

原子力の研究はドイツの物理学者（ヴュルツブルク大学教授）ヴィルヘルム・レントゲンが一八九五年十一月八日、X線を発見したことから始まった。レントゲンが真空放電管（クルックス管）を用いて陰極から陽極に向かう高速度の電子の流れ（陰極線）について研究していた時、机の上の蛍光紙の上に暗い線が現われた。これがX線発見の瞬間である。このX線は放射線の一種で、目には見えない。未知の線であることから、レントゲンがX線と名づけたものである。それから十七年後の一九一二年、X線とは普通、波長が一〇〇〜〇・〇一オングストロームの間の特定の波長域を持つ電磁波を指すと定義された。

発見されたX線は、暗闇の中に置いた結晶体を輝かせ、熱作用を起こさない。また鉛には遮断されるが、薄い金属箔などの物質を透過する能力が強いという不思議な性質を併せ持っていた。物体を透過する性質の強いX線は発見後、直ちにX線写真として医学に応用され、医療に大いに役立てられた。X線は発見者の名前を取ってレントゲンとも呼ばれる。一九〇一年、レントゲンはX線発見の功績により、創設されたばかりのノーベル物理学賞を最初に受賞した。しかしX線発見当時、X線の発見にただちに反応したのが、パリの有名な理系大学である理工科学校物理学教授アンリ・ベクレル（一八五二〜一九〇八）である。ベクレルは希少金属の一つ、ウランに着目、レントゲンが発見したX線の論文を基に、一八九六年二月、ウラン鉱石に日光を当ててX線が発生することを証明する実験を繰り返した。

アンリ・ベクレル
（Reuters Sun）

ヴィルヘルム・レントゲン
（Reuters Sun）

実験の際、ベクレルはウラン鉱石を素手で扱っていた。今では強力な放射能を放出するウラン鉱石を素手で扱うことなど到底、考えられないが、当時はウランが人体に有害であることは全く知られていなかったのである。

ベクレルは実験の際、常にウラン鉱石のそばに写真乾板を置いた。写真乾板は太陽光にさらした瀝青ウラン鉱石を黒色の分厚い紙に包んでも黒く感光した。この実験の結果、太陽光に当てたウランの硫酸カリウム塩が燐光を発することを確認することができた。

曇り空が続き、実験ができないため、ベクレルは黒い光沢を持つ瀝青ウラン鉱石を写真乾板と一緒に机の引き出しにしまった。ウラン鉱石の有害性を全く知らないためである。数日後、晴天になったので、ベクレルが実験を再開しようとして引き出しを開けたところ、写真乾板が黒く感光していることに気付いた。ベクレルはウラン鉱石が放出しているのが何らかの放射線であり、その放射線の強力かつ不思議な透過力により、写真乾板が露光したことを空気の電離によって確認した。

放射性物質はアルファ線、ベータ線、ガンマ線の形で、放射エネルギーを放出する。この放射線の発見は、ニュートン力学（十七世紀）、電磁気学（十九世紀）、量子物理学（二十世紀）と並ぶ物理学史上の重要な出来事とされ、物質が一秒間に放出する放射線の数は発見者の名にちなんでベクレルとされている。ベクレルは自然放射能を最初に発見した功績により、一九〇三年、ノーベル物理学賞を受賞した。

ベクレルの重要な発見は核物理学の基礎研究を切り開いた。しかしベクレルはウランから放出されるエネルギーの正体や原理の解明には取り組まず、その死後も究明すべき多くの謎が残されていた。フランスのキュリー夫妻や英国・ケンブリッジ大学付属キャベンディッシュ研究所のアーネスト・ラザフォード、ドイツのカイザー・ヴィルヘルム研究所オットー・ハーンとリーゼ・マイトナー、イタリア・ローマ大学のエンリコ・フェルミなどの核物理学者たちは、ベクレルの放射線の発見を受け、競って放射線研究に取り組んだ。

その結果、原子物理学はX線の発見後、目を見張るほど急速に進展した。こうして原子物理学はX線発見（一八九五年）から僅か四十四年後にウランの核分裂現象の発見にたどり着き、その後、「核の時代」に突入する。以下に、「核の時代」の入口に至るまでの放射線研究の主要な流れをたどる。

キュリー夫妻の活躍

マリー・キュリー（一八六七年〜一九三四年。旧名ジョリオ＝キュリー）はポーランド生まれ。フランス

放射線の発見から「核の時代」までの経過

1895年	レントゲンがX線を発見。
1896年	ベクレルがウランから出る放射線を発見。
1898年	キュリー夫妻がラジウムとボロニウムを発見。1903年ノーベル物理学賞受賞。
1902年	マリー・キュリーがラジウムを抽出。1910年、ノーベル化学賞受賞。
1905年	アインシュタインが特殊相対性理論を発表。
1919年	ラザフォードが窒素原子核の破壊実験に成功。
1934年	ジョリオ＝キュリー夫妻が人工放射性元素を発見。
1939年	ハーン、マイトナーらが核分裂現象を発見。
1942年	フェルミが核分裂の連鎖反応に成功、原子力エネルギーの利用が可能になる。
1945年	米国が原子爆弾を開発、広島・長崎に投下。
1949年	ソ連が原爆実験に成功、核保有国となる。
1952年	英国が核実験で核保有。1953年、米大統領が「原子力を平和利用に」と国連で演説。
1960年	フランスが核実験で核保有。1963年にイスラエル、1964年中国、1998年インド、パキスタン、2006年北朝鮮が核実験。

のソルボンヌ大学に留学、一八九五年七月、パリで生まれ育った新進気鋭の物理学者ピエールと結婚した。夫ピエール・キュリー（一八五九〜一九〇六）はベクレルと親しい間柄。ある日、ベクレルは黒く感光した写真乾板を持ってピエールの研究室にやって来た。

夫妻は感光した写真乾板を見、ベクレルの話を聞き、ウラン以外にも放射線を出す物質があるに違いない」、と直感した。そして瀝青ウラン鉱石が発する光線の特性は何か、数百万年も太陽光に当たらずに地中に眠っていた鉱物がなぜ光線を発するのか不思議に思った。キュリー夫妻はウラン鉱石が持つ数々の謎の究明意欲を掻き立てられた。ベクレルは放射線の透過力を発見したが、放射線の正体や原理は謎に包まれていたのである。特にマリーはウラン光線の研究を博士論文の研究課題に選び、夫ピエールとともに研究に専念した。[1]

ピエール・キュリー（左）、マリー・キュリー夫妻と長女イレーヌ。親子が受賞したノーベル賞は、この夫妻が1回ずつ、マリーがもう1回、イレーヌの結婚後、その夫フレデリック・ジョリオ＝キュリーが1回で、合計5回。(PAP/時事通信フォト)

夫妻がピッチブレンド（瀝青ウラン鉱）のウラン抽出後の鉱滓を測定すると、ウラン鉱石よりも、はるかに強い放射線が出ていた。夫妻は、ピッチブレンドには、まだ発見されていない元素が存在するのではないかと考え、ボヘミア（チェコ）でオーストリア・ハンガリー帝国政府が採掘していたザンクト・ヨアヒムスタール炭鉱産ピッチブレンドの鉱滓を八トン取り寄せた。そしてパリ市立工業物理化学学校から借り受けた中庭の木造物置小屋を精製作業室として使い、大量のピッチブレンド残滓から未知の放射性物質を精製する地道な作業を続けた。

精製作業は、まず膨大な量のピッチブレンドを根気よく砕き、それを鉄製の大きな容器に入れて煮詰め、様々な化学処理をして分離する。こうして抽出した物質から出ている放射線の強さをピエールの発明したピエゾ電流計で測定するという手順で進めた。来る日も来る日も、この精製作業を続け、着手から四年後の一八九八年、夫妻はついに新種の二つの放射性元素の抽出に成功、その原子量を概算的に225と算出（現在は226と認定）した。

同年七月十三日、マリーは発見した二つの新しい元素のうちの一つを祖国ポーランドにちなんでポロニウムと名付けた。ついで、十二月二十六日、もう一つをラテン語で放射能という意味のラジウムと命名し、実験ノートに記入した。マリーとピエールは自然発光して青緑色に輝く美しいラジウムを棚に並べて抽出の成功を喜び合った。(2)

マリーは感光作用や蛍光作用を示す能力を放射能（英語ではラディオ・アクティヴィティ、radioactivity）、このような現象を起こす元素を放射性元素（radioactive element）、放射能を持つ物質から出るものを放射線（radiation）と名づけた。キュリー夫妻は一八九八年七月、ポロニウムの発見に関する論文、同年十二月、ラジウムの存在に関する論文を、これらの言葉を用いて連名で書き、発表した。

分離したラジウムは純度が低かった。そこでマリーは新たに多量のピッチブレンドを取り寄せてラジウムを精製、得られたラジウム純度を高める作業に着手した。マリーの娘イレーヌは後に母マリーが挑んだ仕事を「人手もなく、資金もなく、備えもなく、実験室としての倉庫があるだけという状況の中で、ラジウムを濃縮し、純粋ラジウムを分離（いわゆる単離）するために何キロものピッチブレンドを処理するのは気の遠くなるような仕事」と言い、困難を恐れず、それに身を投げ出したマリーの勇気と強い研究心を讃えている。夫のピエールは「自分だったら、あのような仕事は決してしなかっただろう」と友人に打ち明けた。(3)

ピエールはマリーの仕事に全面的に協力、四年後の一九〇二年三月二十八日、夫妻は塩化ラジウムの結晶一デシグラム（一グラムの一〇分の一）の分離に成功した。このラジウム発見の功績により夫妻は一九〇三年十二月、ノーベル物理学賞を受賞した。

一九一〇年、マリーは新元素ラジウムの分離に成功、その功績により、翌一一年、ノーベル化学賞を受賞した。ノーベル賞の二度受賞は他に例のない快挙である。二度目の受賞の理由は「ラジウム、ボロニウムの発見とラジウムの性質および、その化合物の研究に類い稀な功績を挙げたこと」と発表された。

ピエールが核物理学の悪用を危惧

ピエール・キュリーは「核の時代」の到来をいち早く予測、一九〇五年のノーベル賞受賞記念講演で核物理学の研究成果の悪用への危惧の念を次のように表明した(4)。

「自然の秘密を知ることは本当に人類の利益になるのだろうか。人類には、それを有効利用する用意があるのだろうか。その知識が人類に害をもたらすことはないのだろうか。しかし私は、人類がこうした新発見から害悪よりも利益を引き出すと信じる者の一人です」

そんな状況の中、核物理学の最新の成果を基に、原子爆弾が開発され、それが戦争に使われるという暗い未来予測も流行《はや》った。原子核物理学の研究成果の悪用に関するピエール・キュリーの危惧は多くの人の共感を得た。原子物理学が築いてきた研究成果の悪用をテーマにしたスケールの大きなSF小説が出版され、世界に衝撃を与えた。ジョージ・ウェルズが放射性物質に関するソディの評論からインスピレーションを得て書いた『解放された世界』である。

この小説は一九五〇年代に舞台を設定、覇権を目指す世界の国家が二大陣営に分かれて長期間戦い、原子爆弾を使用して世界の主要都市を瓦礫と化すという筋書き。この中でウェルズは第二次世界大戦後の東西冷戦の到来と核兵器による対立を驚くべき洞察力で予言した。

『解放された世界』は原子物理学の急速な発展により、原子爆弾の製造を可能にする時代および恐るべき核の時代が近づいていることを予告するものであった。このSF小説の出版から四半世紀後の一九三九年一月、核分裂現象が発見され、人類は放射能から巨大なエネルギーを織り出す原理を見いだした。核分裂の発見は紛れもなく「核の時代」の扉を開いた。

ベクレルとキュリー夫妻の放射線被曝

一八九〇年代中頃から一九一〇年代にかけて活躍した原子物理学のパイオニアたちは、放射性物質の有害性を全く知らずに、これを放出する鉱石類を素手で扱ってきたため、自らの健康に重大な被害を受ける羽目になった。

アンリ・ベクレルは、その最初の犠牲者だった。ベクレルは一九〇一年、ラジウム発見者のピエール、マリー・キュリー夫妻（次項を参照）から塩化ラジウム入りのガラス管を研究用に寄贈してもらい、これをかなり長い間、チョッキのポケットに入れて持ち歩いていた。このため胸の皮膚に火傷《やけど》が生じた。驚いたベクレルはキュリー夫妻宅を訪れ、放射性物質の危険性に注意を喚起する論文を執筆することになり、ベクレルとピエールが連名で論文を発表した。

放射線が生物体に有害な影響を及ぼすことは一九〇〇年、ドイツの研究者ヴァルクホフギーゼルらによって科学的に初めて確かめられ、その後、ラジウムの放射線には透過力の強いガンマ線が含まれ、放射能を持ったラドンガスも発生していること、およびラジウムに長い年月、触れていると内臓にまで影響を与える恐れがあることがわかった。

それればかりか、胸部ポケットの塩化ラジウム入りガラス管から放出される放射性物質はベクレルの体内に入り込み、体内被曝によって臓器を蝕み続けたと見られる。一九〇八年、ベクレルは五十五歳という若さで死去した。

ラジウムには美しさという魅力の半面、放射線による環境の汚染と人体の被曝という厄介な特性があった。マリーはその特性について、雑誌の記事の中で次のように書いている。

「化学実験室で使用されるさまざまな物や、物理学の実験に使う物は、すべてすぐに放射能を持つようになり、黒い紙を通して写真の感光板に作用するようになる。塵、部屋の空気、そして衣服も放射能を持つようになる。部屋の空気は伝導体である。私たちが仕事をする実験室では、災いが重大な段階にまで達してしまっており、もはや完全に絶縁された機器などなくなってしまった」

キュリー夫妻は膨大なピッチブレンド（瀝青ウラン鉱）の残滓から放射性物質（ラジウムとポロニウム）を抽出するための精製作業を四年間、素手で続けたため、皮膚に被曝のやけどができ、皮がむけた。(5) 一九〇八年のラジウム発見から五年間にマリーの体重は過労も加わって四・六キロ減り、友人たちは痩せたマリーに対し「体にもっと気を付けるように」とアドバイスした。

マリーの人体への放射能汚染は第一次世界大戦（一九一四〜一九一八年）の負傷兵の体に入った爆弾や弾丸の破片をレントゲン撮影によって見つけ、摘出する医療活動に従事したことによって、さらにひどくなった。マリーは、この医療活動のために解剖学を勉強、政府から特別に赤十字放射線局長という役職を貰って自らも病院を回り、負傷兵士の治療に当たった。

何台もの自動車に医療用のレントゲン装置と発電機を搭載、自ら戦場に乗り込んで負傷兵をレントゲン撮影することで体内の爆弾や弾丸の破片を探し出し、多くの命を救った[6]。戦火の拡大に伴い、レントゲン装置搭載車が二〇台に、レントゲン設備設置個所（主に病院）が二〇〇カ所に、それぞれ増やされた。

こうした献身的な放射線医療活動に従事したことにより、マリーは放射線被曝を受けた。膨大な量のピッチブレンドからの放射性物質抽出作業に三年九カ月間携わったうえ、さらに第一次世界大戦中は放射線医療活動への従事が加わったために、体内被曝量は大きかったと見られている。大戦終結から四年後の一九二二年、マリーはレントゲン撮影による放射線被曝が原因と見られる白内障の第一回手術を受け、以後三回手術が繰り返された。また手指の皮膚は痛みを伴う剥離を起こしていた。

一九三四年、マリー・キュリーは悪性の骨髄性白血病にかかり、同年、六十七歳で他界した。遺体を収めた棺の中の放射能測定濃度はかなり高かったと伝えられている。マリー・キュリーはアンリ・ベクレルと並び、放射性物質を扱って放射能に健康を蝕まれ、犠牲者となった。

夫ピエール・キュリーは四十六歳のとき、交通事故死したが、死の直前には放射能障害のためにひどい健康状態にあった。ラジウムから放出される放射線はガンなどの細胞を破壊する働きをする。ピエールはウランから放出される放射線に曝してつくった火傷をこの方法で治療し、それがラジウム療法（キュリー療法とも言う）として確立された。

またローマ出身のノーベル賞受賞の原子物理学者で、米国の原爆開発計画に参画したエンリコ・フェルミ（一九〇一〜一九五四）も悪性の骨髄性白血病で死亡した。核物理学の草創期に活躍した放射線研究者の被曝は放射線の恐ろしさを如実に示している。

ラザフォード・グループの功績

ウランやラジウムから放射線が出ていることはキュリー夫妻らの研究で明らかになった。だが放射線や原子の正体は依然、謎のままであった。この謎の解明に取り組み、究明の糸口をつかんだのが、ニュージーランド出身のアーネスト・ラザフォード（一八七一～一九三七）である。キュリー夫妻が放射性物質の理解のために重要な貢献をしたのに対し、ラザフォードは実験物理学の観点から放射能の現象を解明し、「原子物理学の父」と呼ばれた。

ラザフォードはニュージーランド大学卒業後、英国のケンブリッジ大学付属キャベンディッシュ研究所に留学、所長のジョセフ・ジョン・トムソン教授の指導のもと、気体の電気伝導の研究を始め、トムソンに才能と資質を認められた。

一八九八年、ラザフォードはウランから二種類の放射線、アルファ線とベータ線が出ていることを発見し、それを分離した。一九〇二年、元素が放射線を放出して別の元素に変わるという放射性元素変換説を提唱、原子核の人工変換などにより、一九〇八年にノーベル化学賞を受賞、一九一四年に国王ジョージ五世からナイトの勲位を授与された。その後一九一九年に窒素原子がラジウムから出るアルファ粒子の衝撃を受けて酸素原子に変換することを発見して核の破壊実験に成功し、翌一九二〇年、中性子の存在を予想した。

原子核のプラスの電気の正体が陽子（プロトン）であることや原子核の大きさを原子全体のほぼ一万分の一であることを明らかにしたのもラザフォードである。

ラザフォードの指導のもとで原子核の研究に取り組んでいたジェームズ・チャドウィック（一八九一〜一九七四。英国）は、ラザフォードが存在を予想した中性子粒子の研究に取り組み、一九三二年二月、中性子を発見した。原子の中には、それまで知られていた電子と陽子のほかに、もう一つ中性子という小さな粒子が発見されたこと、および中性子は陽子と同じ質量を持ち、電気的には中性であることがわかったことにより、原子核の構造がほぼ完全に明らかになった。

この中性子の発見と原子核の構造の解明が後に核分裂の発見を導く引き金となる。そして核分裂の発見が原子爆弾の開発に繋がって行く。

中性子発見から二年後の一九三四年、キュリー夫人の長女イレーヌと夫フレデリックはアルミニウム原子に人工的に放射線を照射したところ、アルミニウムが放射性アルミニウムに変わった。人工放射能の創出である。原子核物理学は、これによって放射能を新たに利用する道を切り開いた。マリー・キュリーの孫、イレーヌの長男で、世界的な生物学者のピエール・キュリーは両親の人工放射能の創出とチャドウィックの中性子発見について、後に次のように語った。(7)

アーネスト・ラザフォード
（Reuters Sun）

「両親も中性子の発見に挑んでいたのだが、残念ながらライバルの英国（筆者注・ラザフォード・グループ）に先を越されてしまった。しかし両親の、それまでの研究があったからこそ、中性子は発見できたのです。人工放射能も、ライバルと競い合ったから発見できたのだと思います」

一九三五年、チャドウィックは中性子の発見でノーベル物理学賞を受賞した。チャドウィックの発見を基に研究を進め、原子核物理学を前進させたのが先に述べたエンリコ・フェルミである。

ラザフォードの指導のもとで原子核の研究をしていたジョン・コッククロフトとアーネスト・ウォルトン（一九〇三〜一九九五。アイルランド）がリチウムに加速した陽子を衝突させて原子核の変換を実現した。これは最初の原子核反応である。二人は、この功績により、一九五一年にノーベル物理学賞を受賞した。ラザフォードと、彼の指導を受けた原子物理学者三人が受賞したノーベル賞は合わせて四個。ラザフォード・グループの受賞はキュリー家の五個と並ぶ。

ラザフォード・グループのニールス・ボーア（前出）は一九二一年にコペンハーゲンに理論物理学研究所を開き、外国から多くの物理学者を招いて量子力学の形成に指導的役割を果たし、ノーベル物理学賞を受賞。ボーアが一九三九年に発表したウラン同位元素２３５の核分裂の予想は原子爆弾開発への重要な理論的根拠とされ、量子力学分野では相対性理論の確立者であるアインシュタインと双璧を成した。

キュリー夫妻は放射性物質の理解のために大きな貢献をしたが、放射能という現象を解明し、それによって原子核物理学を前進させたのはラザフォードと、そのグループの研究者たちである。(8)

ちなみにロンドン大学キャヴェンディッシュ実験物理学講座教授時代やマンチェスター大学教授時代にラザフォード教授の指導を受け、後にノーベル賞を受賞した科学者は次の九人（括弧内は受賞年、受賞部門、出身国）である。

①フレデリック・ソディ（一九二一年・化学。英国）、②ニールス・ボーア（一九二二年・物理学。デンマーク）、③ジェームズ・チャドウィック（一九三五年・物理学。英国）、④オットー・ハーン（一九四四年・

化学。ドイツ）⑤パトリック・ブラケット（一九四八年・物理学。英国）、⑥セシル・パウエル（一九五〇年・物理学。英国）、⑦アーネスト・ウォルトン（一九五一年・物理学。アイルランド）⑦ジョン・コッククロフト（一九五一年・物理学。英国）、⑨ピョートル・カピッツア（一九七八年・物理学。ロシア）。

原子核物理学の驚異的発展

原子の概念は紀元前五世紀、古代ギリシャで生まれた。あらゆる物体は細かく分割して行くと、最後にそれ以上、分割できない分子が残る。哲学者デモクリトス、エピクロス、レウキッポスは物体を構成している最小のものをギリシャ語でアトム（atom）と名づけた。アトムという言葉は「これ以上分割できないもの」という意味である。

ヘリウム（$_2He$）原子の構造模型

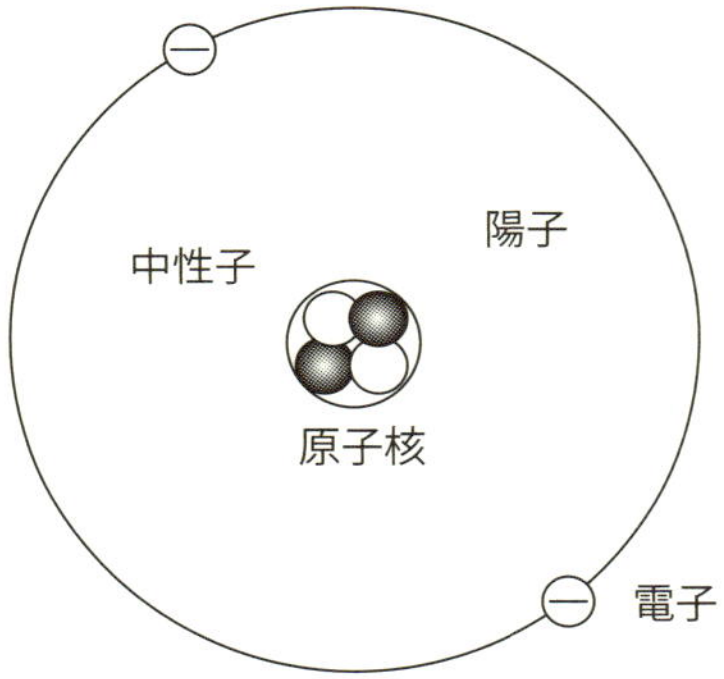

当時、原子は絶対に変化しないと考えられ、それが常識となっていた。ところが一八九五年十一月のヴィルヘルム・レントゲンによるX線発見、九六年のベクレルによる放射線発見、一八九八年、キュリー夫妻による新種の放射性物質二種（ラジウムとポロニウム）発見、ラザフォードによる原子核の構造の研究による中性子の発見など、相次ぐ研究実績により、原子の概念が一変した。こうして短期間のうちに古代ギリシャの時代から約二四〇〇年間、続いた常識が完全に覆されたのである。以上の

ことを整理すると、次のようになる。

物質を構成する最小の粒子が原子である。原子をさらにバラバラにすると、どの原子も陽子、中性子、電子がでてくる。これらの粒子を素粒子という。

原子核の周りに陽子の数と同じ数の電子が存在する。

原子の構造はヘリウムを例にとると、図二七頁の図のようになる。

短期間に原子核物理学をここまで急進展させた主な研究者は次のとおりである。

ヴィルヘルム・レントゲンのX線発見に始まり、アンリ・ベクレル、マリー・キュリー、ジョリオ＝キュリー夫妻、アーネスト・ラザフォード、ラザフォードの指導を受けたジョン・コッククロフト、アーネスト・ウォルトン、ジェームズ・チャドウィック、エンリコ・フェルミ、ニールス・ボーア、オットー・ハーン、リーゼ・マイトナー、オットー・フリッシュ。

原子核物理学が急進展を見た一九二〇年代初めから核分裂現象の発見までの約二十年間、核物理学研究の中心地は世界に三つあった。

その一つはアーネスト・ラザフォード率いる英国ケンブリッジ大学付属キャヴェンディッシュ研究所、二つ目はニールス・ボーアが指導的役割を演じているデンマークのコペンハーゲンの理論物理学研究所、三つ目はドイツのゲオルク・アウグスト大学ゲッティンゲン（通称・ゲッティンゲン大学）の理論物理学研究所であった。

キャヴェンディッシュ研究所は物理学者ヘンリー・キャヴェンディッシュを記念して一八七一年に設立された。二〇一二年までに二九人ものノーベル賞受賞者を輩出した名門である。ラザフォードは一九一

原子
- **原子核**
  - **陽子**……正の電荷を帯びている。
  - **中性子**……電気的には中性。
- **電子**……負の電荷を帯びて、質量は陽子や中性子の1/1840

九年に同研究所の四代目の所長に就任、ケンブリッジ大学実験物理学講座教授を兼務した。

ボーアは一九二七年に量子力学の基礎概念としての相補性原理を発表するなど原子核物理学に貢献、一九二二年にノーベル物理学賞を受賞した人物。マイトナーと一緒に核分裂の解釈をしたフリッシュの勤務していたコペンハーゲンの研究所の経営者でもある。ボーアはナチス・ドイツがウランの核分裂を利用して核爆弾を開発して使うことを心配していた。

ゲッティンゲンの理論物理学研究所を率いていたのはジェイムズ・フランク（一九二五年、ノーベル物理学賞受賞）、フランクを補佐していたのが同僚マックス・ボルン（英国出身、一九五四年、ノーベル物理学賞受賞）だった。だがナチス政権のユダヤ人排斥でボルンはドイツを去った。

ちなみに米国の原爆開発「マンハッタン計画」の科学者の責任者に抜擢されたロバート・オッペンハイマー（後述）は最初、英国ケンブリッジ大学付属キャヴェンディッシュ研究所に留学、次にゲッティンゲン大学に留学して博士号を取得、世界最先端の核物理学を学び取って原爆開発に取り組んだ。

X線の発見から核分裂現象の発見までの半世紀間は、「物理学の革命時代」と呼べるほど科学の進展した時代であった。この時期に謎に包まれていた原子の世界の事柄が次々に解明された。核物理学者たちが研究意欲を燃やし、弛まぬ努力の結果、築き上げた核物理学の成果が核分裂現象の発見であった。

オットーとマイトナーの共同研究

二つに割れたウラン原子核

一九三八年十二月十九日、ベルリンのカイザー・ヴィルヘルム研究所（現マックス・プランク研究所）の化学者オットー・ハーン（一八七九～一九六八。ドイツ出身）と助手のフリードリヒ・シュトラスマン（一九〇二～一九八〇。同）がウラン238に高速中性子を照射する実験を繰り返していた最中、突然、ウラン原子核が細胞分裂のように真っ二つに割れた。

原子核の分裂により、放射性物質のバリウムとクリプトンが生成され、ラジウム同位体は分離できなかった。生成されたバリウムは、少なくとも三種類の同位体であることが判明したが、なぜこの現象が起こったのか、なぜバリウムが生じ、ラジウムが生じないのか、それはどんな意味を持つのか。ハーンら二人には、どうしてもわからなかった。

そこでハーンは中性子照射実験の提唱者で、同研究所に同僚として勤務、共同研究をしていた女性物理学者リーゼ・マイトナー（一八七八～一九六八。オーストリア出身）に十二月十九日付で、手紙と実験結果を送った。マイトナーはユダヤ人。ナチス・ドイツのユダヤ人迫害のため、三八年七月、カイザー・ヴィルヘルム研究所を辞め、スウェーデンに亡命した。

ハーンは、さらに二十一日付の手紙で実験結果をまとめた論文と「何が起きているのか意見を聞きたい」と判断を求める手紙を共同研究者のマイトナー宛に書き送った(9)。

手紙の最後には「私たちが、以前のように一緒に研究できていたら、いま、どんなにすばらしく胸が躍ったことでしょう」と書かれていた(10)。

ハーンの手紙がマイトナーに届いたのはクリスマスの休暇中のことだった。マイトナーは、たまたま年末を共に過ごすために訪ねて来て逗留した甥の若い物理学者オットー・フリッシュ（一九〇四〜一九七九。オーストリア）とともにスウェーデンの小さな村の彼女の友達のところで過ごしていた。フリッシュは当時世界的に著名なコペンハーゲンのノーベル物理学賞受賞者ニールス・ボーア（一八八五〜一九六二）の研究所で原子物理学を研究していた。

カイザー・ヴィルヘルム研究所（ベルリン）で共同研究をしていた当時のオットー・ハーン（右）とリーゼ・マイトナー。1913年、同研究所の研究室で写す。（Photoshot/ 時事通信フォト）

二人は雪の中、散歩に出て、ハーンの手紙に書かれているウランの分裂について長い時間、話し合った。最初、フリッシュは「ウラニウムが二つのほとんど重さの等しい物質に分裂することなど考えられない」と信じようとしなかった。

これに対しマイトナーは「化学者のハーンがミスをしたとは思えない」と言い、「これはウラン原子核が分裂を起こしたのである。この核分裂現象によって解放されるエネルギーはおそらく莫大なものになるだろう」と実験によって起こった現象について熱っぽく、確信に満ちて話しまくった。フリッシュは説得力のあるマイトナーの見解に同調した。

散歩の後、二人は原子核分裂に伴う質量の減少から解放され、放出されるエネルギーの総量の計算を試みた。二人がアインシュタインの方程式E=mc2を使って計算すると、解放されるエネルギーは二億電子ボルトという信じ難いほど莫大な数値になった。この計算からすると、ウランの核分裂によって解放されるエネルギーは石炭の燃焼によって得られるエネルギーの二五〇万倍に相当することになる。(11)

二人はウランの核分裂現象について検討、その結果、次のように分析した。

ウランのような重い核では、外から中性子が入ってくると核が変形し、二つに分裂することが起こり得る。仮にウランの原子核が二つに分裂することがあるならば、それは原子核分裂である。「エネルギー＝質量×光速の二乗」というアインシュタインの関係式に照らしても、核分裂が起こったと見ることができる。ウランの中性子核分裂によって莫大なエネルギーが放出されるだろう。

つまりマイトナーとフリッシュの分析・検討の結果、「ウランの原子核に、原子を構成する中性子を照射すると、分裂して二つの原子核ができる。この核分裂の際、質量の一部分が失われ、それがエネルギーに形を変え、爆発する」という事実が明らかになったのである。マイトナーはこの検討結果をまとめてオットーに郵送した。そして一九三九年一月三日、ハーンに宛てて次のような手紙を送った。

「私はいま、あなたたちが本当にウランをバリウムに砕いたとはっきり信じています。それはすばらしい研究結果です。あなたとシュトラスマンに心からお祝いを申し上げます(12)」

二人はウラン原子核分裂現象発見のニュースを自分たちだけでキープしておくべきではないと感じ、コペンハーゲンに住んでいるニールス・ボーアに知らせることに決めた。彼らがコペンハーゲンに急行すると、ボーアは米国で数カ月滞在するため出発するところだった。ボーアは核分裂に関する二人の話に強い関心を示し、彼らと討論した。そして「ウラニウム原子が分裂したときに放出されるエネルギーを測定できるかもしれない」と言い、二人に測定のための実験のやり方について示唆を与えた。

マイトナーはボーアと話し合った後、ストックホルムに帰り、これまでの検討結果をコペンハーゲンのフリッシュとの電話のやり取りで英文の連名の論文にまとめた。論文の題名は「中性子によるウランの分解：新しい核反応」。二人は、この論文を英国の科学雑誌『ＮＡＴＵＲＥ』に送り、それが一九三九年二月十日号に掲載された[13]。

核分裂に関する『ＮＡＴＵＲＥ』誌の記事は、ハーンとシュトラスマンの発見を物理学的に解明した最初のものだったから、世界の原子核研究者の間に大きな反響を呼んだ。科学者たちは競うように記事内容を検証する実験に取り組んだ。

「核分裂」という題で書かれた論文が一九三九年末までに米国だけで一〇〇件を超えた。その結果、世界的な研究の積み重ねにより、ウランの分裂の際、エネルギーを持った中性子が次々に飛び出す「核分裂の連鎖反応」が発生し、最終的には、核分裂の際に連鎖反応的に放出されるエネルギーを原子爆弾に利用することも可能なことが明らかになったのである[14]。

一方、マイトナーとフリッシュから核分裂のニュースを聞いたニールス・ボーアは訪米後の一月二十六日、ワシントンの物理学会でこのニュースについて報告し、大きな反響を呼んだ（後述）。

亡命後続けた共同研究が結実

「核の世紀」の開幕をもたらした原子核分裂現象の発見はリーゼ・マイトナーがハーンに提案し、ハーンがこれを受け入れてスタートした共同研究の結果、得られた成果である。そこで、以下にこの共同研究を担った人々の研究歴と大発見に至るまでの共同研究の経過をたどる。

この共同研究を提案したリーゼ・マイトナーは一八八七年十一月十七日、オーストリアの首都ウィーンで弁護士フィリップ・マイトナーと、その妻ヘートヴィヒの三番目の子として生まれた。フィリップはユダヤ系だが、子どもたちにはユダヤ教ではなく、プロテスタントの教育を受けさせた。この時代、ウィーンの医師や弁護士など上層の市民階級に属している家庭では、ユダヤ系であってもユダヤ教を実践していないケースが数多くあった(15)。

オットー・ハーンはフランクフルトの生まれ。マーブルク大学で化学を学び、有機化学の研究を行なった。一九〇五年、モントリオールの、アーネスト・ラザフォードの研究室に留学。翌年、ベルリン大学に移って放射性物質を分離する研究に従事し、一九一二年、カイザー・ヴィルヘルム研究所の主任研究員となった。ハーンは研究所の所長エミール・フィッシャー教授の助手でもある。

シュトラスマンは一九二九年にカイザー・ヴィルヘルム研究所に入り、化学部に属してハーンの助手として放射能の研究を始めた若手研究者、博士である。

一方、マイトナーは一九〇一年十月、ウィーン大学に入学、哲学科で天才的な物理学者ルートヴィヒ・ボルツマン教授の講義に欠かさず出席した。一八九八年、キュリー夫妻がラジウムとポロニウムを発見して間もない時期、マイトナーはボルツマンから最新の原子物理学を学び、博士号を取得した。一九〇七年十一月、二十八歳、独身のマイトナーは何学期かの間、ベルリンで理論物理学を学ぶつもりでベルリンに出た。

十一月二十八日、マイトナーは幸いカイザー・ヴィルヘルム研究所勤務が決まった。ベルリンでは短期間勉強するつもりだったが、滞在は三十一年の長期間になる。彼女は、この研究所で、所長の助手ハーンと一緒に放射性崩壊系列を完成させる共同研究に取り組み、全ての放射性元素を注文し、取り寄せた[16]。

マイトナーはハーンに共同研究を提案、ハーンとの共同研究が始まった。これにより二人は一九一七年、ピッチブレンドを硝酸で溶かして得た二酸化ケイ素の沈殿物の中から新しい同位元素プロトアクチニウムを発見した。

一九三四年九月、マイトナーはローマ大学の核物理学者エンリコ・フェルミ(一九〇一〜一九五四)が発表した「自然界に存在する元素に中性子を照射すれば、ウランより原子量の大きい原子(超ウラン原子)を生み出せる」という趣旨の研究論文を読み、ウランに中性子を照射する研究テーマに取り組もうという強い意欲を駆り立てられた。

マイトナーはフェルミの研究論文に書かれている「ウランに中性子を照射する実験」には、物理だけでなく化学からのアプローチが必要だと考え、化学専攻のハーンに再び共同研究を持ちかけた。ハーンが、この提案を受け入れたため、シュトラスマンを含めた三人の二回目の共同研究が一九三六年にスタートした。

フェルミの研究とは、どのようなものだったのだろうか。フェルミはローマの生まれ。二十代半ばでローマ大学の理論物理学教授に就任、一九三五年、中性子をウランへ照射すると、原子核は崩壊を起こし、放射性同位体が得られることを雑誌『NATURE』で報告した。その後、自然に存在する元素に中性子を照射することによる四〇種類以上の人工放射性同位元素の生成や熱中性子の発見などの成果により、一九三八年にノーベル物理学賞を受賞した。

マイトナーとハーンがフェルミの論文を基にウランに中性子を照射する実験を始めてから二年後の一九三八年三月、マイトナーに危機が襲った。ドイツでは一九三三年三月ヒトラーが政権を掌握、四月七日、「職業管理再建法」(ユダヤ人を公務員から追放。両親・祖父母のうち誰か一人でもユダヤ教徒であれば、ユダヤ人として扱う)、三五年九月、「ニュルンベルク法」(ユダヤ人の公民権を奪い取る)が制定され、ユダヤ人迫害が次第に強まっていた。

一九三八年三月、ナチス・ドイツがオーストリアを併合したため、オーストリア国籍で、ユダヤ系でもあったマイトナーはカイザー・ヴィルヘルム研究所勤務を辞めなければならなくなった。七月十三日、マイトナーはハーン、シュトラスマンとの共同研究を放棄してドイツを脱出、スウェーデンに亡命した。マイトナー、六十一歳のときである。マイトナーは首都ストックホルムの姉の家に移り住み、ノーベル賞受賞者のマンネ・ジーグバーンが所長を務める新設のノーベル研究所に勤めた。

ノーベル賞はハーンが受賞

当時、世界の放射線研究をリードしていたのはフェルミに率いられたローマ大学の核物理学グループと、カイザー・ヴィルヘルム研究所のハーン、マイトナー、シュトラスマンのチームの二つだったが、核分裂現象の発見により後者の研究が世紀の大発見を成し遂げた。

　この成功の要因は、①ウランに中性子を照射する実験をマイトナーがハーンに共同研究を提案し、ハーンとマイトナーがこれを受け入れたこと、②三人がマイトナーの亡命を挟んで三年以上も根気よく共同研究を続けたこと。当時、ドイツではユダヤ人と交際を持つことは禁じられていたが、ハーンは実験の経過や起こった現象について逐一、手紙でマイトナーに送り、マイトナーがそれについてコメントを手紙でハーンに送るという方法で、その困難を克服した、③化学専攻のハーンと核物理学専攻のマイトナーの共同研究が核分裂現象の発見・確認につながったこと――の三つである。

　ハーンはドイツ人がユダヤ人やユダヤ系の人との交際が禁じられていたことを考えたのか、マイトナーの功績についてほとんど触れず、核分裂を発見したのは自分だと主張した。このこともあって、核分裂の発見者はハーンで、マイトナーは核分裂の概念の確立者であると見なされた。このためハーンは一九四四年、ウランの核分裂現象を発見した功績により、ノーベル化学賞を受賞した。しかしハーンはマイトナーがこのプロジェクトの共同研究者として実験で起こった現象の検討と解釈において、多大な貢献

をしたことをよく認識し、感謝していたから、受け取ったノーベル賞の賞金の一部をマイトナーに渡した。

実はマイトナーも一九三七年に個人として物理学賞候補になり、一九二六年、一九三四年、一九三六年にはハーンと二人共同のノーベル物理学賞候補になったことがある。[17] しかしドイツがユダヤ人を迫害しているという政治的な状況のために一度も受賞に至らなかった。

一九四四年十二月十日、ハーンはスウェーデンの首都ストックホルムでノーベル化学賞を受賞し、十三日に「ウランの自然変化から人工分解へ」という題で祝賀講演を行なった。ハーンは、この講演で原子核分裂の利用による原子爆弾開発の危険性について次のように警告した。

「核の物理的反応のエネルギーは、人類の手に与えられた。それは自由な科学的知識、社会の発展、そしてより良き生活状態を実現するために開発されるべきか、それとも、人類が数千年以上にわたって築き上げてきたものを破壊するために使われるべきか？　その答えは、それほど難しくはないだろう」

核分裂の発見が招いた「核の時代」

注目集めた核分裂時のエネルギー

オットー・ハーンとフリードリヒ・シュトラスマンが実験によって発見し、リーゼ・マイトナーとオットー・フリッシュがそれを核分裂現象と確認したことは原子物理学研究史上の画期的な出来事である。この発見により、核分裂現象の原理を実現する技術があれば、爆発的なエネルギーを大量に生み出すことが確認された。生み出された巨大なエネルギーを利用する技術を開発すれば、大量殺りくの原子爆弾、水素

核分裂の発見からキューバ危機までの経過

1939年	原子核分裂の発見。(生じた現象を1月に核分裂と判断)
同年	米国大統領が「ナチス・ドイツより先に米国が原爆開発を」と開発を勧める亡命科学者たちの信書を受け取る。
1941年	日本が真珠湾を奇襲攻撃、太平洋戦争が勃発。
1942年	ルーズベルトが「マンハッタン計画」をスタートさせる。
1945年	米国がアラモゴードの砂漠で原子爆弾の実験(7月)。
同年	米国が広島、長崎に原爆を投下。日本が降伏。
1949年	ソ連が原爆実験、核を保有。米国の核独占を破る。
1950年	トルーマン大統領が水爆開発を指令。
1952年	英国が原爆を保有。
1953年	ソ連が米国に先んじて水爆実験。
1954年	米国がビキニ環礁で水爆実験(鉄塔装置)。「第五福竜丸」乗組員23人が被爆、うち1人が死亡。
1960年	フランスが原爆を保有。
1962年	ソ連がキューバに核ミサイル基地を建設、米国がその撤去を求め、全面核戦争の危機に。瀬戸際外交の後、ミサイル基地は撤去される。(キューバ危機)

爆弾、大陸間弾道弾などの核兵器の開発も、原子力発電のような平和利用も理論的に可能であることがわかった。原子爆弾と原子力発電は核分裂を一気に起こすか、少しずつ継続して起こすかが違うだけで、原理は全く同じ。このため核分裂によって巨大ネルギーを少しずつ連続的に発生させて原子力発電システムの開発を進めることもできるはずである。

世界の原子物理学者たちは核分裂の発見によって広がる原子の世界の探求に研究意欲を掻き立てられ、それぞれ先陣を競って核分裂を裏付ける実験に取り組み始めた。こうして核物理学者の関心は核分裂の際に放出される巨大なエネルギーの研究に集中した。

核分裂発見者オットー・ハーンの国ドイツでは、当時、ヒトラー政権が独裁体制を敷いていた。一九三九年一月、ウラニウムの核分裂に関する論文がドイツ人科学者オットー・ハーンとフリッシュ・シュトラスマンによって発表されると、ドイツ国防軍は、国内と占領地区全域から非ユダヤ人のドイツ人物理学者を一人残らず招集、第一回研究会議で、原爆製造の可能性について討論した。

その当時、記者ウイリアム・ローレンスが物理学者ユージン・ウィグナー（ハンガリー出身）や理論物理学者ニールズ・ボーア（デンマーク出身）などの亡命科学者からの取材で得た情報によると、ベルリンのカイザー・ヴィルヘルム研究所では、約二〇〇人の優秀な科学者が原子爆弾と原子燃料の完成を目標に研究を始め、九月末にはドイツ国防軍兵器局のもとで原爆開発のための実験を始めたということだった。

不幸なことに、こうして築き上げられた科学の成果が大量殺戮兵器である原子爆弾の製造に向けて使われていく。当時、ドイツでは核分裂の理論が日本や米国以上に進んでいた。ドイツでは原子爆弾の製造に必要な濃縮ウランの確保は技術的に困難と見て、自然界に存在する天然ウラン中に僅かに含まれているウラン２３５に中性子を照射して連鎖反応を起こさせる方式を採用していた。

第二次大戦勃発から半年後の一九四〇年春、ナチス・ドイツは科学者たちの要請に基づき、ノルウェーのヴェモルクにある世界最大の重水製造工場「ノルスク・ハイドロ」を占領、大量の重水をドイツに持ち帰った。重水は水素の同位体である重水素からなり、中性子を減速させる。重水を利用する原子炉、すなわち重水炉は天然ウランをそのまま核燃料に使用することができる。ドイツはこれにより原爆開発の材料を手に入れたことになる。ドイツは原爆開発を中途で放棄するが、米国はドイツで原爆を開発され、実戦に使われることを恐れて開発を急いだ。

リーゼ・マイトナーはオットー宛の手紙の中で、オットーの核分裂の発見を祝福して「あなたの眼前には、広々として美しい仕事の領域が開けている」と書いた。しかし現実の世界では、この予想とは全く逆に、原子核の分裂の際に放出される巨大なエネルギーを利用して大量殺戮兵器を開発し、それを戦争に使おうとする動きが急速に広がっていたのである。

原爆の開発と実戦での使用は、進歩した科学の悪用がとてつもない悲劇をもたらすことを示す典型的なケースである。核分裂の発見が核爆弾の開発に直結、時代は好むと好まざるとに関わらず、暗く長い「核の時代」に突入して行く。

米国に原爆開発を勧めた科学者

アインシュタインの危機感

一九三九年一月初めウランに中性子を照射して核分裂現象が起こった事実が確認されると、訪米したデンマークの物理学者ニールス・ボーアは同二十六日、ワシントンの学会でこのニュースを伝えた。これは米国の物理学者たちに強い関心を呼び起こした。

米国に亡命していたアルバート・アインシュタイン（一八七九〜一九五五）もオットー・ハーンらのウラン核分裂の発見について知り、ボーアと同様に「ナチスが原子爆弾を開発し、使用したら大変な事態になる」との強い危機感を抱いた。そして米国大統領ルーズベルトに原爆開発を勧める信書を送り、その信書が世界を「核の時代」へ大きく転換させる。

まずアインシュタインが当時、置かれていた状況と独学で築き上げた相対性理論、特殊相対性理論から見て行こう。アインシュタインは南ドイツの小さな町シュワーベンにユダヤ人夫婦の長男として生まれ、育った。父は電気工事店を営んでいた。十五歳のとき、両親は事業に失敗、イタリアへ移住した。アインシュタインはギムナジウムに在学中だったために残ったが、ノイローゼになり、ギムナジウムを退学した。

アインシュタインは入学試験を受けて目指すスイスのチューリッヒ工科大学に入学、一九〇〇年の春、同大学を卒業した。だが希望する働き口がなく、やむなくスイスの特許局に三級専門職（審査官）として就職した。そこでは好きな物理学に取り組む時間と自由があり、アインシュタインは仕事の傍ら独学で理論物理学の研究を進めた。

特許申請書類の中の様々な発明理論や数式を知る機会が得られたことも、研究にプラスした。アインシュタインは「特許局で働いていたときが私には最上の時代だった」とベルリン大学教授時代、ブダペスト大学から留学していた教え子のレオ・シラードに語り、「特許局の仕事に就かないか」と勧めた(18)。

アインシュタインの人となりについて、シラードは「彼は私の知る限り慢心とは最も縁のない人物である」、「人々はアインシュタインに会うと、彼の謙虚さ、飾りけのなさに心を打たれる。この飾り気のなさは、おそらく彼の仕事を理解する鍵となるだろう」と自伝に書いている(19)。

その後、大学教授に転じたアインシュタインはプラハ、チューリッヒ、ベルリンなどの大学に勤務。一九〇五年、二十六歳のとき、博士号を取得するためニュートン力学に挑戦、その弱点を明らかにした「特殊相対性理論」と題する論文を執筆、世界の注目を集めた。アインシュタインはこの論文で、アンリ・ポアンカレやジョゼフ・ラーモアなどによって展開されてきた相対性理論を踏まえて、光速度不変の原理を仮定したときの物体の運動を記述した。特殊相対性理論では、質量、長さ、同時性といったものは相対的で、光速度こそが唯一不変のものとした。

一九一二年、母校チューリッヒ工科大学教授、一九一四年、ベルリンのカイザー・ヴィルヘルム研究所物理学部長として招かれ、一五～一六年に一般相対性理論を完成、理論物理学者としての地歩を不動のものとした。

相対性理論とは一言で言うと、「時間とは一定ではなく、変化する。等速運動する慣性系の間では物理学の法則が同一の形式を保つ」という理論で、ここから質量とエネルギーの等価性が導かれた。アインシュタインは質量もエネルギーも実は同じものであると捉え、エネルギーをE、質量（重さ）をm、光速度をcとすると、$E=mc^2$という公式が成り立つと発表した。[20] この数式が四十年後、核兵器をもたらす基になるのだが、当時、アインシュタイン自身、そのようなことは想像すらしていなかった。

一九二一年、アインシュタインは光電効果の理論的解明と法則の発見でノーベル物理学賞を受賞した。

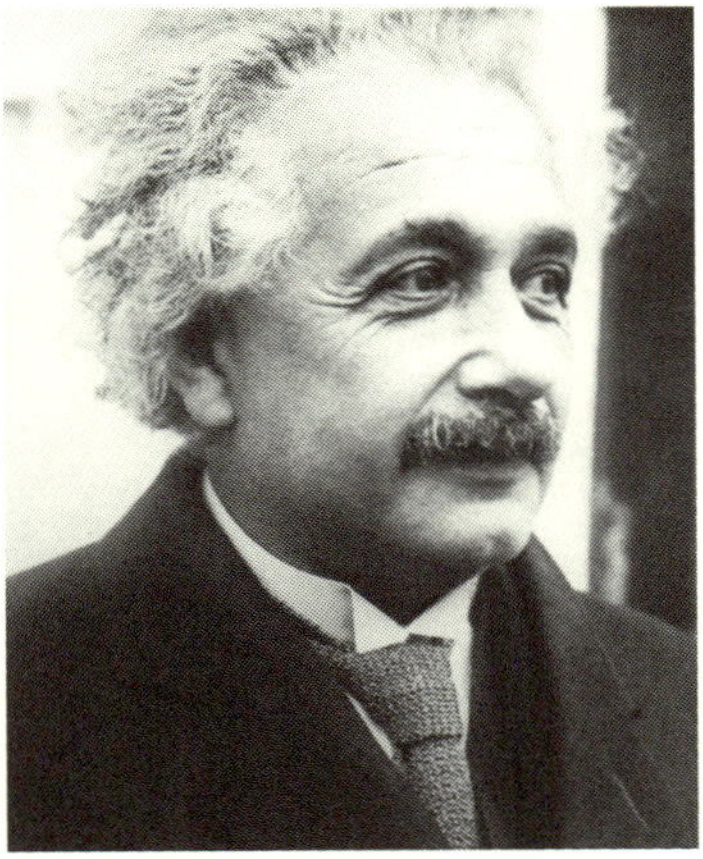

アルバート・アインシュタイン博士（dpa/時事通信フォト）

相対性理論と特殊相対性理論は二十世紀核物理学の基礎を築いたと言われ、量子力学と並んで今日の物理学における基本理論とされている。

一九三三年三月、ナチス独裁政権が成立すると、ユダヤ系学者の追放・迫害が始まった。同年秋、帰国の途にあったアインシュタインはベルギーの温泉地に滞在中、ドイツの友人から身の危険が迫っていることを知らされ、急きょ米国に亡命し、プリンストン高等研究所に迎えられた。その後、カリフォルニア工科大学に客員教授として勤務期間中、アインシュタインはドイツに持っていた別荘とドイツ銀行の預金が差し押さえられ、その首に五万マルクの賞金が掛けられた。

アインシュタインはドイツで核分裂が発見されたという情報に接して衝撃を受けた。その時、抱いた強い危機感を後にこう語った。

「そもそも、私は自分の生きているうちに原子エネルギーが解放されるとは予想していませんでした。理論的に可能だと信じていたにすぎません。偶然、連鎖反応が発見されて初めて実用的なものになったのです」

アインシュタインは「ナチスが原子爆弾を開発し、使用したら大変な事態になる」という危機感を抱いたのである。

シラードが大統領への働きかけを準備

ハンガリー生まれの亡命ユダヤ系核物理学・分子生物学者レオ・シラード（一八九八〜一九六四）はカイザー・ヴィルヘルム研究所のオットー・ハーンらがウラン原子核分裂らしい現象を発見（一九三九年十二月）し、リーゼ・マイトナーと甥のオットー・フリッシュがそれを核分裂現象であると確認（翌三九年一月）したという情報を一九三九年一月、同じハンガリー出身の亡命物理学者ユージン・ウィグナー（一九〇二〜一九九五）から聞いて知った。

この頃、シラードは中性子による核連鎖反応の研究に取り組んでいたから、マイトナーとフリッシュが「中性子の照射によってウランが二つに別れ、それに伴って莫大なエネルギーが放出される」と解釈したことがよく分かった。そしてナチスがウラン核分裂の連鎖反応を利用すれば原子爆弾の開発も可能になることに着目して原子爆弾の開発に乗り出すに違いないという危機感を募らせた。

三月、ドイツがチェコスロバキアを占領し、四月末、チェコのウラン鉱山産鉱石の輸出を禁止した。シラードはそれがナチス・ドイツの原子爆弾製造のためだと直感、ナチス・ドイツの原爆開発と対戦国への攻撃を阻止するには、米国がドイツより先に原爆を開発する以外にないと考えた。

それを実現するためには、世界で最も著名なノーベル物理学賞受賞の理論物理学者のアインシュタイン博士に頼んで、フランクリン・ルーズベルト大統領（在任期間・一九三三〜一九四五）宛てに米国の核爆弾開発を勧める信書を送ってもらう必要がある――シラードは、そう考えてアインシュタインの自宅を訪れる決心をした。

シラードはベルリン大学で直接、アインシュタインの教えを受けたことがある。一九三三年、ナチスの迫害を逃れて米国に亡命した後、シラードはアインシュタインの家を度々訪ねるなどアインシュタインと親交があった。シラードとアインシュタインは互いにユダヤ人迫害を逃れて亡命した物理学者であり、恩師と教え子の間柄でもある。二人はナチス・ドイツへの怒りと核開発に対する強い危機感を共有していたこともあり、シラードはアインシュタインに信書への署名を頼みやすい立場にあった。

シラードには、原爆開発を米国に働きかける前に確認して置かなければならないと考えることがあった。それはオットー・ハーンらの核分裂発見に関連した問題であった。シラードは、ウランの核分裂時に数個の中性子が放出されるかどうかを実験（追試）によって確認したかった。シラードは同じハンガリー出身の亡命物理学者ユージン・ウィグナー（一九〇二〜一九九五）に、このことを相談した。

ウィグナーは一九二六年、ベルリン工科専門大学助教授とカイザー・ヴィルヘルム研究所の研究員を兼任。ユダヤ系のために迫害を受け、一九三六年、米国に亡命してウィスコンシン大学の物理学教授に就任。一九六三年、「原子核と素粒子の理論における相対性理論の発見」により、ノーベル物理学賞を受賞した実績がある。

シラードとウィグナーは、「核分裂時に数個の中性子が放出されるかどうか」の実験を依頼する適格者は誰だろうかと話し合った。その結果、ノーベル賞受賞を機会にイタリアから米国に亡命し、一月九日にコロンビア大学の教授に就任した物理学者エンリコ・フェルミ（先述）がこの実験に最も適した人物であるとの意見で一致した。

フェルミの妻ラウラ・カポーネはユダヤ人。このためフェルミはベニート・ムッソリーニ政権下で迫害を受け、一九三八年、ノーベル賞を受賞した後、そのまま米国へ亡命、翌三九年一月九日にコロンビア大学物理学教授に就任した。フェルミがシラードらから追試の依頼を受けたのはコロンビア大学教授に就任したばかりの頃であった。

フェルミは直ちに追試に着手、三月三日、核分裂現象を再確認した。実験では、予想どおり核分裂の際に数個の中性子と熱エネルギーが放出され、核分裂生成物が生じた。さらに大量のウランがあれば、限られた条件下で核連鎖反応を持続できそうなことが明らかになった。

アインシュタインが大統領に信書

七月十六日、シラードはナチス・ドイツの原爆開発を憂慮する亡命ユダヤ人物理学者のオーストリア＝

ハンガリー帝国出身のユダヤ人理論物理学者エドワード・テラー（一九〇八〜二〇〇三）、同、核物理学者のユージン・ウィグナーとともに、アルバート・アインシュタイン（一八七九〜一九五五）が暮らすロング・アイランドの別荘を訪れた。

テラーは一九三四年、ブダペスト生まれ。ナチスの迫害を逃れてドイツ・ゲッティンゲンから英国に渡り、デンマークを経て三五年に米国に亡命、ワシントン大学で教鞭を取った。

科学者たちはアインシュタイン博士と懇談した際、ナチス・ドイツが核爆弾を開発する可能性を話題にし、どうすべきか話し合った。レオ・シラードらがアインシュタインに対し、「ルーズベルト大統領に手紙を送ってはどうでしょうか」と打診すると、アインシュタインは計画への協力を快諾した。

アインシュタインが信書を書いている間、シラードはルーズベルトに信書を直接届けてくれる人を探した。七月十五日、シラードは元ドイツ国会議員で、亡命者のグスタフ・シュトルバーの紹介によって、かつてニューディール政策のために働き、ルーズベルトの信認の極めて厚いアレクサンダー・ザックス博士に接触することができた。シラードがザックスに会って手紙をルーズベルトに手渡す仲介の労を依頼すると、ザックスは「大統領に届けよう」と言った。(21)

十九日、シラードは大統領宛て信書の草稿を書き終え、アインシュタインのもとに届けた。手紙の与える影響の大きいことを考えたアインシュタインは手紙の文章に慎重を期した。彼は「もう一度、検討したい」と言い、七月末、シラードとテラーが再びアインシュタインの別荘を訪れた。アインシュタインは信書の検討を終え、八月二日、フランクリン・ルーズベルト宛ての信書に署名した。手紙の要点は次のとおりである。

「大量のウランに核分裂の連鎖反応を起こさせることが過去四カ月間に可能になり、ナチスがごく近い将来、これを新型のきわめて強力な爆弾の製造に利用する可能性が十分に考えられます。船で運んで爆発させれば、この爆弾一つだけでも、港湾施設ばかりか、その周辺部も広域にわたって壊すことができるほどの威力を持っています」

第2章　米国の原爆開発

「マンハッタン計画」の経過

信書を読んだルーズベルト

アインシュタインが単独署名した親書は一九三九年十月九日までにシラードのもとに郵送され、シラードがそれをザックス博士に届けた。十一日、ザックスはルーズベルト大統領に会ってアインシュタインの信書を直接手渡した。大統領はザックスの前でその信書を読み、「アインシュタイン博士の提案を実現するためには、どのような方法がいいと考えていますか」とザックスに聞いた。(1)

ザックスは多くても三人から成る委員会を立ち上げるよう提案、ルーズベルトがそれを受け入れ翌十二日、国立標準局長ライマン・ブリッグズ、陸軍のアダムソン大佐、海軍のフーバー中佐を委員に任命した。(2)十九日、ルーズベルトはアインシュタインに返事を書き、その中で「国立標準局長ライマン・ブリッグズと陸海軍の選任代表からなる会議を招集して調査を進めます」と書いた。

二十一日、「ウラン委員会」が立ち上げられ、最初の会議が開かれた。委員長にはブリッグズが選任された。この会議には物理学者のレオ・シラード、ユージン・ウィグナー、エドワード・テラーが参加した。(3)「ウラン諮問委員会」は、その後、組織の改編を繰り返しながら新型爆弾開発に関する基礎研究を続けた。一九四〇年六月、政府は国防研究委員会を発足させ、委員長にヴァネヴァー・ブッシュを任命した。ルーズベルト大統領は同委員会の下に「ウラン諮問委員会」を置くよう指示、委員会に六〇〇〇ドルの研究資金を付与した。こうして原子爆弾開発とウランの基礎研究が進められ、一九四一年には原爆開発の構想が具体性を帯びるまでになった。

だがルーズベルトは原爆開発の本格化には踏み切らずにいた。ルーズベルトを原爆開発に踏み切らせたのは、英国のウィンストン・チャーチル首相を始めとする英国政府と科学者たちである。

米国に原爆開発を働き掛けた英国

英国は原子核と人工的核反応の発見者アーネスト・ラザフォード、中性子の発見者ジェイムズ・チャドウィックなどの優れた物理学者を輩出した国。一九三八年十二月、オットー・ハーンとフリッシュ・シュトラスマンがウランの核分裂を発見したあと、ハーンの求めに応じてマイトナーとともに三九年一月、核分裂現象について的確な解釈・説明をしたことで知られる先述のオットー・フリッシュ（オーストリア出身で、リーゼ・マイトナーの甥）も同年夏、デンマークから英国に渡っていた。

フリッシュは既にドイツから英国に渡っていたルドルフ・パイエルス（一九〇七～一九九五）とともに一九四〇年二月、マーク・オリファント・バーミンガム大学教授のもとで核分裂に関する共同研究に取り組み、翌三月、原子爆弾の仕組みや原子爆弾の基本原理、原爆に必要なウランの臨界量の計算を初めて理論的に説明し、その結果を「フリッシュ＝パイエルスの覚書」としてまとめた。

この覚書は、①原子爆弾は製造可能である、②爆弾が炸裂して放出される強烈な放射線は長時間、生命にとって致命的なものとなろう、③ドイツがこの兵器を保有しているなら、最も有効な対応は同様の爆弾により、反撃の威嚇《いかく》を行なうことである——などと書かれている。(4)

フリッシュとパイエルスの上司オリファントは、直ちにこの覚書を英国防空科学調査委員会のヘンリー・ティザード議長宛てに送った。ティザードは英国の原子物理学の専門科学者からなるＭＡＵＤ（モード）委員会（ＭＡＵＤには意味がない）を設立、委員会はフリッシュとパイエルスにウラン爆弾の実現可能性について検討させた。二人は「ウラン爆弾は実現可能」とする最終報告書をまとめ、ティザードに提出、委員会は一九四〇年七月十五日、これを承認した。

最終報告書は次のような内容である。

「ウラン濃縮は可能であり、濃縮ウラン（ウラン２３５）に高速中性子をぶつけて得られる連鎖反応を利用して原子爆弾を製造することは可能である。

多額な経費が必要であるものの、爆撃機に搭載可能で、強力な破壊力を持つ原子爆弾の開発は可能であり、第一号は一九四三年末までに完成できよう。

ドイツが原爆を保有する可能性がないとは言えない。原爆に対する安全な防御手段がない以上、我々（連合国側）も原爆を製造して相手（敵国）を威嚇することによって対抗していくしか方法がない。原爆を実際に使用する、しないにかかわらず、我々は早急に原子爆弾開発に乗り出すべきである。

英国は米国と協力しながら、このような原子爆弾を開発すべきである」

この覚書は原爆の爆発から、その後の放射性降下物までを初めて予測したもので、英国における原子爆弾製造計画はもちろん、後に米国のマンハッタン計画においても基礎的文献として役立てられることになる。

英国政府も国民も、ナチス・ドイツが原爆を開発すれば、自国が投下対象にされるという危惧を抱いていた。連合国側が原爆を保有していれば、ナチス・ドイツに原爆の使用を思い留まらせる抑止力ができるが、原爆を保有していなければ攻撃されるに違いない。しかし原爆の開発には巨額の費用が必要。財力のない今の英国はドイツと戦いながら原爆を開発することはできない。そこで財力のある米国に原爆開発を懸命に働きかけようというものである。

「モード委員会」の最終報告書は英国の政府や国民の持つ、このような考え方を代弁していた。英国政府は「モード委員会」の報告を米国政府に送った後、同委員会を解散させた。

八月下旬、オリファントは米国に渡り、行政責任者に会い、ウラン委員会にも出席して「英国には金も人もない。原爆の開発はあなた方の国、米国に任されているのです」と原爆開発の促進を懸命に訴え、開発の機運を醸成した。英国政府は十月三日、「モード委員会」の最終報告書が米国の科学研究開発局のヴァネヴァー・ブッシュ長官に公式に届けられ、ブッシュは直ちにこれをルーズベルト大統領に報告した。

原爆製造に踏み切った米国

一九四一年十月十一日、ルーズベルト大統領は「モード委員会」の最終報告書を読んだ。そこには、米国による原爆開発に頼るしかないという切実な訴えが滲んでいた。原爆開発着手を躊躇してきたルーズベルトは、遂に原爆の開発を決断、原爆開発関連政策を掌握する最高政策グループを設置した。その組織のメンバーはトップである自分の下にハリー・トルーマン副大統領、ヘンリー・スティムソン陸軍長官、ジョージ・マーシャル陸軍参謀総長、ヴァネヴァー・ブッシュ科学研究開発局長官（科学者）、ジェームズ・コナント科学行政官（科学者）などである。

これを受けて米国は原爆開発の目的を軍事利用と決め、原発を全面的に軍の管理下に置くことにした。(5)

そして十月二十八日、国防研究委員会の管轄下にあったウラン委員会を科学研究開発局（ＯＳＲＤ）の管轄に移行させ、Ｓ－１委員会と名づけた。科学研究開発局長官にはヴァネヴァー・ブッシュ、Ｓ－１委員会の委員長にはライマン・ブリッグスが就任した。

十二月八日、日本軍が真珠湾を奇襲攻撃し、太平洋戦争が始まると、米国の原爆開発・研究が実行段階へと動き出した。

この頃、首相ウィンストン・チャーチルも、「英国の安全を守るためには、米国に原爆開発に着手してもらうしかない」と考えていた。チャーチルは同じ考え方に立つ「モード委員会」の最終報告書を高く評価し、米国に原爆開発計画の促進を働きかけるため、十二月末から翌四二年の年頭にかけてワシントンに滞在、ルーズベルト大統領と会談した。

この会談で、チャーチルは英国が原爆の開発に人材や技術面の協力を約束し、米国に原爆開発に着手するよう強く勧めた。その結果、両首脳は英国と米国の原爆開発の努力を米国に集中することで合意した。

翌一九四二年一月、米国政府はコロンビア、プリンストン両大学に分散されていた原爆研究グループをシカゴ大学に移し、プルトニウム研究と大学の競技場地下に建設された実験用原子炉を「マンハッタン計画」に組み入れた。同年十二月、原子炉「シカゴ・パイル１号」を用いて原子核分裂の連鎖反応の制御に史上、初めて成功した。この原子炉を作ったのが、イタリアから亡命した核物理学者エンリコ・フェルミ。この「シカゴ・パイル１号」で生成されたプルトニウム２３９が一九四五年八月九日に長崎に投下されたプルトニウム爆弾「ファットマン」の材料として使われた。五月十四日、ハーバード大学総長で、Ｓ－１委員会の委員であるジェームズ・コナントは、これまでの原爆開発研究成果をまとめ、要旨次のような報

告書をブッシュ科学研究開発局長官に提出した。(6)

「ドイツの原爆開発が我々より先行したら、どうなるか。費用と労力が嵩むかもしれないが、ウラン型原爆とプルトニウム型原爆の二タイプを同時に開発することが要望される」

六月十七日、ブッシュはS‐1委員会の委員長に委員だったジェームズ・コナントを任命した。この後、ブッシュはコナントとともに新たに原子爆弾製造計画の報告書を作成、一九四二年六月十七日にルーズベルト大統領に提出した。報告書の内容はコナントがブッシュに報告したのと似たようなものだったが、原爆の開発には十分な予算措置が必要であることを特に強調している。(7)

ルーズベルトはこの報告書に同意し同日、国を挙げて原爆製造計画の促進に取り組むことを正式許可した。翌十八日、陸軍が原爆製造計画を直轄することが決まり、この計画を意味不明の「マンハッタン計画」と名づけた。米国の原爆開発はドイツでウラン原子の核分裂が発見されてから三年半後に本格的推進の段階に入ったのである。

執務するフランクリン・ルーズベルト大統領。(Photoshot12)

科学者リーダーにオッペンハイマー

一九四二年九月、ルーズベルト大統領は原子爆弾の開発プロジェクト「マンハッタン計画」の統括責任者にレズリー・グローヴス准将（四四年十二月、少将に昇進）を任命、十月、陸軍省に対し「マンハッタン計画」をスタートさせるように指示した。原爆開発を指揮する物理学者を物色中のグローヴスは、バークレーでロバート・オッペンハイマーと会う機会を持ったところ、初対面でオッペンハイマーが気に入った[8]。

オッペンハイマー博士

オッペンハイマーはグローヴスに「原爆製造のための研究所を建設する必要がある」と言うと、グローヴスはその意見を取り入れ、十一月、研究所をロスアラモスに建設することが決まった。十二月二日、原子核分裂の連鎖反応を起こす研究が成功した。

オッペンハイマーは名門ハーバード大学を僅か三年半、しかも最優秀の成績で卒業、世界最初の原爆開発を指揮する要職を担った。当初、不眠不休で仕事に取り組み、体重が一五キロも減ったという。一九四三年七月、国立ロスアラモス研究所が荒涼としたニューメキシコ州ロスアラモスの砂漠の中の秘密軍事基地に完成、所長には三十八歳、オッペンハイマー博士が起用された。

こうして「マンハッタン計画」には世界各地から優れた物理学や化学などの専門研究者が続々集まった。科学者の中には二一人ものノーベル賞受賞者が名を連ねた。英国は米国の原爆開発に協力することを協定で約束しており、一九四三年以降、「マンハッタン計画」にオットー・フリッシュ、ルドルフ・パイエルス、マーク・オリファント、フィリップ・ムーン（チャドウィックの助手）らを送り込んだ。エンリコ・フェルミ、エドワード・テラーなど著名な亡命ユダヤ人やユダヤ系の物理学者も参加した。
このうちオットー・フリッシュはロスアラモス研究所のグループリーダーに就任した。フリッシュは臨界量（核反応の持続に必要なウランの量）を作り出すのに必要な濃縮ウランの量を正確に見積もることを任務とし、広島への投下爆弾「リトルボーイ」の爆発に必要なウランの量を決定した。

フェルミは亡命後、コロンビア大学物理学教授となっていたが、核分裂反応の研究に従事し、一九四二年、レオ・シラードとともに世界最初の原子炉「シカゴ・パイル1号」（パイルは原子炉）をシカゴ大学のアメリカン・フットボール・スタジアムの地下に完成、原子核分裂の連鎖反応の制御に初めて成功した。

この原子炉は原子爆弾の材料となるプルトニウムを生産するために使われた。フェルミは「マンハッタン計画」で中心的な役割を演じ、一九四四年にロスアラモス国立研究所のアドバイザーに就任した。

テラーは第二次世界大戦中、ブリッグス委員会で働きながらロスアラモス国立研究所の理論物理学部門に所属し、マンハッタン計画に参加したが、核分裂だけの核爆弾から核融合を用いた水素爆弾へと核兵器を発展させるべきだと強く主張した。このテラーが後に水爆開発に起用され、「水爆の父」と言われるまでになる。

開発チームの至上命題は「ナチス・ドイツよりも早く原爆を開発すること」とされ、米国は原爆の開発のために莫大な費用をつぎ込んだ。原爆開発の主要な科学的研究は、主にロスアラモス研究所として知られる秘密研究所で行なわれ、付随する研究を行なうための研究施設は米国とカナダの、合わせて三〇カ所を超える地に設置された(9)。

ワシントン州のコロラド川沿いにある小村ハンフォードには二万五〇〇〇人の建設労働者が入り込み、

原子炉三基と再処理工場などの建設に従事した。施設が完成すると、原爆用のプルトニウムが生産された。またテネシー州を流れるクリンチ川の近くにはウラン濃縮工場が建設され、このためにオークリッジという新しい町が誕生した。

原爆の製造に使われたウランはベルギー領コンゴ、カナダのオンタリオ州グレートベア鉱山、米国のコロラド州カルノー鉱山から掘り出された。その合計は九〇〇〇トンにのぼる。

原爆の対日戦争使用が決まる

軍事政策委員会の決定

ルーズベルトが原爆開発を決断した時、米国の原子爆弾開発の目的はアインシュタインの信書の呼び掛けどおり、ドイツの原爆開発・使用に先んじて開発することだった。一九四二年六月、ルーズベルト大統領がマンハッタン計画を立ち上げさせた時も、原爆開発の目的に変わりはなかった。しかしドイツの敗色が濃くなると、米国はマンハッタン計画に基づき開発中の原爆が完成した場合に、これをどう使うかの再検討を迫られた。一九四三年五月五日、米国は軍事政策委員会を開き、日本を原子爆弾使用の対象国とする方針を決めた。

「マンハッタン計画」は順調に進み、翌四四年六月、高濃縮ウラン製造のめどがついた。九月一日、陸軍は原子爆弾を投下する第５０９混成部隊（B‐29一四機、将校、下士官総員一七六七人。陸海軍）の編成を指示した。このあと隊長に任命されたポール・ティベッツ陸軍中佐（広島に原爆を投下した機長）が編成を

表　「マンハッタン計画」に要した費用

場所	費用（1945 年、米ドル）	費用（2011 年現在の貨幣価値換算。米ドル）
オークリッジ	1,188,352,000 ドル	145　億ドル
ハンフォード	390,124,000 ドル	47.6　億ドル
特別作戦物資	103,369,000 ドル	12.6　億ドル
ロスアラモス	74,055,000 ドル	9　億ドル
研究開発	69,681,000 ドル	8.5　億ドル
管理	37,255,000 ドル	4.5　億ドル
重水炉	26,768,000 ドル	3.27 億ドル
計	1,889,604,000 ドル	230　億ドル

進め、ユタ州のウェンドバー基地で原子爆弾投下の秘密訓練を開始する。

九月十八日、ルーズベルト大統領とチャーチル英国首相がニューヨーク州ハイドパークで会談、原爆開発に対する米英両国の協力方法について要旨次のような秘密協定（ハイドパーク協定）を結んだ。

(1)　原爆は米国と英国が合同して独占的に行なう。

(2)　原爆開発は秘密にして置くべきである。

(3)　原爆は恐らく日本に対して使用されることになるだろうが、日本が降伏するまで原爆攻撃が繰り返されることを事前に警告すべきである。

一九四五年に入ると、日本に投下する二発の原爆、「リトルボーイ」と「ファットマン」の完成見通しがつき、米軍は二月に原子爆弾投下機の基地をテニアン島に決めた。

この「マンハッタン計画」に携わった科学者・技術者はピーク時、約一二万五〇〇〇人にのぼる。

当時、オークリッジに建設された工場K―25は一つの建物にある工場としては世界最大で、最大で一万人もの従業員がいた。「マンハッタン計画」の技術上の中心課題はウランの濃縮で、テネシー州オーク・リッジ（テネシー州）に巨大な濃縮工場が建造された。一九四四年、高濃縮ウランの製造に目途がついた。「マンハッタン計画」に投入された費用は前頁の表に掲げたとおり、一九四五年十二月三十一日までに一八億八九六〇万ドル（当時の一ドルは四・七円）。費用の九〇パーセント以上がプラントの建設と核分裂物質ウランの生産で占められた。

原爆政策をリードした陸軍長官

一九四五年三月、実戦使用に先立つ実験用原子爆弾が七月に完成する見通しとなった。四月十二日、ルーズベルト大統領が急死し、後継大統領に副大統領トルーマンが昇格して政権を引き継いだ。トルーマンは陸軍が四二年十月、原爆開発事業を科学研究開発局から引き継ぎ、推進してきた「マンハッタン計画」に全く関与していなかった。(10)「マンハッタン計画」は副大統領さえ知らないトップ・シークレットとして、密かに進められてきたのである。

原子爆弾開発の政権内における最高責任者はヘンリー・スティムソン陸軍長官である。スティムソンは第二次世界大戦中、陸軍長官（二度）、国務長官を務め、ルーズベルト大統領時代は実質的に米国の戦争を指揮した。彼はルーズベルト大統領時代には日本を原子爆弾使用の対象国とする軍事政策委員会の方針決定（一九四三年五月五日）にも関わっている。原爆開発や原爆投下準備に関することは全てスティムソンと、彼を補佐するグローヴス准将の手で進められていた。

スティムソンはトルーマンの大統領就任で、七人の大統領に仕えることになる。スティムソン陸軍長官は大統領就任式の後、トルーマン大統領と会談し、「マンハッタン計画」の原爆開発の経過と現状や原爆の実戦使用問題などについて報告した。原爆開発の現状と原爆投下準備状況の報告の要点は次のとおりである。

(1) 原爆は四カ月以内（八月中旬まで）に完成する見通しである。しばらく前から日本が標的になっている。

(2) 第二〇空軍の特別訓練を受けた原爆投下部隊がテニヤン島に向けて出発しようとしているところである。

(3) 原爆が戦争の終結を早めると確信されている。

トルーマン大統領との会談で、スティムソンは原爆の使用と将来の原子力管理などに関する政策を大統領に勧告するための諮問委員会（通称・暫定委員会）の設立を大統領に進言、承諾された。スティムソンは高い地位にある政治家・科学者・産業界の委員八人から成る諮問委員会を設立した。この委員会は完全な極秘の組織とされ、委員はスティムソンが任命することになった。

五月七日、ナチス・ドイツが無条件降伏した。翌八日、トルーマン大統領は対日声明文を発表、その中で日本軍の無条件降伏は、日本国民の「抹殺」や「奴隷化」を意味するのではなく、むしろ日本を「破滅の淵に誘引」している軍部の消滅、前線で戦う兵士たちの「愛する家族」のもとへの復帰をもたらすと述べた。そして米国は日本軍が無条件降伏するまで攻撃を続けると警告した。声明は短波放送で流されたが、当時、日本人で短波受信機を持っている者は、ほとんどいなかった。また声明文の要点を日本語に翻訳したビラ（トルーマンの写真付き）が日本に投下されたが、反応はなかった。

六月一日、諮問委員会（暫定委員会）はトルーマン大統領に対し全会一致で要旨次のように勧告した。

(1) 爆弾は、できるだけ早く日本に対して使用すべきである。

(2) それは家屋に囲まれるか、家屋に接近した軍事施設ないし軍需工場、ならびに最も破壊を受け易い他の建築物に対して使用すべきである。

(3) 爆弾は、兵器の特質についてあらかじめ警告を与えることなく、使用すべきである。

諮問委員会は、①無人地帯で原爆の示威爆発を行なう、②日本に予告したうえで投下する——ことなどについても検討した。しかし示威爆発だけでは日本の降伏に役立たないとされ、また予告したうえで投下する案については、輸送途中で妨害される恐れがあるとの意見が多く、いずれも退けられた。こうして日本を対象とする原爆投下計画は実質的に、この勧告どおり実施されることになった。残る問題は日本のどの都市を原爆攻撃するかだけとなった。

広島・小倉・新潟・長崎が投下目標

米国は原爆を対日戦争に使う方針を早くから決めていたが、日本のどの都市に、どのように投下するかは、まだ決めていなかった。一九四五年四月二十七日に開かれた第一回目標都市選定委員会は一七都市を選定した。五月十日、十一日の両日、第二回目標都市選定委員会がロスアラモス研究所のオッペンハイマーの執務室で開かれ、八月初旬に使用予定の二発の原爆投下の目標都市を京都、広島、横浜、小倉（現・北九州市小倉区）の四市に選定した。目標としての優先度は京都と広島がＡＡ級目標、横浜と小倉がＡ級目標とされた。

しかし京都は、かつての首都であり、数多くの価値ある日本の文化財があることから外された。トルーマン大統領の日記の七月二十五日の項にも「たとえ日本人が野蛮であっても、共通の福祉を守る世界の指導者たるわれわれとしては、この恐るべき爆弾を、かつての首都にも新しい首都にも投下することはできない」と書かれている。

原爆の完成が近づく中、暫定委員会は六月一日、日本との戦争で原子爆弾を用いる方法について討議した。そして「原子爆弾は複合的効果をもたらすような標的に無警告で投下すべきである」との結論を出した。委員会はオッペンハイマー、コンプトン、ローレンス、フェルミという科学者顧問団と協議、そのうえでトルーマン大統領に対する勧告書を作成、トルーマンに提出した。

六月三十日、原爆のもたらす効果を正確に測定把握できるようにするため、投下目標に選ばれた都市に対する爆撃が禁止された。グローヴスは投下地と決まった広島について、こう語った。

「この地（広島）は規模から言って、理想的だ。周りを囲む丘が被害の規模を市街地で止める。それにより、被害の規模をはっきり見ることができる」

七月二十五日、トルーマン大統領が原子爆弾投下の指令を承認し、ハンディ陸軍参謀総長代行からスパーツ陸軍戦略航空隊総指揮官あてに「広島・小倉・新潟・長崎のいずれかの都市に、八月三日頃以降の目視爆撃可能な天候の日に『特殊爆弾』を投下する」との投下指令が出された。八月一日、最終的には広島、小倉、長崎の三都市が目標に決まった。

八月一日、広島にウラン型原子爆弾を投下する「リトルボーイ」の組み立てを完了した。広島への攻撃部隊は先行のB‐29爆撃機三機、気象状況偵察機、原爆投下機「エノラ・ゲイ」、「エノラ・ゲイ」の護衛、爆発の測定、写真撮影に当たる二機、合わせて六機編成。残る一機は「エノラ・ゲイ」の代替機として硫黄島で待機する体制が決まった。完成された原子爆弾は四個。トリニティ実験用の「ガジェット」、広島に投下する「リトルボーイ」、長崎に投下する「ファットマン」、もう一個は予備である。

対日戦使用反対の将軍、科学者

ナチス・ドイツの原爆開発・使用に危機感を持った米国在住の亡命ユダヤ人・ユダヤ系の物理学者たちがアインシュタインにルーズベルト大統領に信書を送るよう働きかけ、その結果、米国が原爆開発に踏み切ったことは先に述べた。しかし亡命ユダヤ人・ユダヤ系の物理学者の中には、原子力研究を原爆開発のために利用することに反対する人がいた。

その代表が原子物理学への貢献により一九二二年にノーベル物理学賞を受賞したデンマーク出身の理論物理学者ニールス・ボーアである。ボーアは一九三四年十二月に英国へ逃れ、そこで米英両国がそれぞれ核爆弾の開発を進めていることを知り、一九四四年五月十六日にチャーチル英国首相、同年八月二十六日にルーズベルト米国大統領に会い、戦争に使うための原爆開発の中止とソ連も含めた原子力国際管理協定の締結を訴えた。

しかし、この訴えは失敗した。そこでボーアはルーズベルト死後の四月二十五日、科学行政官ヴァネヴァー・ブッシュと会談、同様の説得を試みたが、これも役立たなかった。

ドイツが降伏した五月八日後、米国が日本への原爆投下を決めていることが明らかになると、レオ・シラード（マンハッタン計画参画の原子核物理学者。前出）ら科学者六八人が日本への原爆投下に反対する請願書を大統領に送った。日本への原爆投下計画に反対する初めての運動である。五月二十八日、シラードは、これとは別にワシントンに一人で乗り込み、バーンズ国務長官に会って対日戦争に原爆を使わないよう要望した。六月十一日、シカゴ大学のグレン・シーボーグ、レオ・シラード、ドナルド・ヒューズなど七人の科学者が連名で次の二点を提案する報告書を大統領の諮問機関を統括するスティムソン長官に提出した。

(1) 社会倫理的に都市への原子爆弾投下に反対する。原爆を砂漠か無人島に投下し、その威力をデモンストレーションすることにより、戦争終結の目的が果たせる。

(2) 核兵器を国際管理する必要がある。

さらに七月十七日にもシラードら科学者たちが連名で原子爆弾使用反対の大統領への請願書を提出したが、原爆投下前に大統領に届けられなかった。日本への原爆投下は既に決定されていたため、科学者たちの度重なる投下中止の訴えは既定の方針に何ら影響を与えなかった。

米国の原爆開発は議会に諮ることなく、大統領直轄で極秘に進められた計画である。開発費は当時、使途不明金とされていたが、連邦議会は膨大な額の使途不明金に関心を持ち始めた。国務長官バーンズはシラーズに「原爆開発のために既に二〇億ドルを投入してきた。議会は、その金で何が得られたかを知りたがるだろう。既に使った金の結果を見せないで、どうやって原子力研究に時間をかけてもらう気かね」と原爆不使用論に反論した。

巨額の費用をかけて極秘に開発を進めてきたのだから、その爆弾を使って成果を示さなければならないというのである。

対日戦争に原爆を使用することには、科学者だけでなく、将軍たちの中にも反対意見があった。七月二十日、ドワイト・アイゼンハワー連合国軍総司令官（一九五三年一月、大統領に就任）はトルーマン大統領に「対日戦に、もはや原子爆弾の使用は不要である」と進言した。アイゼンハワーはスティムソン陸軍長官から日本へ原爆をいつでも落とせると書かれた電報を見せられた時の模様を日記に要旨次のように書いた。

「ステイムソンは私に『日本に原爆を投下するつもりだ』と言った。だが考えるだけで気が滅入った。彼は私に意見を求めたから二つの点で反対だと言った。第一に、原爆を使わなくとも、日本は降伏する用意ができていた。そんなひどいものを落とす必要はない。第二に、自分の国がそんな兵器を最初に使ってもらいたくない、と。スティムソンはカンカンになった」

連合国軍総司令官 ダグラス・マッカーサー元帥は後に、こう書いた。

「原爆投下は、米国兵士の命を救うためには全く必要のないものだった。我々は日本に原爆を投下する必要はなかった」

「日本がソ連に和平仲介を頼んだと知った一九四五年六月、私は参謀達に、戦争は終わりだ、と告げた。ところがワシントンのトルーマン政権は突如日本に原爆を投下した。私は投下のニュースを聞いたとき激怒した」

「原爆は軍事的には全く必要なかった。米国がもし天皇の地位を保障していれば、日本は五月にも降伏していただろう」

チェスター・ニミッツ提督も、都市への投下には消極的でロタ島への爆撃を示唆している。政府側近でも原子爆弾を使用するとしても、事前警告無しに投下することには反対する者がいた。第二次世界大戦で元帥に進級した米国の軍人七人のうち六人までが「原爆は道徳的に非難されるべきだ」または「軍事的には必要なかった」と述べている。

しかし、トルーマンは、ニューメキシコ州アラモゴードの砂漠での核実験（トリニティ実験）の成功を受けて、七月二十四日に日本への原爆投下を命令、原子爆弾の投下をやめるよう求める訴えは、これによって全て消し去られた。

ドイツは原爆開発を断念

一九四二年六月、ドイツのフリーリヒ・フロム陸軍予備軍総長（大将）は「新兵器（原爆）が開発されない限り、ドイツが戦争に勝つ見込みがない」と発言、この言葉に共鳴したアルベルト・シュペーア軍需大臣は同年六月四日、核分裂を技術的に利用した新兵器開発を進めるかどうかを決める重要な秘密会議をカイザー・ヴィルヘルム研究所の「ハルナックハウス」で開いた。

ミルヒ空軍総監（元帥）を始め軍部・政府の高官、関係科学者が出席して開かれたこの会議で、ノーベル物理学賞受賞者（一九三二年）の理論物理学者ヴェルナー・ハイゼンベルクが「米国の原発開発は政府の豊富な資金提供を受けて進んでいる。これと比べてドイツでは、政府当局の理解がないため教育科学省からの資金提供が乏しく、科学者が軍に召集されて人材が不足している」と報告、「原爆の開発には三年以上の年月と巨大な工業設備が必要である」と窮状の打開を訴えた。

二十三日、シュペーアはアドルフ・ヒトラー総統に原爆開発の現状を報告した。ヒトラーは原子爆弾の製造に関心を示さず、戦況の切迫もあって実践に使用できる兵器以外の研究を許さなかった。このためシュペーアは「原子爆弾の製造は第二次世界大戦中に間に合わない」として原爆の開発を断念した。

ドイツは原爆開発の代わりに原子力を動力利用する方針を決め、重水炉の研究に専念した。ところが、翌四三年二月二十三日、ノルスク・ハイドロの重水工場が、英国で訓練を受けたノルウェー兵六人の奇襲隊により爆破され、ドイツはひどい重水入手難に陥った。

米国はナチス・ドイツが一九四二年に原爆開発を中止したことを知らず、ドイツより早く原爆を完成することを目指してマンハッタン計画を推進した。同計画の統括責任者のグローヴス将軍は科学者チーム「アルソス科学情報調査団」に対し、ナチス・ドイツの核開発計画の進行状況を調べるよう命じた。同調査団は一九四四年一月、「ドイツは原爆開発を放棄したものと思われる」との報告書をグローヴスに提出した。

同年十一月十五日、連合軍は原子爆弾開発の重要人物カール・フリードリヒ・フォン・ヴァイツゼッカー博士を捕らえ、その研究室でドイツの原子爆弾開発計画の貴重な資料を発見した。それによってドイツが原爆製造を計画していたものの、目立った投資をせず、一九四二年に原爆製造計画を放棄していたことがわかった。

ドイツに進撃した連合軍はヴェルナー・ハイゼンベルク（一九〇一～一九七六）、オットー・ハーン（前出）、カール・フリードリヒ・フォン・ヴァイツゼッカー（一九一二～二〇〇七）、マックス・ラウエ（一八七九～一九六〇）などの指導的な原子科学者を逮捕して英国に連行、一九四六年一月まで小村ゴッドマンチェスターの農業会館に抑留した。一九四五年八月六日、広島に原爆が投下されたニュースが伝わったとき、核分裂の発見に関わったハーンは自伝に次のように書いた。
「私は名状しがたいほどのショックを受け、そして打ちのめされた。無数の罪のない夫人や子どもたちの大きな不幸について考えることは、ほとんど耐え難いことであった」。

日本軍部も原爆開発に失敗

一九四〇年、理化学研究所（東京・駒込）の仁科芳雄博士が陸軍航空技術研究所長に対し「ウラン爆弾」の研究を進言、これがきっかけで陸軍航空本部は一九四一年四月、理化学研究所に原子爆弾の開発を委託した。これが日本の原爆開発の始まりである。仁科は一九四三年一月、天然ウラン中のウラン235を熱拡散法で濃縮する方法の研究に着手、翌四四年三月、理化学研究所構内に熱拡散塔が完成し、濃縮実験が始まった。

この頃、陸軍大将東条英機は「原子爆弾は特にアメリカが進んでいるという情報もある。この開発は戦争の死命を制することになるかもしれない。原子爆弾の開発を航空本部が中心となって促進してもらいたい」と命じた。陸軍は米国が早くから原爆の開発を進めている事実を把握していたのである。研究には理化学研究所の他に東京、大阪、東北の各帝国大学研究者が参加、仁科が科学者たちを統率していた。仁科は陸軍から、しばしば呼び出され、開発の進捗状況を聞かれた。

原爆開発は海軍も進めていた。海軍は一九四二年、核物理応用研究委員会を設けて京都帝大と共同で遠心分離法による濃縮方式の原子爆弾開発の可能性を検討した。当時は岡山県と鳥取県の県境にある人形峠にウランがあることは知られておらず、海軍は一九四四年から朝鮮半島、満州、モンゴル、中国・新疆や福島県の山間などでウラン鉱山の探索を行った。しかしウラン鉱石は見つからなかった。このため海軍は中国・上海の闇市場で一三〇キログラムの二酸化ウランを購入した。

一九四五年に入ると、海軍はナチス・ドイツ支配下にあったチェコのウラン鉱山から産出した二酸化ウラン五六〇キログラムを輸入しようと試みた。同盟国のナチス・ドイツと交渉、二酸化ウランを積んだナチス・ドイツの潜水艦が日本へ向けて出航した。しかし輸送途中の五月八日、ドイツが無条件降伏し、同艦も連合国側に接収された。

五月十五日、原爆開発に使っていた理化学研究所の熱拡散塔が米軍による東京大空襲で焼失した。これに資材不足が加わって開発は実質的に続行不可能な状態に陥り、陸軍、海軍ともに終戦を間近に控えた七月までに基礎段階を出ないまま開発が放棄された。敗戦後、理化学研究所の核研究施設はＧＨＱにより破壊され、占領が終了するまで核分裂研究は一切禁止された。

原爆実験の成功と米国の対ソ強硬外交

ドイツ降伏後のソ連参戦密約

第二次世界大戦では、ソ連は米国とともに連合国側の一員としてナチス・ドイツと戦った。一九四五年二月、ドイツの敗北が決定的になると、連合国側の米・英・ソ連三国の指導者、すなわちフランクリン・ルーズベルト（一八八二〜一九四五）、ウィンストン・チャーチル（一八七四〜一九六五）、スターリン（一八七八〜一九五三）の三首脳はクリミヤ半島のヤルタで八日間にわたってドイツの戦後処理とソ連の対日参戦について話し合った。

ルーズベルトは米国の損害を少なくするためには当時、日本と中立条約を結んでいたソ連を参戦させることが絶対に必要だと考えていた。ヤルタ会談ではルーズベルトがスターリンを別室に呼び、チャーチル抜きで秘密に会談、スターリンに対日戦争へのソ連の参戦を要請した。これに対しスターリンは参戦の条件としてサハリン南部と千島列島の割譲などを要求、ルーズベルトがそれを即座に認めた。その結果、米国とソ連の間に「ソ連はドイツ降伏後三カ月以内に対日参戦をする」との密約が結ばれた。

ヤルタ会談の後、米国はこの密約に基づき、バーンズ国務長官が米国政府としての公式の参戦を求める親書を起草し、大統領の承認を得てスターリンに届けた。この頃、ルーズベルトは心臓疾患をわずらっていた。やつれた体でヤルタ会談に出席したが、無理が影響したのか、四月十二日、ジョージア州の別荘で静養中、脳溢血で倒れ、息を引き取った。会談の僅か二カ月後のことである。

同日、トルーマン副大統領（一八八四～一九七二）が大統領に就任した。五月七日、ドイツが降伏、後継大統領に就任したトルーマン副大統領（一八八四～一九七二）の主要な課題は日本を早期に降伏に追い込むことだった。

ソ連参戦を阻みたいトルーマン

ソ連はヤルタ会談の直後から中・東欧や東南欧の国々をナチス・ドイツの支配から解放し、次々にソ連の勢力圏に組み入れて、そこに社会主義政権を樹立した。トルーマンは自らの支配権をどんどん拡大していくソ連に我慢できなかったようである。四月二十二日、ポーランド問題について説明するため、ホワイトハウスを訪れたモロトフソ連外相に対し、トルーマンは強い口調で、ソ連の中・東欧政策をこう非難した。

「ロシア人はヤルタ会談での取決めの一字一句を尊重しなければならない。米国は、このような一方的な行為を許さないだろう」

ルーズベルトはソ連と友好的な関係を保ってきたが、後任のトルーマンはソ連に対して厳しい態度で対応し始め、それまで良好だった米ソ関係は一挙に冷え込んだ。このためトルーマンは、米ソの密約によりドイツ降伏（五月七日）の三カ月後とされているソ連の対日参戦以前に原爆を使って日本を降伏させたいと考えた。後に公表されたトルーマンの七月十八日の日記中の次の記述は、このことをはっきりと示している。

「ジャップ（筆者注・日本人を卑しめていう英語）どもは、ロシア人たちがくる前（ソ連の対日参戦）に手を上げると思う。祖国の頭上にマンハッタン（原爆）が出現したら、そうするだろうと私は信じている」

バーンズ国務長官も、十七日の日誌にトルーマンと同様のことを書き記している。

「原子爆弾をヒトラーやスターリンの仲間が発明しなかったのは、世界にとって確かによいことだった。それは最も恐ろしいもののようだが、最も有益なものにすることができる。もはやトルーマンには原爆がある。対日戦にソ連の介入は不要なばかりか、戦後に求められる報酬は払いたくない」

トルーマンは、もともと積極的な原爆投下論に立っていた。大統領時代の回顧録にも、トルーマンは「私は原爆を軍事兵器とみなし、それを使用するのに一点の疑念も抱かなかった」と書いている。トルーマンはなぜ「一点の疑念」も抱かずに、広島、長崎への原爆投下を命じたのか。

彼は後日、「スティムソン陸軍長官の助言の影響が投下の決定に大きかった」と語った。そのスティムソンは対日戦の勝利を早めるために原爆の使用を唱え、トルーマンにもそう進言していた。後に「われわれは当時持っていた少数の爆弾で、速やかに十分な効果を挙げることが極めて肝要であった」と書いた。トルーマンにとっての最大の関心事は、ソ連参戦前に原爆を日本に投下できるかどうかであった。参戦前に日本を降伏に追い込めば、ソ連の参戦をやめさせることができるからである。対日戦における米国の原爆投下は対ソ政策の重要な手段の一つだったのである。

ソ連参戦前の原爆投下を狙うトルーマンは陸軍に対し、「ポツダム会談までに原爆を完成するように」と要請した。これを受けて、原爆開発の責任者オッペンハイマーは「マンハッタン計画」に携わる科学者たちに完成を急ぐよう指示した。大統領の要請を受けたあとのプレッシャーについて、オッペンハイマーは後にこう書いている。

「ドイツ降伏後の時期、そして実戦使用の前ほど時間との競争を意識したことはなかった。ポツダム会談前に間に合わせなくては、ということで精神的重圧は想像を絶するものだった。最早、問題は原爆を日本に対して使うかどうかではなく、使うのはいつ、どのようにということであった」

七月十七日、原爆実験がニューメキシコ州アラモゴードの砂漠で行なわれ、成功した。米国政府はこの後、英国の同意を得たうえで、日本への原子爆弾投下を最終的に決定し、七月三十日、マーシャル国務長官に対し、原爆投下の準備と実行を命じる大統領の最終指令を発した。

米国が広島、長崎への原爆投下を決めた理由について、米国政府は後に「もし日本が降伏せず、米国が本土上陸作戦を行なえば、米軍将兵の死傷者は五〇万人、日本側にも同数以上の犠牲者が出ると想定され

1945年7月17日のアラモゴード原爆実験の際、爆心地だった地点に立つ「マンハッタン計画」統括責任者レズリー・グローヴス少将と原爆開発の責任者ロバート・オッペンハイマー博士。（Photoshot/時事通信フォト）

る」と指摘、日本の抗戦の意図を挫くため、特に日本本土上陸作戦を不要にして米軍将兵の犠牲を減らすために原爆の使用が必要であったと説明した。

トルーマン自身、原爆投下の理由について演説の中で次のように語っている。

「われわれは戦争の苦しみを早く終わらせ、また幾千人というアメリカ青年の生命を救うために原子爆弾を使用した」（〝We have used it in order to shorten the agony of war, in order to save the lives of thousands and thousands of young Americans.〟）（八月九日）

「あの爆弾が戦争の終結を早めたことは確かである」（十月三日）

実験成功をソ連に知らせた米大統領

米国の原爆実験は第二次世界大戦を終わらせるポツダム会談の開会前日に当たる七月十六日午前五時三十分、ニューメキシコ州南部アラモゴードの砂漠の中でプルトニウム爆弾「ファットマン」を高さ三〇メートルの鉄塔上に取付けて実験（名称は「トリニティ」）が行なわれ、成功した。

ポツダム会談はルーズベルト米国大統領の死去（四月十二日）とトルーマンの後継大統領の就任、ドイツの降伏（五月八日）による連合国側勝利の見通しという状況の変化を受けて、対日戦の最後の調整が必要となり、開かれたものである。

ポツダム会談で握手するハリー・トルーマン米国大統領（中央）、ウィンストン・チャーチル英国首相（左）、ヨシフ・スターリン・ソ連首相（右）。1945 年 7 月、写す。

原爆実験に成功した十六日、トルーマンはドイツの首都ベルリン近郊のポツダムに来ていた。大統領に同行していたヘンリー・スティムソン陸軍長官がワシントンから受け取った実験成功の電報をトルーマンに読み聞かせると、トルーマンは上機嫌で、「お陰で、私は全く新しい自信を得た」と喜んだ。スティムソンの顔を見るたびに、何回も実験成功のことを話したという。

トルーマンが実験の成功をチャーチルに伝えると、チャーチルは大喜びした。トルーマンは実験の成功をスターリンにどう伝えるかチャーチルに相談した。チャーチルはポツダム会談が終わってから知らせるのがよいと言い、そうすることになった。会談が終了した二十四日、トルーマンはスターリンに原爆実験の成功をほのめかして言った。

「米国は前例のない破壊力を持つ新しい兵器を持っています」

この発言に対し、スターリンは動じる気配もなく、微笑んだだけだった。この時、ポツダム会談の途中でチャーチルと交代したイーデン英国首相は両首脳の近くにいたが、スターリンは無関心に見えたと後に語っている。

この時、スターリンは米国の原爆開発がかなりの程度まで進行していることをスパイのクラウス・フックスがソ連に送ってきた情報によって知っていたのである。

会談後、スターリンは宿舎で外相モロトフに「こちらの仕事を急ぐように」と言った。この後、自分の部屋から秘密警察長官兼原爆開発責任者のベリヤに電話をかけ、米国の実験成功をトルーマンから知らされる以前に報告しなかったことを厳しく叱責、さらに原爆開発の実務を受け持つ核物理学者クルチャトフには、計画の実現を急ぐよう直接、電話で指示した。

帰国後、スターリンはクルチャトフを中心とする特別委員会を設け、原爆の開発を急がせるとともに、秘密警察長官兼原爆開発責任者のベリヤに対し「三年以内に原爆をつくるように」と命じた。ベリヤは持ち前の強権を振るって原爆開発計画を強力に推進した。こうしてソ連は米国に追いつき、追い越すことを目標にして核開発に血道をあげた。

八月六日に広島、九日に長崎で人類史上初の核爆弾の実戦使用が行なわれ、その後の四十四年間、世界を核軍拡競争と核戦争勃発の不安で覆うことになる。

第3章　早期終戦できず原爆投下に

ヤルタ会談密約情報を無視

戦争遂行能力を失った日本

一九四一年十二月八日、日本海軍がハワイ・真珠湾の米国海軍基地を奇襲攻撃し、太平洋戦争が始まった。米軍は開戦後の半年間、日本軍に押しまくられたが、一九四二年六月五日の中部太平洋・ミッドウェー海域で、日本側に大打撃を与えて攻勢に転じ、日本に奪われた太平洋の島々を次々に奪い返して行った。

一九四四年七月以降、米軍は日本本土の主要都市の全てをB‐29の爆撃圏内に収めることができるマリアナ海域のサイパン島を攻略、テニアン島、グアム島を手中に収め、これら三島に飛行場を建設、十一月以降、超長距離爆撃機B‐29が多量の爆弾、焼夷弾を積んで日本本土空襲に出撃した。日本軍は、やがて航空機、その燃料、爆弾、銃弾も不足、戦争の終盤では特攻隊に頼った。特攻隊員は最後まで戦った。

翌四五年三月十日、日本の早期降伏を目指す米軍は首都東京を猛爆撃し、一夜にして一〇万人を超える死者・行方不明者、約一〇〇万人の罹災者を出した。米軍は、これを皮切りに十二日に名古屋、十三日に大阪大空襲、十七日に神戸と大都市に対する低空からの夜間焼夷弾無差別爆撃を本格化させた。

五月下旬、東京は三月十日の大空襲に次ぐ二回目の大規模な焼夷弾爆撃を受けた。五月二十四日、B‐29五二〇機が焼夷弾三六四〇トン、二十五日から二十六日未明にかけては五〇二機が同三二六三トンを投下し、東京の中央部、西部、北部が大被害を受けた。この爆撃では宮城正殿、東京駅、乃木神社、海軍省、陸相官邸、三笠宮邸、秩父宮邸も炎上した。(1)

空襲は終戦当日の八月十五日まで続き、三月十日の東京大空襲からの五カ月間に全国（内地）で二〇〇以上の都市が被災した。攻撃はＢ－29による爆撃のみならず、機動部隊艦載機や機銃掃射でも行なわれた。本土空爆による死傷者の総数は推定一〇〇万人前後、被災人口は同約九七〇万人。被災面積は約一億九一〇〇万ヘクタール、被災戸数は内地全戸数の約二割に当たる約二二三万戸である。都市爆撃による疎開者は八〇〇万人を超えた。人々の食料不足も深刻化した。

1945年3月10日夜の米軍機B-29による東京大空襲で、見渡す限り焦土となった日本橋とその周辺。写真上方は隅田川。（毎日新聞社提供）

四月初め、米軍五四万人が沖縄本島に上陸、激戦となった。五月七日、ドイツが無条件降伏の文書に署名、翌八日、これが発効してヒトラーの第三帝国は潰えた。トルーマンは、すかさず対日声明を発表、日本に無条件降伏を要求した。この声明の中で、トルーマンは無条件降伏を軍隊に限ることを明らかにし、国務省筋は声明に続く日本向けの放送で「無条件降伏は戦争の終了と武装解除を意味する軍事用語である」と解説した。トルーマン大統領の声明は、次のように述べた。

「それは将兵が家族のもとに、田園へ、職場へ復帰できることを意味する。日本人が苦しみに耐えることを終わらせることを意味する」

これに対し、日本政府は九日、「日本の戦争遂行決意は不変」と声明した。しかし三月から続いた日本各都市に対するB‐29無差別爆撃と敗色の濃い沖縄戦（敗北は六月二十五日）の戦局により、日本の敗戦は誰の目にも明らかになり、政界・軍部のリーダーたちは戦争終結が最大の課題だと認識し、戦争を終わらせるための策を練らざるを得なくなった。

米ソが結んだソ連参戦密約情報が陸海軍に届く

実は、この頃、ソ連は日本参戦の準備を着々と進めていた。連合国側の米・英・ソ連三国の指導者が日本の扱いについて協議したヤルタ会談（一九四五年二月）では、先述のとおり、ルーズベルト米国大統領とスターリン・ソ連首相との間に「ソ連はドイツの降伏から三カ月後の八月七日頃、対日戦に参戦する」との密約が結ばれ、この重要情報がヤルタ会談の直後、スウェーデンのストックホルム駐在大使館勤務の小野寺陸軍武官から暗号電文にして陸軍に打電された。小野寺がポーランド人将校から得たもので、「ドイツ降伏の三カ月後にソ連が対日参戦する」という正確な情報である。

この小野寺武官情報から三カ月後の五月二十四日、スイスの首都ベルンに駐在する海軍武官は「七月以降、ソ連が参戦する可能性が極めて高い」、六月十一日、ポルトガルの首都リスボンの陸軍武官は「七月末までに日本が降伏しない場合、密約どおり、ソ連は参戦する」との情報を、それぞれ海軍、陸軍に打電してきた。敗色を濃くしていた当時の日本にとって、ソ連が参戦すれば、敗戦は決定的となる。

小野寺情報を含めれば、同一内容の情報は合わせて三回、届けられたことになる。海外駐在武官から送られてきた三通の電報のうち、小野寺陸軍武官が一九四五年二月のヤルタ会談直後に、東京の陸軍に送ってきたソ連の対日参戦情報は見つかっていない。しかしベルン駐在海軍武官が同年五月に海軍に送ったソ連参戦情報の電報とリスボン駐在陸軍武官が六月に陸軍に送ってきたソ連の対日参戦情報の電報の二通は、いずれも公的機関に保管されていることが最近、確認された。

この重大情報が陸軍と海軍間、および軍部と外務省の間で共有されていれば、一九四五年六月から二カ月間の終戦工作はソ連に和平の仲介依頼を求めるようなことはなかった。おそらくポツダム宣言の発表直後に宣言を受諾しただろう。そうすれば、ソ連の対日参戦や広島・長崎への原爆投下前に終戦に漕ぎつけることができただろう。

日本の国運を左右したソ連の参戦情報が届いていたのに、なぜ陸軍、海軍間や、軍部と政府部内閣僚間に共有されなかったのか。軍部の主戦派が本土決戦に持って行くためには、不都合な情報であるとして、握りつぶされたのだろうか。ソ連参戦情報の電報の発見は太平洋戦争末期の歴史の見直しを迫る重要な出来事である。

陸海軍がソ連参戦情報共有せず

国家の運命を左右する重要情報が複数の武官から、しかも陸軍と海軍に送られて来たのだから、軍の指導部は首相や外務大臣、場合によっては天皇に知らせ、対応策を緊急に協議すべきだった。ところが驚くべきことに、当時の日本の国家組織の情報系統は軍と政府、軍の中では陸軍と海軍がそれぞれ別々。軍の縦割りは徹底していて、たとえ国家が存亡の危機に立っても、陸軍と海軍が重要情報を共有しなかった。

戦局が急速に敗戦に向かっていくと、軍部は海外武官から送られて来たソ連の参戦情報を無視して、「日ソ中立条約」の相手国であるソ連に連合国との和平の仲介役を期待し始める。重要な情報は外務省にも知らされなかった。

政府・陸海軍の戦争指導者六人、すなわち内閣総理大臣鈴木貫太郎（四月七日、就任）外務大臣東郷茂徳（同）、陸軍大臣阿南惟幾《これちか》、海軍大臣米内光政、参謀総長梅津美治郎（陸軍）、軍令部総長及川古志郎（海軍）が五月十一日、十二日、十四日の三日間連続で、宮中に集まり、戦争を終わらせるための秘密会議を始めた。

十一日の会議冒頭、参謀総長梅津美治郎が「ドイツ降伏後、ヨーロッパのソ連軍が続々とシベリア方面に送られている」状況を説明した。これは八月九日のソ連の対日参戦のためだったのだが、驚くべきことに、国家の命運を左右する事態になりつつあるのに、軍部に届いているはずの八月初旬とされているソ連参戦情報については全く話し合われず、ソ連に仲介役を頼む案が重視された。

五月二十四日、米軍機五二〇機、二十五日から翌二十六日に未明にかけて五〇二機が東京に猛烈な焼夷弾爆撃を加え、それまで焼け残っていた西部、北部、中央部が焼け野原と化した。しかし軍は本土決戦にこだわり続けた。

六月六日、局長や課長まで出席した最高戦争指導会議が開かれたが、河辺虎次郎参謀次長（梅津参謀長の中国出張のための代理出席）が闘志をあらわにして「あくまで徹底抗戦を貫くべきだ」と強硬論をぶち上げた。阿南陸相もこれに反論しなかった。結局この会議では和平交渉から大幅に後退した徹底抗戦の方針が決まり、激論の末、この方針を盛り込んだ「戦争指導基本大綱」が決まった。これに基づき、政府は全国民に対し、本土決戦の準備を加速するよう求める指令を出した。

六月二十三日、沖縄守備隊が全滅した。一九五〇年の沖縄県援護課の発表によると、沖縄戦の犠牲者は兵九万四一三六人、住民九万四〇〇〇人、合わせて一八万八一三六人である。

「千載一遇・和平の好機」逃す

高木少将の交渉進言、実らず

一九四五年六月初め、海軍トップの密命で、太平洋戦争終結の糸口をたどる秘密工作に当たっていた日本の海軍少将高木惣吉のもとに、スイス駐在武官から「極秘に米国側と接触した結果、米国大統領と直接つながるアレン・ダレス（後のCIA長官）と戦争終結交渉ができそうだ」という重大な情報が送られてきた。

先に述べたとおり、当時、米国ではソ連がヤルタ会談に基づき、対日戦に参加した場合、領土問題などで影響力が拡大するとの警戒心が強まり、対日戦争でも「ソ連参戦前に戦争を終結させる方がよい。早期終結のためには、日本がこだわる天皇制の維持を早めに日本に伝えるべきだ」との考え方が生まれていた。

高木は「和平に至る千載一遇の好機」と見て米内光政海相に、この情報を報告し、「交渉に行かせてください」と頼んだ。対米戦争終結交渉を懸命に訴える高木少将に対し、米内海相は「米国側に陸軍と海軍の間を裂く謀略の疑いがあるのではないか」と言い、交渉から手を引き、処理を外務省に任せるよう指示した。

高木は米内の指示に従い、この情報を外務省に伝えた。外務省は当時、ソ連を通じた和平交渉に関わっていて、高木から持ち込まれた米国との直接交渉を正式な外交ルートから外れたものだと見て、その可能性を真剣に検討しなかった。米内と外務省の対応により、早期戦争終結の可能性は失われた。米内は、それが米国の謀略であり、日本が自らその謀略に引っかかって責任を問われることを恐れたものと見られる。

陸軍、海軍の指導者層の人たち、例えば、陸相阿南惟幾、参謀総長梅津美治郎、参謀本部作戦部長宮崎周一らは、この頃、個人的には「本土決戦は客観的、物的情勢にみて極めて困難」と見ていた。しかし軍の大方針となっている本土決戦に異論を唱えてはならないとの自己規制からか、会議などでは、そのような発言を一切、控えた。まして「国体護持の他は無条件講和を受け入れるべきだ」などという積極的な事態打開策を述べる者は一人もいなかった。

こうして国家の危急を克服する方策は何一つ決められないまま、貴重な時間が空費された。

ソ連仲介構想の破綻

六月中旬、木戸幸一内相は天皇にソ連の斡旋による早期戦争終結を提案した。天皇は、これに同意し、六月二十二日、異例にも最高戦争指導会議のメンバー六人を自ら召集した。この会議の席上、天皇は時局収拾の重要性を指摘、どう対処するか意見を求めた。これに対し米内海相、梅津参謀総長がソ連への仲介依頼を攻撃前に行なうべきだとの意見を表明、東郷外相がこれに賛同した。天皇は政府首脳に対し、ソ連に和平の仲介をすみやかに依頼するよう要請した。

七月七日の最高戦争指導会議では、天皇が親書を持った特使をソ連に派遣してはどうかと東郷外相に述べ、十七日から始まるポツダム会談前に元首相近衛文麿を緊急特使として派遣、戦争終結の意思を連合国側に伝えることになった。しかしソ連との交渉条件を一本化することはできなかった。

この日、トルーマン大統領、バーンズ国務長官、米国海軍情報部はポツダム会談に出席するため、巡洋艦で大西洋を航行中だった。海軍情報部は、東郷がモスクワの佐藤尚武大使に宛てた次のような内容の電文を傍受した。

(1) できればポツダム会談前、それが無理なら会談直後にソ連外相モロトフに会い、戦争を終結させたいという天皇の意志を伝えるよう指示する。

(2) 連合国側の対日無条件降伏要求が戦争終結を妨げている唯一の障害である。連合国側がこれにこだわるならば、日本は最後まで戦わざるを得ない。

この電文は日本が戦争終結を望んでいるという本物の証拠だった。ドイツが無条件降伏した五月七日、トルーマンが無条件降伏を求める声明を発表した際は応じなかった日本が戦争終結を目指してソ連に仲介役を依頼しようと動き始めているという国家的機密が不用意にも交戦国の米国首脳に露呈されるという大失態を冒したのである。日本政府は、このことを知らなかった。

七月十二日、近衛文麿が東郷外相の依頼に基づき、特使に任命され、外務省がモスクワの佐藤大使を通じてソ連政府に対し、特使派遣と和平斡旋の依頼を伝えた。この頃、スターリン、モロトフ外相らソ連首脳はポツダムで開かれる対日戦の戦後処理を話し合う重要な三国首脳会議に向けて出発し、留守。ソ連の外務省当局は佐藤大使に「近衛特使が条件を決めて来ない限り、受け入れるつもりはない」と回答した。特使派遣の打診は二週間、続けられたが、回答は同じだった。

スターリンはポツダム会談の席上、日本が近衛特使の派遣を照会してきたことを米、英両国に暴露した。そのうえでソ連は両国と協議してソ連の対日宣戦布告まで、日本政府の照会を放置することを決め、ポツダム宣言に同意した。日本政府は、特使派遣要請がこのように扱われたことはつゆ知らず、ポツダム宣言が出された後もなお、ソ連の仲介に期待し続けた。七月十八日、佐藤大使のもとに「日本からの使節の受入れを拒否する」というソ連の回答書が届いた。

ポツダムで原爆使用計画が具体化

ソ連軍は一九四五年四月、ポツダムを占領していたから、七月にポツダム市のツェツィーリエンホーフ宮殿で米、英、ソの首脳会談が開催されることが決まると、参加各国首脳の宿舎をポツダムの高級邸宅地区ノイバーベルスベルクのうちグリープニッツ湖を見下ろす一等地を選んだ。

トルーマンが宿舎に着いた翌日の七月十六日午前五時二十五分、米国メキシコ州アラモゴードで最初の原爆実験が成功、実験成功の電報が陸軍長官ヘンリー・スティムソンのもとに届いた。電文は「赤ん坊は無事生まれた」だった。

ポツダム会議が始まる直前の十七日正午頃、スターリンはトルーマンに対日参戦の意向を伝えた。しかしトルーマンはアラモゴードにおける原爆実験成功の報せを受け取って以来、「ソ連参戦前に原爆によって日本を降伏させたい」と考えるようになっていた。

二十一日、トルーマンのもとにワシントンから原爆実験の詳細な報告が特急便で送られてきた。翌二十二日の日曜日、トルーマンはチャーチル英国首相を宿舎に呼び、米軍最高責任者スティムソンを同席させて一時間ほど会談した。トルーマンは『回顧録』の中に、「原爆をいつどこに投下するかの決定権は自分にあった」とし、「私の最高軍事顧問たちも原爆の投下を勧め、チャーチルも戦争の早期終結につながるのなら躊躇なく賛成すると言っている」と書いている。この日記は、前日のチャーチルとの会談で対日戦争に原爆を使うことについて話し合ったことを受けて書かれたものと見られる。

二十三日午前、バーンズ国務長官がポツダムのスティムソンの宿舎に電話し、対日戦争における原爆投下はいつから可能になるか知らせるよう依頼した。スティムソンはワシントンに電報を打って問い合わせた結果、「八月一日以降いつでも可能」とバーンズに電報が打ち返されてきた。

翌二十四日午前、スティムソンがトルーマンに直接会って、この電報を見せると、トルーマンはポツダムからワシントンの軍当局に宛てて、「八月三日頃以降、天候状況に応じ、特殊爆弾第一号を広島、小倉、長崎、新潟の目標のうちの一つに投下するように」と指令した。この指令を受け取ったレスリー・グローヴス少将（マンハッタン計画の最高責任者）は原爆投下命令書を作成、その写しをポツダムのトルーマンに宛てて送った。こうして対日戦争における原爆投下の手続きが完了した。

ポツダム宣言と天皇制保証問題

七月二十九日の会談終了後、モロトフ外相がトルーマン大統領にソ連対日参戦要請の正式文書を要求した。トルーマンはポツダム会談期間（八月二日まで）に文書を作成してスターリンに手渡した。

スティムソン陸軍長官は、対日戦争の早期終結には日本に天皇制の維持を保証する必要があると考え、ポツダム会談の期間中に日本に対し降伏勧告を発するよう主張、ウイリアム・リーヒ米国陸海軍参謀長の支持を得た。スティムソンもリーヒも、ポツダム会談に出席するため巡洋艦で大西洋を航行中、日本がソ連に和平仲介を求めていること、和平の条件に天皇制の維持を上げていることを、米側の暗号解読によって知っていた。だが対日強硬派のバーンズ国務長官は、スティムソンやリーヒの意見に反対した。

リーヒ参謀長は日本が降伏の条件に天皇制の護持を求めていることに配慮し、ポツダム宣言草案第一項において「日本の無条件降伏」となっていた部分を「日本軍の無条件降伏」とし、天皇制保証条項を「日本国民は自らの政治形態を決定できる」と天皇に言及しない形に改めるよう提案した。トルーマンは公表の意思を固め、リーヒの提唱した変更を行なうことを決定した。

スティムソンは天皇制に言及しないことが日本の降伏拒否を招くのではないかと懸念し、もし日本側がこの一点で戦い続けるならば大統領が外交チャンネルを通じて「口頭で保証」を与えるように提案した。トルーマンはスティムソンの意見を承諾した。これが後の国務省による回答（いわゆるバーンズ回答）につながった。（後述）

ポツダム宣言は、この会談期間中、米国のトルーマン大統領、英国のチャーチル首相と中華民国の蒋介石国民政府主席の共同声明として発表されたものである。ただし宣言文の大部分はアメリカによって作成され、英国が若干の修正を行なった。

蒋介石を含む中華民国のメンバーはそもそも会談に参加していなかったため、中華民国は内容に関与していない。英国では選挙の結果、アトリー労働党党首が首相に就任、七月二十八日、チャーチル首相に代わってポツダムに到着した。このためトルーマンが自身を含めた三人分の署名を行なった。会談に出席しなかった蒋介石には、トルーマンが後に無線で連絡、了承を得た。

この日、スターリンはポツダム会談の席上、日本が近衛文麿特使（元首相）の派遣を照会してきたことを米、英両国に暴露、極秘とされる佐藤大使の外交文書を提示するとともに、通訳にこれを朗読させた。

ドイツのポツダムで開催された米国、英国、ソ連の三国首脳らによる第二次世界大戦の戦後処理を決めるための「ポツダム会談」。写真後方中央の白い軍服姿がスターリン・ソ連首相、右端の左前方を見ている眼鏡の人物がトルーマン米国大統領。1945年8月2日、写す。（ANP／時事通信フォト）

この文書には「近衛特使の使命は現在の戦争を終結させるためにソ連の仲介を依頼するものである」とし、「過去の友好関係に基づき、ソ連政府が陛下（昭和天皇）のご意向に好意を示し、近衛特使を受け入れてくださるようお願いする」と書かれている。スターリンは日本政府の照会をどう扱うべきかを米、英両国に諮った。協議の結果、日本の照会はソ連の対日宣戦布告まで放置することが決まり、そのうえで三カ国首脳はポツダム宣言に同意した。

日本政府は、特使派遣要請がポツダム会談で、このように扱われたことは全く知らなかった。十八日、佐藤大使のもとに「日本からの使節の受入れを拒否する」というソ連の回答書が届き、日本政府は初めてソ連仲介工作の失敗を知った。

ポツダム会談では米国、英国、ソ連が参加したが、ポツダム宣言には米国、英国、中国の三カ国が署名した。ソ連は、この時点では日本との間に日ソ中立条約が締結されていて、日本と交戦国にない。このためソ連はポツダム宣言に署名しなかった。しかし日本の軍部内にはポツダム宣言にソ連の署名がないことを、「ソ連は日本に友好的だからである」と受け止め、なおソ連による和平工作に期待を抱き続ける者がいた。

日本のポツダム宣言受諾拒否

七月二十七日、トルーマン大統領のスタッフが占領下のドイツでポツダム宣言を報道陣に発表した。宣言の外務省訳公式文書の重要部分の要点は次のとおりである。(2)

「以下が我々の条件である。我々はそれらを逸脱することはしない。選択の余地はない。我々は少しの猶予も許さない。

日本の国民を欺き、世界征服に乗り出すよう誤り導いた者たちの権力および影響力は、永久に排除されなければならない……。そうした新たな秩序が確立されるまで……日本領土の要所は占領される。……日本の主権のおよぶ範囲は、本州、北海道、九州、四国および我々が決定する小さな島々に限定される。日本の軍隊は、完全な武装解除ののち、各自の家庭に戻り、平和的かつ生産的な生活を営む機会を許される」

「我々は、日本人を人種として奴隷化したり、その民族国家を滅ぼすつもりはない。しかし、戦争犯罪人に対しては厳重な処罰が加えられよう……。基本的人権の尊重とともに、言論、宗教および思想の自由が確立される。日本はその経済を支える産業を維持することが許される。

これらの目的が達成され、日本国民の自由意志にかなった平和的で責任の持てる政府が樹立されたなら、連合国占領軍は日本から撤退する。

我々は、日本国政府がただちに全日本軍の無条件降伏を宣言するよう要求する……。日本にとってのもう一つの選択は迅速かつ完全な潰滅である」

日本は、このポツダム宣言を二十七日午前七時に傍受した。東郷外相は「ソ連がポツダム宣言を共同提案していない」として、ソ連は依然、中立の立場を保持しているとの見方をした。鈴木貫太郎首相も東郷と同じ立場だった。鈴木も東郷もソ連の真意を読み誤り、この段階になってもなお、ソ連の仲介による和平に期待をつないだ。だが軍部は二人の意見に同意せず、即刻拒否を政府に勧告した。

大本営はポツダム宣言を新聞やラジオで報道する際の検閲を実施、宣言のうちから「日本の軍隊は、完全な武装解除ののち、各自の家庭に戻り、平和的かつ生産的な生活を営む機会を許される」という条件や「我々は、日本人を人種として奴隷化したり、その民族国家を滅ぼすつもりはない」という保証の個所を除外した。翌二十八日の新聞朝刊には、この個所が除外されていた(3)。

鈴木首相は記者会見で、こう言った。

「三カ国による共同宣言はカイロ宣言の焼き直しにすぎない。政府としては、そこに何ら重要な価値をみいだしえず、これを完全に黙殺して勝利するまで断固戦うしかない」

日本側がポツダム宣言の「完全な黙殺」と「勝利するまで断固戦うしかない」と強い態度で宣言受諾を拒否したことは、連合国側の強い反発を買った。太平洋戦争終結問題のキーマンであるスティムソン陸軍長官が、「黙殺」という形の日本のポツダム宣言受諾拒否に対する適切な対応措置は原爆投下だと考えたことを示す貴重な資料がある。それは戦争終結二年後の一九四七年に発行された雑誌『ハーバーズ』に掲載されたスティムソン自身が書いた次の記事である。(4)

「この(日本のポツダム宣言受諾)拒否に直面したとき、我々は、日本が戦争を続けるなら、最後通告は『我々の総力挙げての軍事力の行使は、日本の軍事力の完全な潰滅と日本本土の徹底的な荒廃を避けがたいものにすることを意味しよう』というまさにその通りのことを意味していたのだということを、ただ実行に移して示すしかなかった。そういう目的のためには、原子爆弾は、はなはだ適切な兵器だった」

実戦用の原爆二発は八月三日頃以降の目視爆撃可能な天候の日に広島・小倉・新潟・長崎のうちの二都市に投下する計画が決まっていた。日本のポツダム宣言受諾拒否は既に決定済みの原爆投下計画の実施にお墨付きを与える格好になった。もし日本が七月二十七日の時点でポツダム宣言の定めている無条件降伏を受諾したなら、米国は日本に原爆を投下することはなかったはずである。

ソ連参戦で日本は一層窮地に

八月八日午後十一時(日本時間)、モロトフはクレムリンに佐藤大使を呼び、日本に対する戦線布告を通告、その一時間後の九日午前零時、満州との国境に集結していた一五〇万を超えるソ連軍兵士が圧倒的な装備で満州に侵攻した。全面的なソ連軍の攻撃を受けて日本軍は敗退、戦闘で数万人が死亡した。

十九日、満州で戦っていた日本軍将兵約五七万五〇〇〇人がソ連軍に武装解除させられ、極寒のシベリアに連行・抑留されて労働を強制させられた。これによる死者は約六万人と推定されている。こうして日本は「ソ連による仲介工作」という見当外れの目標に国家の命運を賭けて、貴重な時間と労力を空費した挙句、ソ連の「日ソ中立条約」の破棄、樺太・千島列島の占領、八月六日に広島に原爆投下、ソ連侵攻の日には長崎に二つ目の原爆の投下を招いた。

ヤルタ会談の直後、スウェーデンのストックホルム駐在大使館勤務の小野寺陸軍武官がポーランド人将校から得たソ連対日参戦に関する情報、すなわち「ドイツ降伏の三カ月後にソ連は対日戦争に参戦する」という重要な情報を活かしていれば、終戦への対応は別の形になっていたことだろう。

原爆搭載機情報役立てられず

「特殊任務機が広島へ接近」

一九四五年三月十日の東京大空襲以降、米軍は日本各地の都市への無差別爆撃を本格化させた。大本営参謀本部直属の陸軍特種情報部（東京都杉並区にあった）は本土防衛のため一〇〇人以上を動員、二十四時間体制でテニアン島やサイパン島の米軍基地やB‐29の発信する無線信号（モールス信号）を傍受させた。

特種情報部の部員たちは空襲から本土を守るため、懸命に無線信号を傍受した。その模様を詳細に追った二〇一三年放送のNHK制作テレビ番組「原爆投下　いかされなかった極秘情報」を基に、広島、長崎への原爆投下に至る「エノラゲイ」と「ボックスカー」の動きを追跡する。

五月十八日、米軍は第五〇九混成部隊をテニアン島に移動させた。七月十六日、米国が原爆実験に成功すると、広島、小倉、長崎のうちの二都市に投下するための二発の原爆がサンフランシスコを出港、二十八日にテニアン島に到着した。原爆の組立はテニアン島の基地で極秘に行なわれた。

部隊は同島の基地を飛び立ったＢ‐29乗組員に投下目標都市を目視させた後、その周辺の別の訓練用都市に通常爆薬を詰めた同形状の爆弾（パンプキン）を正確に投下する訓練を繰り返させた。この予行演習は終戦直前までに延べ四九回（三〇都市）に及んだ。

陸軍特種情報部は暗号化されていた無線信号の傍受に努めた。暗号の解読は困難だったが、発信者が誰であるかを知らせる短いコールサインは暗号化されていなかったため、特種情報部はコールサインを傍受しさえすれば、どの島から何機のＢ‐29が飛び立ったかを知ることができた。

六月末頃、テニアン島から飛び立つＢ‐29が六〇〇番台のコールサインを発信し始めた事実をつかんだ。通常の部隊は一〇〇機以上のＢ‐29を擁するのに、テニアン島の部隊は十数機と特に少ない。六〇〇番台のコールサインを使うＢ‐29は七月中旬になると日本近海まで単機か二、三機の小編隊で進出しては帰島するようになった[5]。

特種情報部ではテニアン島のＢ‐29を「特殊任務機」と呼び、その動向に警戒を強めた。後にわかったことだが、これこそ広島と長崎に原爆を投下する特別な任務を負った第五〇九混成軍団所属のＢ‐29だったのである。

出されなかった米機撃墜指令

七月十六日、「米国がアラモゴードで威力の強大な新兵器の実験に成功した」という情報は陸軍上層部や参謀本部にも伝わってきたが、それを原爆と認め、重視するものが一人もいなかったと言われる。ましてテニアン島の「特殊任務機」の目的が原爆投下であることを事前に察知することは到底できなかった。

『大本営参謀の情報戦記』によると、当時、大本営と帝国陸軍中央特種情報部（特情部）は、主に電波傍受によってサイパン島方面のB‐29部隊の日本への飛来の動向を二十四時間体制で監視していた。八月六日、テニアン島から飛び立った「特殊任務機」から硫黄島の基地に対して「我ら目標に向かって進行中」という無線電波の発信を傍受した。この「特殊任務機」が、四年の歳月をかけて米国が開発した原爆搭載機B‐29「エノラゲイ」だった。

「エノラゲイ」は気象観測機などとともに東北方面から広島へ向かった。先頭の気象観測機が豊後水道方向から広島上空に到達した午前七時九分、中部軍管区司令部は警戒警報を発令した。気象観測機はV六七五のコールサインを使って後に続く「エノラゲイ」に報告した。気象状況から爆撃可能と判断して、そのことを連絡したものと見られる。

しかし特種情報部がつかんだ特殊任務機「エノラゲイ」のこうした情報は、なぜか参謀本部から広島の中国地方軍司令部に伝えられなかった。このため攻撃の指令が出されなかった。(6)

長崎への投下も阻止できず

九日午前六時頃、特種情報部の大田新生中《あらお》尉（一九二三年生まれ）がテニアン島を飛び立ったB‐29の発信するコールサインを傍受した。そのコールサインは広島の時と同じV六七五。傍受したのは長崎への原爆攻撃の五時間前である。特種情報部は「日本のどこかで、再び原爆が投下される危険が大きい」と見て、緊張に包まれた。特種情報部がつかんだ重要情報は参謀本部に上げられ、この情報を井上忠男中佐が書き留め、直ちに参謀本部のトップ、梅津美治郎参謀長に伝えた。

このB‐29の名称は「ボックスカー」。その攻撃目標は第一が小倉、第二が長崎だった。小倉の中心部上空に着くと、市街上空は八幡上空で生じた霞による視界不良だった。このため第二目標である長崎に向かった。六日に広島で原爆が投下されているのだから、参謀本部は特種情報部がつかんだ重要情報を九州の司令部に伝達すべきだった。

九州全域をカバーする大村の飛行場には戦闘機部隊が配置され、日本軍の最新鋭機の一つである紫電改を持つ第三四三海軍航空隊が待機していた。原爆搭載機と見られるB‐29長崎接近の情報が伝えられていれば出撃し、撃墜できたはずである。ところが、なぜかこの情報は伝達されず、航空部隊への出撃命令も出されなかった。(7)

広島・長崎原爆の惨禍

人類未曾有の広島原爆被害

八月六日午前七時九分、米軍機一機が広島市上空に現われたため、中国地方軍司令部は警戒警報を発令した。この日、広島上空に現われた米軍機は全部で三機。警戒警報を発令したのは、原爆投下の特殊任務を帯びていた「エノラゲイ号」に先立つ気象観測機だった。同機が広島市の上空から姿を消すと、同軍司令部は「敵機が去った」として午前七時三十一分、空襲警報を解除した。原子爆弾を積んだB‐29がその後に続いていたことを全く知らなかった。

七時三十一分、中国軍管区司令部は空襲警報を解除した。人びとは空襲警報が解除されると、無防備のまま防空壕や避難場所から帰宅、被爆した。「エノラゲイ号」は東北方から広島市上空に進入、中国軍管区司令部は同八時十三分、警戒警報の発令を決定した。しかし発令を決定したものの、各機関への警報伝達は間に合わなかった。

「エノラゲイ号」は警報解除から四十四分後、すなわち八時十五分には、かねて投下目標地点と決められていた中心部の、太田川に架かる相生《あいおい》橋上空に接近し、十五分十七秒、高度九六〇〇メートルからウラン爆弾「リトルボーイ」を投下した。爆弾は四十三秒後、相生橋よりやや南東の島病院（大手町一の五の二四）上空約六〇〇メートルで炸裂した。島病院は産業奨励館（現在の原爆ドーム）の南東一六〇メートルに当たる。（一〇一頁の図を参照）

原爆が炸裂した瞬間、青白い閃光が放たれ、ドンという轟音が響いた。その直後に直径約二八〇メートルの大きな火の玉が生じ、火の玉から放たれた強烈な熱線（大部分が赤外線）により爆心地の地表温度は三〇〇〇度から四〇〇〇度の超高温状態が出現、爆心地一帯の建物など全てが瞬間的に焼き尽くされた。爆発の瞬間、爆心地の表面温度は推定約五〇〇〇℃に達した。熱線は爆心地から放射状に広がり、超高温の火の玉は上昇を続けながら楕円形に広がり、やがて赤い色が消えて巨大なキノコ雲となった。

閃光の直後、秒速三八〇メートル（最大四四〇メートル）の超強力な爆風（衝撃波）が発生、爆心地から二キロメートル園内の木造家屋はほとんど全壊した。全壊と半壊の戸数を合わせると、当時の広島市の全戸数約七万六〇〇〇戸の六三パーセントにのぼった。屋内にいた人は、その下敷きになり、飛散したガラスやコンクリート、屋根瓦などの破片を体に受けて死亡または負傷した。

相生橋や元安橋の欄干も爆風で吹き飛ばされた。熱線と爆風は僅か数秒間に約八万人の命を奪い、これとほぼ同数の負傷者を生み出したと見られている。爆心地や、その周辺では、強力な爆風により大量の粉塵が舞い上がり、それが太陽光線を遮断したために、昼間なのに辺りが薄暗くなった。（グラビア写真二頁上段を参照）

熱線のため高温に熱せられた木造建築物が次々に発火した。火災は次第に火勢を増して大火となり、つむじ風が吹き荒れた。火災により、爆心地から半径二キロメートル以内では全ての家屋が焼失、半径三・七キロメートル（推定）以内の大半の建物が黒焦げになった。巨大な火柱が天空高く立ちのぼり、黒煙が空を覆った。熱線と爆風によって全壊・全焼した地域は一〇一頁の図に示したとおり、爆心地から約二キロメートルに及んだ。原爆は広島の市街地のほぼ中心に落とされたため、全市の建物の九割が焼失または破壊された。

原爆投下直後の爆心地の惨状を『広島原爆戦災誌』第一巻は次のように記述している。

「天を裂く熾烈な閃光と、地軸を揺るがす大爆音によって、一瞬、広島市は地面に叩きつぶされていた。街は、すでにそこになく、巨大な火柱が、中天めがけて奔騰《ほんとう》した。煙雲はモウモウとして黒く天を覆い、ために全地域が深い冥暗に閉ざされてしまった」

原爆投下により、広島県庁（爆心地から約九〇〇メートル）は全壊したうえに全焼、広島市役所（同・一・二キロメートル）は外部だけを残して焼け、消防署、警察署、郵便局、電話局、学校の多くが深刻な被害を受けた。道路、鉄道、上下水道、電気、ガスなどの都市機能が完全に破壊された。この原爆投下により、広島市の六割が一瞬のうちに破壊された。原子爆弾が人類史上、初めて実戦に使われた歴史的瞬間である。

「エノラゲイ」機長ポール・ティベッツは一九九八年、インタビューを受けた際、「原爆を投下し、私は機体を旋回させた。地上に目を落とした。街はなくなっていた。もはや人影はなかった。あったのは焦土だけだ」と語った。この時、ティベッツ元機長は八十三歳の高齢。耳に補聴器を付けていたという。

広島に投下された原爆「リトルボーイ」は直径七一センチ、長さ三メートル五センチで、重さは四・四

広島に投下された原爆のキノコ雲（上）。焦土と化した広島の市街地（下）。（広島平和記念資料館提供）

トン。TNT二万トンに相当するウラン型爆弾。爆発の時、第三四三海軍航空隊所属の「紫電改」が上空を偶然飛行していた。操縦していた本田稔元戦闘機部隊パイロット（海軍少尉）の話によると、「紫電改」は原爆の炸裂による強い衝撃波をまともに受け、約五〇〇メートル、吹き飛ばされて落下した。ようやく舵が取れるようになった時、目の前を見ると、赤黒いキノコ雲が舞い上がり、それまで眼下に広がっていた広島の市街が消滅していた。本田は「こんなことがあり得るのか」と疑ったという(8)。

被爆重症者たちの惨状

たった一発で広島を廃虚と化した原爆はウラン原子が核分裂するときに発生するエネルギーを兵器として利用したウラン爆弾で、爆弾に詰められていたウラン約五〇キログラムのうち、わずか約一キログラムが核分裂した。強い熱線と爆風に加えて、大量の放射線を出し、人間を含む生物に深刻な被害を与えるのが、原爆の特徴である。

原爆によって広島の人々が受けた身体被害は悲惨極まりないものだった。爆心地から半径一キロメートル以内の人々の八〇パーセント以上が熱線によるやけど、爆風による外傷、急性の原爆放射線障害の作用か、三種類の作用の組み合わせにより死亡した。人体が一瞬にして炭化し、黒い塊となった人もいた。建物などで熱線の直撃を受けなかった人たちは命は助かったものの、大量の放射線を浴びた。この地域ではまったく無傷に見えた人が突然血を吐いたり、体中に紫色の斑点を出し亡くなる例もあったという。

爆心地から五キロメートル以内で放射線を大量に浴びた被爆者は急性放射能症や白血病を発症した。爆風で倒壊した建物の下敷きになって、生きながらに焼き殺される者も無数にあり、肉親を呼ぶ声、救助を

原子爆弾被災状況　広島市街説明図

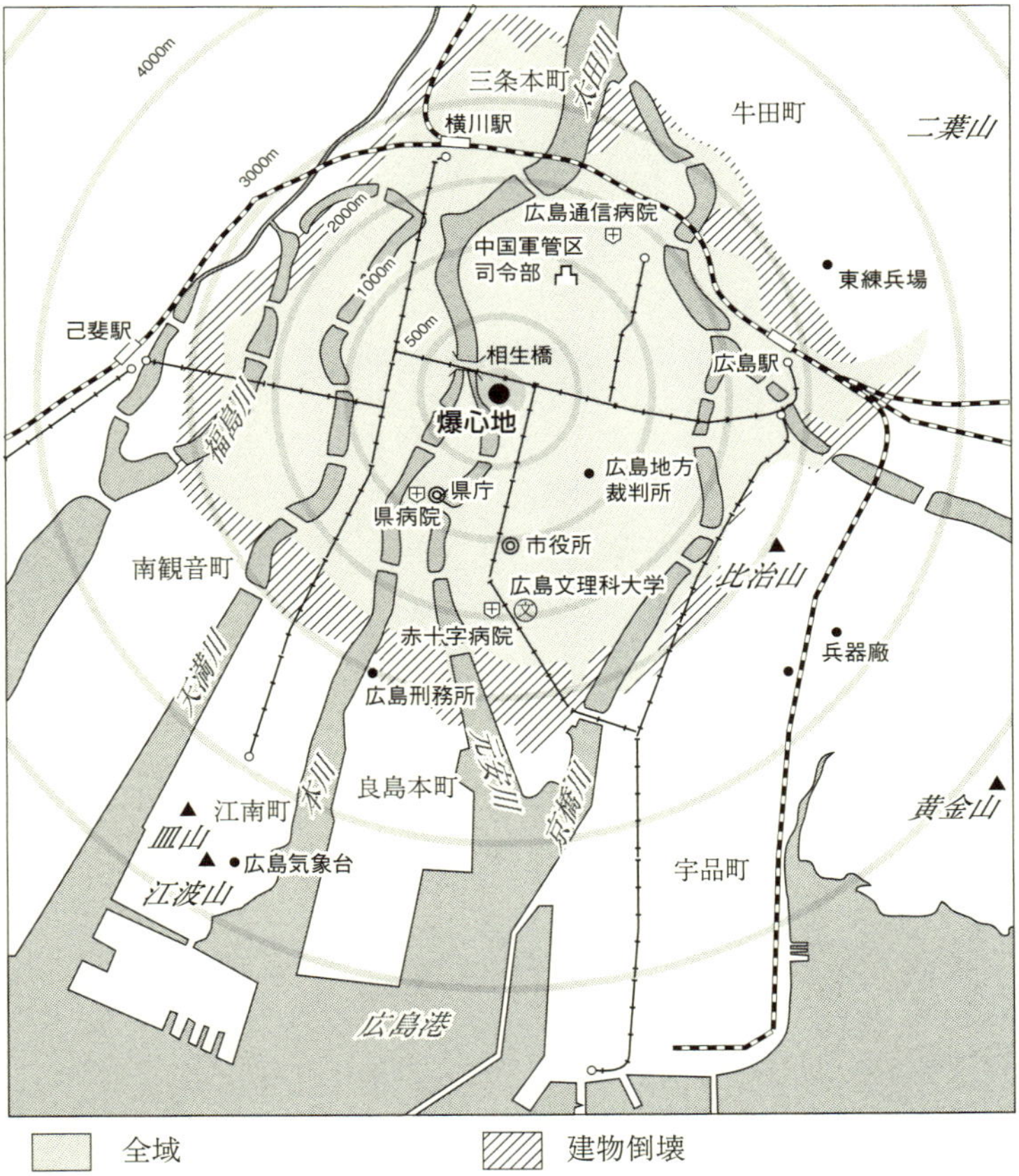

出所）『広島原爆被災誌』付録「原子爆弾被災状況　広島市街説明図」を基に作成。

広島・長崎の被爆者死亡率、負傷率と被曝距離との関係

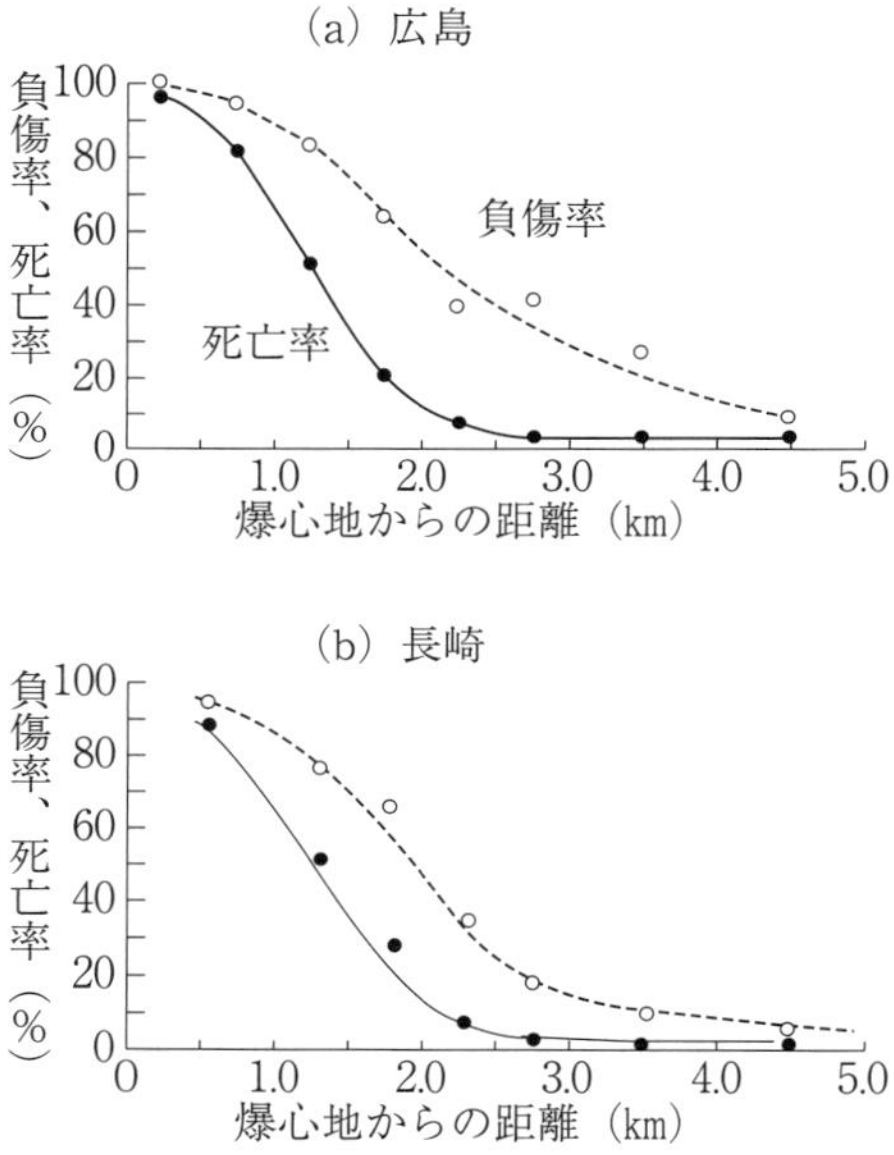

出所）Oughtersonほか（1956）による。広島市・長崎市原爆災害誌編集委員会編『原爆災害——ヒロシマ・ナガサキ』（岩波書店、2005年）92頁。

求める声が、舞い狂う火炎のなかに聞こえたという。

上の図は被爆者の死亡率、負傷率と爆心地からの距離の関係を示している。この図から明らかなとおり、広島でも長崎でも爆心地から一キロメートルの地点で、直接放射線を浴びた人は致命的な影響を受け、その七〇パーセント、一・五キロメートル以内にいた人の約四〇パーセントが数日のうちに亡くなった。

ＮＨＫ出版編『ヒロシマはどう記録されたか　ＮＨＫと中国新聞の原爆報道』（二〇〇三年）が目撃者の証言として記述した文章によると、原爆が投下された八月六日、爆心地に近い相生橋や太田川には悲惨な光景が広がっていた。橋の西詰には二〇人ほどの兵士の死体、橋の上にも夥しい数の死体が横たわり、太田川の中にも死体が浮かんでいたという。橋の下からはうめき声や助けを求める声が聞こえた。

広島市内で被爆した多くの人々が逃げ込んだ比治山周辺も地獄のような惨状だった。比治山に逃れてきたものの、被曝による病状が悪化したのだろう、道路と言わず、至るところ死者や重症者であふれ、六日夜から三日三晩うめき声が絶えなかったと伝えている。

街には体がドス黒く汚れた裸の姿の人や血だらけの人があふれ、まさに阿鼻叫喚の修羅場だった。原爆の放射線は細胞を破壊し、時がたつにつれて様々な症状を引き起こす。重傷の人は表皮が焼けただれてズルズルとはがれ落ち、皮下の組織や骨までが露出するなど熱線は通常の火傷では考えられないほど大きな被害をもたらした。

道を行く被災者たちは手を前に挙げて歩いていた。皮膚が剥がれて垂れ下がるのは、やけどを負った表皮が爆風によって剥ぎ取られるためである。（一〇四頁の写真左を参照）被爆者の中には、背中全体の皮膚が爆風によって剥ぎ取られ、腰からぶら下がっている者もいたという。そのことを『広島原爆戦災誌』は、こう記している。

「手を下げると指先に血がたまり、ズキンズキンと激しく痛むので、火傷して、ボロ布のように皮膚が剥《は》けて垂れた手を幽霊のように前に上げ、ぶっ倒れそうになりながらゾロゾロと歩いて逃げた」

この状況は広島で最も有名な原爆詩人峠三吉の詩「八月六日」の一節にもこう書かれている。

あの閃光が忘れえようか
瞬時に街頭の三万は消え
圧《お》しつぶされた暗闇の底で

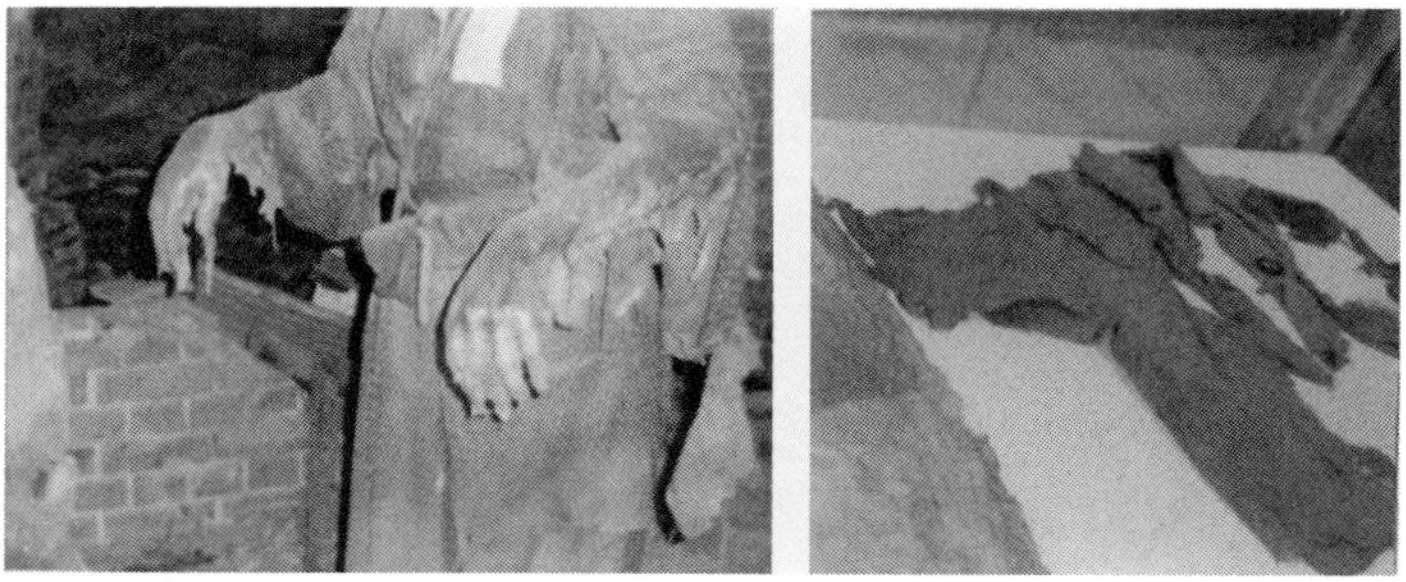

被曝により皮膚が剥がれ、垂れ下がった腕を挙げて歩いたことを伝える「被ばく人形」(左)。右はズタズタになった子どもの衣服。人形は2014年5月まで広島平和記念資料館に展示されていた。2013年10月、筆者、写す。

五万の悲鳴は絶え
……………
やがてボロ切れのような皮膚を垂れた
両手を胸に
くずれた脳漿を踏み
……………

放射性物質の被曝と障害

原子爆弾は通常の爆弾では起こらない大量の放射線を放出する。原爆被災地の人々は、この放射線を体に二重に浴びる。一つは、原爆の炸裂によって放出される強烈な放射線から直接浴びる初期放射線、もう一つは、地上の放射性降下物の持つ放射能に誘発された二次的な残留放射線である。

放射性生成物による人体影響(被曝)には外部被曝と、残留放射能の飲食や吸入により体内に取り込んだ放射性物質による内部被曝の二つがある。外部被曝でも内部被曝でも、人が被曝すれば放射線は細胞の破壊や中枢神経の障害、骨髄などの造血機能の破壊など人体に深刻な障害を引き起こす。照射された放射線が人体の奥深くまで透過すると、細胞や組織のほか、細胞の核の中の、遺伝情報が組み込まれているＤＮＡ（デオキシリボ核酸）までも傷つけ、様々な疾患を引き起こす。放射線被曝の特徴は、人体に放射線を浴びても、痛みを感じることがないことである。

被曝の人体影響は、被曝の直後から数週間以内に現れる急性障害と被曝後数カ月以内に現れる晩発性障害の二つに大別される。急性障害は嘔吐、下痢、頭痛から始まり、出血、血液・骨髄障害、脱毛、水泡、紅斑、脱水、敗血症、神経障害などを起こす。晩発性障害はガン、白血病（血液のガン）、悪性リンパ腫（いずれも悪性腫瘍）などである。

まず急性障害の発生状況を見よう。広島の爆心地から約二キロメートル以内で被爆した人びとの多くは被爆から二、三週間後に顔色が悪くなり、貧血、歯茎からの出血、皮膚の出血斑などの症状に悩まされた。これは血液に含まれている赤血球、白血球、血小板などの細胞が放射線の照射を受けて血液の新生を妨げたためである。新旧交代した若い細胞は放射線によって傷つけられやすい。

広島と長崎では、原爆投下による人体影響は爆心地から半径約三・四キロメートルにまで及んだ。爆心地から一キロメートル以内で被爆した生存被害者の二人に一人が悪心《おしん》（むかつき）や嘔吐《おうと》、食欲不振を訴えたと言われる。脱毛現象や急性放射線障害による下痢や血便も起こった。熱線を浴びた人たちには後遺症のケロイドが現われた。

原爆による晩発性障害の代表はガンと白血病である。人間は地球上のあらゆる生物のうちで放射線の発ガン効果に最も敏感なものの一つ。このため人が放射線を体に浴びると、ガンや白血病が発生しやすい。広島、長崎、マーシャル諸島ビキニ環礁の核実験被曝住民や米国ネヴァダ、旧ソ連セミパラチンスク核実験場周辺住民および核実験に従事・関与した米軍兵士たちの中に各種のガンや白血病が高率で発生した。広島、長崎に限ってみれば、甲状腺ガン、肺ガン、乳ガン、唾液腺の腫瘍などに原爆放射線とガンとの関係が見出されている。

原爆の放射線による障害を受けた「原爆放射線症」（通称・原爆症）の人には「被爆者援護法」により、健康手帳の交付や健康管理手当の支給などの援護施策がある。被爆者の約九割が健康管理手当（年間約四〇万円）を受給している。

黒い雨による被曝

原爆の炸裂に伴う高熱のため、巨大なキノコ雲（原子雲）が生じた。キノコ雲の高さは米軍機の測定によると、約一万六〇〇〇メートル。キノコ雲の下部は地表に接し、爆心地に強烈な誘導放射能をもたらした。キノコ雲は、この放射能と爆弾の炸裂で巻き上げられた火災の煤（煙）を多量に含んでいた。キノコ雲は折からの南東の風に乗って北北西方向へ移動、日本海方面へ流れていった。

爆発の二十分から三十分後、爆心地を含む市の北西部の南北一九キロメートル、東西一一キロメートルの楕円形の地域に降雨があった。雨滴は爆弾炸裂時に地上から上空に巻き上げられた火炎の煤や泥、放射能を帯びた塵・埃などを取り込み、黒く、大粒で、強く降った。黒い雨の跡は爆心地から約三・七キロメートル離れた住宅のしっくいの白壁にくっきりと残り、その黒い部分から原爆の爆発による放射性物質が僅かな量検出された。

放射能を含んだ、この黒い雨に直接当たった人は被曝した。

この黒い雨は強い放射能を帯びているため、この雨に直接打たれた者の多くが二次的な被爆（被曝）が原因で、頭髪の脱毛や、歯ぐきからの大量の出血、血便、急性白血病による大量の吐血などの急性放射線障害になった。長崎でも、黒い雨の降雨記録が残っている。被爆者は広島でも長崎でも、熱線で体の中の水分が減り、水を切実に求めていた。このため被爆者の中には、放射性物質を含む貯水タンクや井戸水、雨水まで飲み、下痢をした人もいた。

広島市では二〇一〇年度から改めて原爆投下当日の気象状況から黒い雨の降雨範囲のシミュレーションを行ない、その結果を基に厚生労働省に被爆者の援護対象の拡大を求めたが、同省の有識者検討会は二〇一二年一月二十日、「降雨域を確定するのは困難」との結論を出した。

原子爆弾の投下で広島市の市街が一瞬のうちに焦土と化し、官公庁の全機能が失われたが、被爆直後から、陸軍船舶司令部所属部隊による救援活動や生き残った医師、看護婦らによる医療活動、他の市町村から派遣された救援隊の活動などが始まった。被爆の翌日には、広島警備司令部が設置され、軍・官・民一体となった組織的な救護活動が始動した。

四カ月後の一九四五年十二月末までの死者は原爆投下時、広島市内にいた約四二万人の市民の三八パーセントに当たる約一五万九〇〇〇人。五年後にはそれが二〇万人に達した。そして投下から六十九年が経過した二〇一四年八月六日の広島市の調査では二九万二三二五人に増加した。

米国とソ連が広島、長崎に調査団

米国とソ連は広島、長崎の原爆投下がどのような被害を与えたのかを調べるために、それぞれ調査団を両市に送り込んだ。ソ連が送り込んだのは、後に対日理事会のソ連代表になるデレビャンコ中将らの軍人や在日ソ連大使館員などからなる調査団。調査団は原爆投下の約一カ月後の九月、両市の状況を映像に撮るなどして調査し、報告書をまとめ、スターリンに提出した。

モロトフ外相は原爆の威力の大きさを報告書で知って衝撃を受けた模様で、報告書にはモロトフが「次の戦争は敗北に終わりかねない」という書込みをした(9)。第二次世界大戦終結の段階で、早くも「次の戦争では核が使われる」との見方をしていること、および核を持たないソ連が核を保有している米国に敗北する恐れがあるとの懸念を表明していることは注目される。この調査報告書はロシア外務省公文書館に所蔵されており、二〇〇〇年春、広島、長崎両市の要望で同公文書館から報告書の概要がモスクワの日本大使館を通じて、両市に届けられた。

広島の被爆文学作品

広島の被爆体験から小説家・詩人原民喜の『夏の花』、『原爆詩集』、小説家井伏鱒二《ますじ》の『黒い雨』、同大田洋子の『屍の街』、峠三吉の『にんげんをかえせ』、栗原貞子の『生ましめんかな』などの優れた作品が生み出された。

原民喜は一九四五年八月六日、四十歳のとき疎開先の広島市幟町に住む長兄信嗣宅で被爆し、同市郊外の八幡村（現　広島市佐伯区）に移り住んだ。原は原爆の悲惨さ、非人間的行為を書き遺さなければならないという強い使命感から、原爆被災時の手帳に記したメモを基に小説『原子爆弾』を書き、義兄の文芸評論家佐々木 基一のもとに送った。この小説が一九四七年、「三田文学」六月号に『夏の花』と改題されて掲載され、一九四九年二月、単行本として出版された。

原は被爆体験を軸とし、人間の苦しみに連帯した数々の小説のほか、死者の嘆きに貫かれた多くの詩を創作して『原爆詩集』を残した。原民喜は死を凝視し、鎮魂の小説と詩を書き続けた作家・詩人であった。原民喜の一連の作品中、『夏の花』は読者に衝撃的な感動を与え、被爆文学として最も優れたものの一つとして高く評価されている。一九五一年三月十三日深夜、原は慢性的な体調不良などを苦に十七通の遺書を残し、国鉄中央線吉祥寺－西荻窪間の線路上に身を横たえて孤独な生を自ら絶った。

井伏鱒二は一九九八年、広島県安那郡加茂村粟根の中流地主階級の次男として生まれ、早稲田大学文学部を中退、小説家の道を歩んだ。長編小説『ジョン万次郎漂流記』（一九三七年）で直木賞、同『本日休診』（一九四九～一九五〇年）で第一回読売文学賞を受賞、一九六五年に『黒い雨』の執筆に取り組んだ。一九六五年『新潮』誌に小説『黒い雨』（連載当初は「姪の結婚」）を連載した。『黒い雨』は被爆者重松静馬の日記を基に、被爆の悲劇を庶民の日常生活の場で淡々と描いた作品。井伏は一九六六年、野間文芸賞を受賞、同年、文化勲章も受章した。一九八九年、今村昌平監督がこの小説を映画化し、原爆の恐怖と悲劇を描いた映画として、多くの人々に感動を与えた。

大田洋子は疎開先の郷里広島で被爆、その体験を克明に記録した小説『屍の街』を敗戦の年の秋に書き上げた。だが占領下の検閲で発表が抑えられ、三年後の一九四八年、重要な部分が削除されて、ようやく発表することができた。大田は朝鮮戦争により世界戦争勃発の危機を予感、その緊迫した状況の中で原爆病の症状がいつ現れるかもしれないという恐怖におののく被爆者の不安な日常生活を描いた『半人間』を一九五四年に発表した。核軍拡競争の時代を告発する格好の、この作品は「平和文化賞」（文化人会議）を受賞した。

原民喜の『夏の花』、井伏鱒二《ますじ》の『黒い雨』、大田洋子の『屍の街』は、それぞれ原爆被害を扱った文学作品のうち最も優れたものの一つとされている。

峠三吉は幼い頃から気管支拡張症に苦しめられしばしば喀血、広島商業学校卒業後は長期の療養生活を余儀なくされた。二十八歳のとき、爆心地から三キロメートルの広島市翠町で被爆、広島県庁勤務や雑誌『ひろしま』編集のかたわら、一九五一年には「にんげんをかえせ」で始まる原爆詩集『序』を発表して原爆被害を告発した。『序』は峠の代表作であり、原爆をテーマにした詩の中で名作の一つ。正式な題名は『序』だが、詩の中での記述から『にんげんをかえせ』という題でも広く知られている。

朝鮮戦争の際、米軍が中国に対し原子爆弾の使用を考えていることをニュースで知った峠が、原子爆弾を安易に使用しようとする米国を強く批判、詩を全てひらがなで記述し直して発表したのが、次の詩である。

ちちをかえせ　ははをかえせ
としよりをかえせ
こどもをかえせ
わたしをかえせ　わたしにつながる
にんげんをかえせ
にんげんの　にんげんのよのあるかぎり
くずれぬへいわを

へいわをかえせ

一九五三年二月、持病の本格的治療を決意し、国立広島療養所に入院して肺葉切除手術を受けたが、術中に病状が悪化、三十六歳の若さで他界した。

栗原貞子は広島の爆心地の四キロメートル北の自宅で被爆した。戦後は夫の栗原唯一とともに執筆活動を行い、反核、反原発、反差別、反天皇制を主張、平和運動に参加し、九十歳を超えてなお、平和集会で自作詩を朗読した。原爆詩の代表作の一つとされている『生ましめんかな』は原弾投下の夜、広島市千田町の郵便局地下壕で実際に起った出来事を聞いた栗原が、脚色を加えて作った詩である。

その内容は、地下壕に避難していた被爆者の一人が突然産気づき、赤子を取り出す為に同じ地下壕内に避難していた一人の産婆が、自らの怪我を省みずに無事赤子を取り上げるが、それと引き換えに命を落としたというものである。相違するのは、産婆は生き残り、八十歳まで仕事を続けたことである。『生ましめんかな』は悲惨な原爆被害と未来への希望を対比してうたった名作とされている。栗原は二〇〇五年三月六日、老衰のため広島市内の自宅で死去した。九十二歳。

長崎にはプルトニウム型原爆

一瞬の雲の切れ間の第二弾投下

米軍は、かねて二回目の原爆投下作戦を九日と決め、投下の第一目標を福岡県小倉市（現、北九州市小

長崎に投下された原爆「ファットマン」の炸裂によるキノコ雲。1945年8月9日、松田弘道氏、写す。（長崎原爆資料館所蔵）

倉区）、第二目標を長崎市と定めていた。投下作戦は気象観測機が先行、目標都市の気象状況を確認し、その後に原爆を搭載したB‐29爆撃機「ボックスカー」ほか二機が目標都市に侵入するという計画だった。「ボックスカー」の機長はチャールズ・スウィニー少佐である。

九日朝、まず気象観測機が小倉上空に到着、「ボックスカー」に「小倉市上空は今、朝靄がかかっているが、すぐ晴れるだろう」と連絡した。午前九時四十四分、「ボックスカー」が投下目標である福岡県小倉市（現、北九州市）の小倉陸軍造兵廠上空に到達、投下目標地点を探した。しかし空に漂っている靄や煙のため、目視による目標の確認ができず、爆撃航程に三回も失敗した。

このとき、小倉の上空に立ち込めていた煙は八幡市（同）の八幡製鉄所（現、新日鉄住金）が生じさせた煙幕だった。この日午前七時五十分、西部軍管区司令部が空襲警報を発令すると、同製鉄所は同製鉄所構内の堂山製缶工場従業員宮代暁ら三人に煙幕装置の点火を命じた。(10)

「ボックスカー」が小倉上空に到達するまでには大量の黒煙が八幡や小倉の上空に漂い、原爆投下目標の目視は困難な状態になっていたと見られる。

原子爆弾被災状況　長崎市街説明図

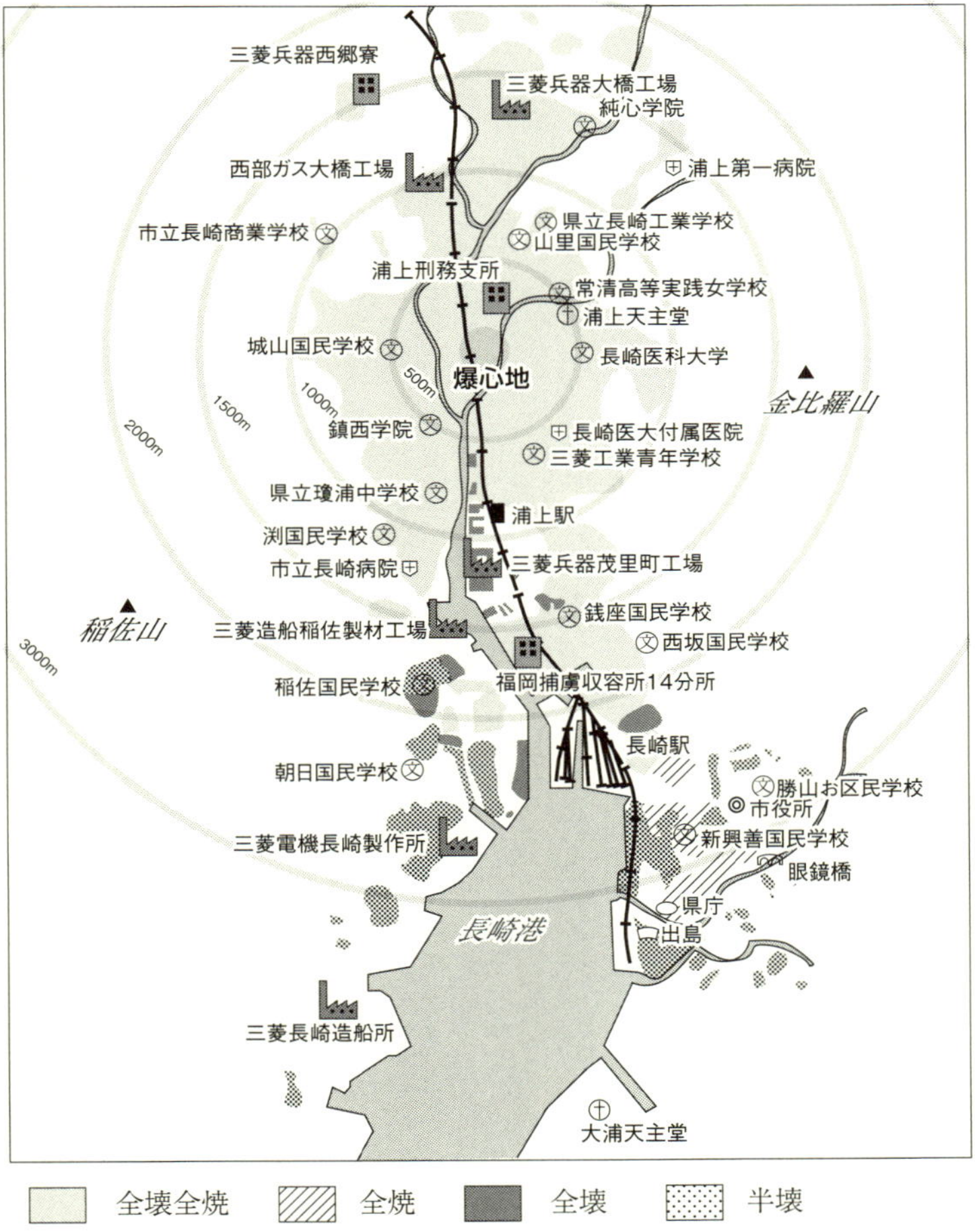

爆弾の炸裂に伴う強烈な熱線により、爆心地付近では人体が超高熱で一瞬のうちに炭化し、内臓の水分さえ蒸発したと考えられている。屋外にいた人は爆心地から約4キロメートル離れたところでも熱傷を負った。爆心地から1キロメートル以内で被爆した人は、たとえ無傷であっても、後に大多数が死亡した。

出所）『広島原爆被災誌』付録「原子爆弾被災状況　広島市街説明図」を基に作成。

日本軍の高射砲隊が小倉上空で長時間、爆撃目標探しの旋回を続ける「ボックスカー」を見つけ、対空攻撃を始めた。このためスウィニー少佐は午前十時三十分頃、小倉への投下計画を打ち切り、第二目標の長崎市に向かった。約三十分後の午前十一時一分、「ボックスカー」は北西方向から長崎市中心部に接近した。この間、気象観測機は「ボックスカー」に「長崎上空は雲が増加しつつある」と連絡した。長崎市の中心部は既に八、九割が雲に覆われていた。スウィニーが目視による爆撃からレーダー爆撃に切り替えようと考えていたその時、雲の切れ間から一瞬、長崎の市街が見えた。

十一時二分、プルトニウム型原爆「ファットマン」が「ボックスカー」から投下された。爆弾は長崎市松山町の上空、高度五〇三メートルで炸裂した。これにより長崎市の六割が一瞬のうちに破壊され、爆心地から半径一キロメートル以内の人々の八〇パーセント以上が熱傷、爆風による外傷の組み合わさった放射線障害で死亡した。

死者は、この年の十二月末までに七万三八八四人、重軽傷の負傷者や放射線障害者の数は死者を上回った。放射線障害者は、その後、症状が悪化したケースが多く、六十九年後の二〇一四年八月九日現在の長崎原爆による死者は一六万五四〇九人になった。

長崎に投下されたプルトニウム型原爆の爆発力は通常の高性能爆薬（ＴＮＴ）に換算すると七キロトン。広島に投下されたウラン型原爆の爆発力は一三キロトンだから、合計二〇キロトン。これは連合軍が第二次世界大戦中、ヨーロッパの都市爆撃に使用した一〇トン爆弾に換算すると、二〇〇〇発をたった二回で爆発させた効果に匹敵する。

長崎原爆の炸裂によって放出された大量の熱線は、爆発から僅か三秒間に、異常な高熱で地上を包んだ。

写真上は、原爆資料館のある長崎市山里町の高台から焦土と化した爆心地方向一帯の惨状（約180度のパノラマ展望）。1945年10月12日～22日頃、山里の丘から林重男氏、写す（長崎原爆資料館所蔵）。写真下は上と同じ方向の現在の風景の写真。2013年10月、筆者、写す。

地表面の温度は爆心地で三〇〇〇～四〇〇〇度という超高温のため、ガラスが溶け、瓦が沸騰して泡立った。爆心地から一キロメートル離れたところで推定約一八〇〇度、一・五キロメートル付近で六〇〇度以上だった。この超高温の熱線によって、爆心地の近くでは、燃えるものすべてが燃え、大規模な火災を引き起こし、爆心地から二キロメートル以内では衣類、電柱、樹木などの表面が燃えたり焦げたりした。

全焼壊家屋が一万二〇〇〇戸、半焼壊家屋は五五〇九戸にのぼった。爆風の被害が家屋の半壊程度ですんだところも、後で起きた火災のために結局全焼した。

浦上天主堂、長崎医大の被爆

長崎原爆の爆心地は十六世紀後半、

キリシタン布教の地となり、キリシタン禁令に始まる長い迫害の歴史に耐えた歴史を持つ長崎市浦上。本尾町の丘に立つ浦上天主堂（堂の完成は一九一四年）は爆心地の東北東約五〇〇メートルにあり、その建物は東洋一の壮大さを誇っていた。

原爆はこの浦上天主堂の五〇〇メートル上空で炸裂、原形を留めぬまでに破壊された。原爆投下当時、聖母被昇天の祝日（八月十五日）を間近に控えて天主堂に来ていた主任司祭・西田三郎を始めとする多数の信徒が熱線や、無惨に崩れてきた瓦礫の下敷きとなり、天主堂にいた信徒全員が死亡した。浦上天主堂の「アンジェラスの鐘」（通称・長崎の鐘）の左塔の鐘は原爆炸裂の衝撃波で二五メートルも吹き飛ばされ、大破したが、右塔の鐘は奇跡的に瓦礫の中から無傷で掘り出され、有志の手で再び美しい音色を流し始めた。

八月九日午前十一時二分、浦上天主堂の南に位置する長崎医科大学（一九四九年、長崎大学医学部となる）も壊滅的被害を受け、角尾学長を始め八九〇人余の人命が失われた。ここは爆心地から僅か四〇〇メートルしか離れていないため、原爆の被害が大きかった。原爆の炸裂により、放射線科助教授・医師永井隆博士は放射線研究中に閃光、灼熱地獄、被曝、耳をつんざく轟音、爆風、衝撃波に襲われ、深手を負って瓦礫の中から這い出した。

壊滅状態の大学病院跡にはケロイド状に皮膚の剥がれた人々や重傷の人々が次々に運び込まれ、一人また一人と亡くなっていった。専門医だった永井には、それが原子爆弾の投下による放射線被曝であることが一目でわかった。永井は長年の放射線研究で被曝し、白血病を患っていた。しかし永井は被爆した体に鞭打って昼夜を分かたず、献身的に負傷者の救護や患者の治療、原爆障害の研究に取り組んだ。

永井の白血病の症状は被曝と被爆者治療による被曝が加わって悪化の一途をたどり、一九四六年七月、

原爆で破壊された浦上天主堂の復旧工事に当たる信徒たち。1945年9月～46年4月、エドワード・ロジャーズ、写す。（長崎原爆資料館所蔵）

永井隆博士（長崎医科大学助教授）は被曝し、療養生活に入った。（長崎市、永井隆記念館所蔵）

長崎駅近くで倒れ、病床に着いた。永井は二畳一間の如己堂《にょこどう》で二人の子どもと暮らしながら、体に鞭打って病床で原爆の悲惨さや被爆の半生、自伝などを書き続けた。こうして『長崎の鐘』（一九四六年、日比谷出版社）、『この子を残して』（一九四九年、中央出版社）、『いとし子よ』（一九五四年、同）などの著作が次々に出版された。

　被爆六年後の一九五一年二月、永井は白血球数が三九万を超えて危険な状態となり、「死ぬ前に医学生に白血病の最終段階を見せ、病気への知識を深めるのに役立てたい」と入院を希望、五月一日、長崎大学病院に緊急入院し、同日夜、息を引き取った。

　後述するとおり、当時、ＣＨＱは原爆と被爆・被曝の状況に関する報道や著作物を厳しく検閲していたから、正面から原爆被害を取り上げることはできなかった。しかし永井の著作は規制を受けなかった。『長崎の鐘』は空前のベストセラーになり、歌謡曲（作詞・サトウハチロー、作曲・古関裕而）や映画にもなった。歌詞「長崎の鐘」（二番）には「召されて妻は天国へ　別れて一人旅立ちぬ　形見に残るロザリオの　鎖に白きわが涙」とあり、原爆で一瞬のうちに姿を消した妻緑への思いと遺品のロザリオを発見した時の経緯が詠まれている。

浦上を焦土と化し、自らの持病白血病を悪化させた原爆投下に対し、強い怒りの気持ちを抱いていた永井は原爆投下と、その原因になった戦争を繰り返すべきではないと考えていた。原爆投下批判がＧＨＱによって厳しく規制されている中、永井は著書『長崎の鐘』の最後で、敢えて戦争と原爆の使用をやめるよう次のように強い調子で訴えた。それは死の床にある永井の心の底からこみあげる、やむにやまれぬ叫びであったに違いない。

「人類よ、戦争を計画してくれるな。原子爆弾というものがあるが故に、戦争は人類の自殺行為にしかならないのだ。原子野に泣く浦上人は世界に向かって叫ぶ、戦争をやめよ。唯愛の掟に従って相互に協商せよ。浦上人は灰の中に伏して神に祈る。希わくばこの浦上をして世界最後の原子野たらしめ給えと。鐘はまだ鳴っている。」

軍が原爆効果調査の対米秘密協力

一九四五年八月六日に広島に投下された原爆による放射線被曝の医学調査が終戦前の八月八日に陸軍医務局の手で密かに開始された。太平洋戦争が終わっていない時期に、なぜ陸軍は、このような調査を実施したのか。それは、関東軍７３１部隊が中国戦線で行なった人体実験を連合国から戦争犯罪として責任追及されることを恐れ、米国に調査結果を知らせて米国の心証をよくしたいという一心から、自発的に取った行為だった。

こんな衝撃的な事実が二〇一一年八月に放映されたNHK制作テレビ番組「封印された原爆報告書」によって明らかになった。この番組を基に陸軍が行なった驚くべき行為の実態を見よう。

原爆被災実態の調査は次のような経緯で実施された。

日本の敗戦が近いと見た連合国は七月十七日から二十六日までドイツのポツダムでトルーマン米国大統領、チャーチル英国首相（途中からアトリーと交代）、スターリン・ソ連首相の三巨頭が対日方針やヨーロッパの戦後処理などを議題に会談、この中で連合国は捕虜虐待などに対し厳しい姿勢で臨むことを確認した。陸軍は731部隊の人体実験が連合国によって厳しく糾弾されると見て、陸軍省医務局の小池卓郎中佐に対し「敵に証拠を得られることを不利とする特殊研究は全て証拠を隠滅せよ」と極秘命令を発した。[11]

その一方で、陸軍医務局は大本営の命令のもと、原爆投下二日後の八月八日、総力を挙げて原爆投下による人体被害の実態調査を開始した。実態調査や検査、解剖などは主に戦火を逃れた広島の陸軍病院宇品分院を拠点にして行なわれた。

陸軍は米国が核戦略上、最も必要としているのは「原爆で、どれだけの範囲にいる人びとを殺すことができるか」という原爆の威力に関する科学的なデータであると見た。

米国が最も入手したいと思っているデータをできるだけ早期に調査し、報告書を作成して、それを米国に渡せば、米国の日本軍に対する心証がよくなり、関東軍731部隊による人体実験が戦勝国側から戦争犯罪として厳しく糾弾される事態を回避できるのではないかと期待したのである。

原爆投下による人体被害の調査目的について、原爆投下当時、大本営に勤務していた三木輝雄・元陸軍軍医少佐（取材当時、九十四歳）はNHKテレビ番組中のインタビューで次のように答えている。

三木　原爆のことは、かなり有力なカードだった。その時は、どうせ早く持って行かなくてはならない。早く持って行ったほうが心証がいいいいだろうと（思って）、要求がないうちに持って行った。

NHK　何のために心証をよくするのですか。

三木　731部隊の（人体実験の）こともあるでしょうね。

生死の境をさまよい、緊急に治療を必要としている被爆者がたくさんいるのに、陸軍医務局は救済をそっちのけにして検査だけを行ない、何らの治療もしなかった。また二〇〇体もの遺体を解剖、人体に及ぼす原爆の威力を調べ上げた。解剖の結果が出ても、陸軍医務局は患者や遺族に何ら知らせず、調査結果は被爆者の治療には全く役立てられなかった。

九月二日、日本は東京湾に停泊中の「ミズリー号」艦上で降伏文書に署名し、連合国軍の占領下に置かれた。翌三日、陸軍医務局は横浜で米国占領軍に『原子爆弾による広島戦災医学的調査報告書』の一部を提出した。被爆者の医学的調査は八月六日の広島への原爆投下の四日後から二年計画で始められたもので、提出されたのは連合国総司令部が日本に到着した僅か四日後。僅か三週間に調査し、大急ぎで結果を報告書に取りまとめた。

陸軍が原爆投下による人体被害の医学的調査報告書を米国に渡した経緯については、連合国総司令部のオーターソン大佐が記していた。その記録によると、九月以降、米国の調査団が広島に頻繁にやってくるようになり、それまで原爆投下の人体影響について調査していた旧陸軍医務局関係の研究者も協力を求められた。結局、米国の調査研究チームには日本人医師約九〇人が参加した。米国チームの調査の目的は次の核戦争に備えるデータ収集だった。とりわけ米軍や米国政府が知りたかったのは、核戦争が起こり、放射線によって原爆症にかかった兵士がどのくらいの期間で回復し、戦闘に戻れるかだったという。(12)

陸軍医務局は引き続き医学的調査を続け、二年後の一九四七年九月、一八一冊、一万ページにのぼる膨大な『原子爆弾による広島戦災医学的調査報告書』(英文)を完成、米国原爆調査団団長のアシュレー・ウォーターソン医師に手渡した。米国陸軍は提供された報告書を陸軍病理学研究所に届け、同研究所が報告書のデータを六冊の論文にまとめた。この報告書に載っていた爆心地からの距離と死者の割合を示すグラフ「死亡率曲線」は広島の一万七〇〇〇人の子どもたちの被爆記録を基に作成された。

この被爆記録は海軍軍医中尉都築正男を中心とする陸軍医務局の医師たちが国民学校や中学校の生徒たちの被爆場所、死亡地点を共同で詳細に調べてまとめたものである。原爆投下の六日は国民学校や中学校の生徒たちが建物疎開のために爆心地近くに動員されていたうえ、「エノラゲイ」飛来時に警戒警報が発令されていなかったために、原爆投下によって、六三〇〇人以上が被爆死した。

都築らが作成した「死亡率曲線」は、広島型原爆がどれだけの人を殺傷できるかを世界で初めて具体的に示すデータとなった。米軍は、これを基に爆心地からの距離と死亡者の数との相関関係をグラフにし、シミュレーションによってソ連との核戦争の際、ソ連の主要都市の攻撃に広島型原爆が何個必要かを算出した。(13)

陸軍医務局が被爆から戦後にかけて進めた被爆者の医学的調査結果の報告書は米国陸軍にとって有益な軍事資料となった。都築は海軍軍医中尉という要職にあったため、一九四六年八月、公職から追放されるが、原爆影響調査の重要な協力者だったため、翌四七年七月、公職追放処分を取り消された。

しかし陸軍がまだ戦争が終わっていない時点で、被爆した国民の塗炭の苦しみをよそに、731部隊の行為の責任逃れと保身を目的に秘密裏に調査報告書の作成に着手、その調査報告書を自国民の被爆者医療には全く役立てず、米国に手渡したことは、犯罪的としか言いようがない。しかも、その報告書が冷戦時の米国の核戦略に使われたことはおよそ納得できるものではない。

日本政府が原爆投下に抗議

八月七日、内閣情報局会議では協議の末、次の対応方針を決定した。

(1) 対外的にはかかる非人道的武器の使用について徹底的宣伝を開始し、世界の世論に訴える。

(2) 対内的には原子爆弾なることを発表して戦争遂行に関し国民に新たなる覚悟を要請する、というにあり、それが為に何よりも『事実の即時報道』と『真相の調査』とを並行すべし。

外務省は、この方針に賛成したが、軍部と内務省は「原子爆弾であると即断はできないとして「原子爆弾」という言葉を使わないよう求めた。結局、「広島原爆攻撃から三十一時間後の午後三時半、大本営が次のように発表した。

一、昨八月六日広島市は敵B29少数機の攻撃により相当の被害を生じたり。

二、敵は右攻撃に新型爆弾を使用せるもののごときも詳細目下調査中なり。

十日、日本政府はスイス政府を通じて広島、長崎原爆投下に対し次のような抗議文を米国政府に送った。

「米国政府は今次大戦勃発以来、再三にわたり毒ガスなどの非人道的戦争方法の使用は不法とされているとし、相手国側が使用しない限り、使用しないと声明した。今回、米国が使用した爆弾は毒ガスなどの兵器より、はるかに無差別かつ残虐なものである。米国は国際法と人道の根本原則を無視して、日本の諸都市に対して無差別爆撃を実施し、多数の老幼婦女子を殺傷したが、いまや従来のいかなる兵器とも比べようのない無差別で残虐な爆弾を使用した。これは人類文化に対する新たな罪悪である」

米国陸軍、とりわけ戦略航空軍は、日本政府が原爆投下と日本の諸都市に対する夜間の無差別爆撃を「無差別かつ残虐な行為」と抗議したことに危機感を募らせた。抗議文に書かれているように、戦略空軍は一九四五年三月十日の東京大空襲以来、日本の諸都市への爆撃を、それまでの昼間精密爆撃から激しい夜間無差別爆撃に変更していたうえに、人道上、問題のある大量殺戮兵器である原爆を使用したからである。

このうち都市への夜間無差別爆撃については、スイスの新聞社が「ブーヘンヴァルトマヌーゼン収容所の残虐にも比較すべきものである」として、スイス政府に対し。その中止を勧告するよう求めた。

米国戦略航空軍の指導部は戦略空軍の爆撃に対する国際的な批判の高まりを抑止しようと考え、ルメイ参謀長やジャイルズ副指令官など幹部六人が八月二十四日、会議を開き、原爆被害に関する報道に対して起こり得る反響を相殺するための方策を検討した。その結果、日本軍が撃墜された米軍爆撃機B‐29乗組員に対する日本軍の残虐行為の情報を収集して発表することを決めた。

この会議で問題にされた「B‐29乗組員に対する日本軍の残虐行為」とは、日本軍と米軍がマニラで戦った一九四五年三月、日本軍に処刑されたB‐29乗組員のことであろう。日本軍の捕虜虐待に対する抗議は米軍がマニラを完全占領した直後から繰り返されていたが、日本政府と日本軍は抜本的改革を行なわなかった。日本は第二次世界大戦中、捕虜虐待を禁止したジュネーブ条約（一九二九年）を批准しておらず、捕虜管理の担当者は捕虜の扱いについての教育を受けていなかったことが、その背景にあると見られる。

「戦争犯罪」との原爆投下批判も

広島、長崎に原爆が投下された後、多くの人が原爆投下を厳しく非難する声を出した。例えば、ハーバート・フーバー第三一代アメリカ合衆国大統領は「いかなる詭弁を用いようと、原爆投下の主目的が、戦闘員ではなく女、子供、老人などの非戦闘員の殺傷であったことを否定することはできない。そもそもアメリカは日本を挑発しなければ決して真珠湾を攻撃されることはなかっただろう」と言った。

トルーマンの後任、第三十四代大統領ドワイト・アイゼンハワーは原爆投下を次のように厳しく批判した。

「日本がソ連に和平仲介を頼んだと知った一九四五年六月、私は参謀達に『戦争は終わりだ』と告げた。ところがワシントンのトルーマン政権は突如、日本に原爆を投下した。私は投下のニュースを聞いたとき激怒した」

ケネディ大統領時代に国防長官を務めたロバート・マクナマラ（元世界銀行総裁）は次のように原爆投下を厳しく批判した。

「米国はこの戦争を外交的手段で終了させられた。原爆投下は不要だった。日本の犠牲はあまりにも不必要に巨大すぎた。私は東京大空襲において、同僚達と、いかにして日本の民間人を効率的に殺傷できるか計画した。その結果、一晩で女、子供などの非戦闘員を一〇万人焼き殺したのである。もし戦争に負けていれば私は間違いなく戦争犯罪人となっていただろう」

「では、アメリカが勝ったから、それらの行為は正当化されるのか?? 我々は戦争犯罪を行なったのだ。一体全体どうして、米国が日本の六七の主要都市を爆撃し、広島・長崎まで原爆で破滅させ、虐殺する必要があったというのか」

米国の軍の要職にある人々も、「米国が原爆を投下する必要はなかった」とか「原爆を使うべきではなかった」などとトルーマンの原爆使用を批判した。例えば、ダグラス・マッカーサー連合国軍総司令官は「原爆投下は、米国兵士の命を救うためには全く必要のないものだった。我々は日本に原爆を投下する必要はなかった」と言った(14)。

ウイリアム・ダニエル・リーヒ参謀長は米国が原爆の実験前、トルーマンに対し、「これは我々がなし得た最も馬鹿げたことです。この爆弾は使うべきではありません」と進言、後に『回想録』に次のように書いた。

「日本上空の偵察で米軍は、日本に戦争継続能力がないことを知っていた。また天皇の地位保全さえ認めれば、実際原爆投下後もアメリカはそれを認めたのだが、日本は降伏する用意があることも知っていた。だがトルーマン大統領はそれを知っていながら無視した。ソ連に和平仲介を日本が依頼したことも彼は無視した。この野蛮な爆弾を日本に投下したことは、なんの意味も持たなかった」

「海上封鎖は十分な効果を挙げていた。この新兵器を爆弾、と呼ぶことは誤りである。これは爆弾でもなければ爆発物でもない。これは〝毒物〟である。恐ろしい放射能による被害が、爆発による殺傷力をはるかに超えたものなのだ。アメリカは原爆を投下したことで、中世の虐殺にまみれた暗黒時代の倫理基準を採用したことになる。私はこのような戦い方を訓練されていないし、女、子供を虐殺して戦争に勝ったということはできない」

クレア・リー・シェンノート米陸軍航空隊大尉（後に少将）は「日本との戦争へのロシアの対日参戦が戦争終結を早める決定的要素。原子爆弾が一つも投下されなかったとしても、その事実は変わらなかった」と言い、対日戦の末期、都市への絨毯爆撃を指揮したカーティス・ルメイ陸軍航空軍少将（のち空軍参謀総長）は「ソ連の参戦と原爆がなくとも、戦争は二週間で終わっていただろう」と語った。

アインシュタイン博士に原爆製造を勧める書信を送るよう働きかけた核物理学者レオ・シラードは「原爆投下は外交的にも人道的にも人類史上最悪の失敗だったのです」と厳しい口調で批判した。

第4章　孤立無援に苦しむ被爆者たち

救護所の被爆患者の実態

広島市では原爆投下により病院も医薬品も焼失し、治療する医師の九割が被曝した。このため街の医療体制は壊滅状態に陥った。爆発の瞬間を辛うじて生き延び、救護所に運び込まれた人々は医師や医薬品が極度に不足していたために対症療法的な手当てを受けるだけだった。

陸軍第二病院横の太田川堤防に仮設された救急テントに収容された被爆者たちの状況は次のように記録されている。(1)

「みな露出部が火傷ではれあがっており、油脂を塗り、病衣を切って湿布し、地面に毛布を敷いて次々に休ませたが、その夜のうちから烈しい嘔吐と苦悶のうちに亡くなる者が相つぐ」

「負傷者の容体は、一日経過しただけでひどく変った。胴は豚のように腫れ上がり、目も鼻も区別がつかず、四肢もはちきれんばかりにキンキンに張って、巨大なイモ虫のようになった。真夏の炎天下、のたうつことすらできず、ただひたすら呻《うめ》くだけである。夜になると川風も冷たく、幾分か楽になるのか比較的静寂になった」

被爆者の中には苦しさのあまり、太田川に身を投げる者がいた。竹田ハツエ婦長は手記で、地獄絵のような、その状況を次のように書き記している。(2)

「真夜中、苦痛に耐えかねて死を急ぐ負傷者の投身がたびたびあった。鈍い水音を聞くたびに、――また飛び込んだね、とあきらめたように無感覚につぶやいた。未明に起きて負傷者を見廻って歩くと、死体、死体、死体である」

救護所の記録によると、被災者の症状は様々で日が経つにつれて悪化傾向をたどった。八月九日、被災者の全てが食欲不振で、そのうち嘔吐を訴える人が過半数を占めた。やがて火傷も外傷もない被災者の全身に出血斑が現われ、口内炎を起こして重体に陥った人も出た。

十八日、被爆者はみな顔色が悪く、頭髪が薄くなる人が出た。二十日、取り寄せた顕微鏡で血球計算してみたところ、正常人なら六〇〇〇から七〇〇〇ある白血球数が三〇〇〇前後の被爆者が多く、瀕死の重症患者の白血球は僅か二〇〇しかなかった。白血球が減少すると、抵抗力が弱まる。

強烈な放射線を受けた場合には、放射線が骨髄にまで達し、遅くとも一～二カ月で死に至る。受けた放射線が強くなかった場合、症状は数年後とか、数十年後に出る。被爆から七十年後の二〇一四年八月現在の被爆者の死者が一九四五年十二月時点の二・三倍も多いのは、受けた放射線の程度に関係があると見られている。

被爆者医療空白の十二年

被爆者たちは体に原爆症を抱え込んだり、負傷したりしただけでなく、原爆で家も財産も一家の働き手も自らの働き口も失った。被爆者の三割が収入を絶たれた理由を尋ねるアンケート調査に対し、「病気やけがで体力がなくなり、肉体労働ができなかった」と答えた。

そのうえ原爆投下から二カ月後の十月、国は被爆者たちが手当てを受けていた広島市内五五カ所の救護所を閉鎖した。当時の法律では救護所は二カ月以内しか設置できない決まりだったからである。救護所の閉鎖により、被爆者は治療費を全額自己負担しなければ医療を受けられなくなり、被爆者に対する医療費支援制度が設けられたのは一九五七年。被爆者医療は十二年間、空白状態が続き、被爆者たちは行政の援護を受けられず、生活苦を余儀なくされた(3)。

広島を中心とする中国地方と長崎を中心とする九州以外の地域では、人々は被爆者の置かれている状況や原爆症の実態について、あまり知らなかった。主な原因は連合国総司令部が原爆関係の報道を一九五二年まで検閲していたためである。

広島でも長崎でも、原爆によって医療救護体制が壊滅的な打撃を受け、生き残った医師や看護婦らが原爆症患者や負傷者の救護活動を始めた。しかし器材や薬品が不足し、被爆者に対して応急措置さえ十分に施せなかった。長崎では、こうした混乱の中、近郊の海軍病院などの救護隊や県下の町村ごとの警防団を主力に組織された救援隊がそれぞれ被曝地域に入ってきた。

原爆報道と検閲・規制

バーチェットの被曝報道

米軍が広島に原爆を投下した一九四五年八月六日、検閲局は編集者と放送事業者に対し、「原子核分裂や原爆の構造などの機密に関する情報の報道は国家安全上の利益のために控えて欲しい」と要請した。検閲局新聞部は機密情報以外は何を書いてもいいというスタンスだった。

日本では広島原爆攻撃の翌日、八月七日の『朝日新聞』に原爆攻撃の第一報が次のように扱われた。

「広島を焼爆　六日七時五十分頃B29二機は広島市に侵入、焼夷爆弾をもって同市付近は若干の損害を蒙った模様である。(大阪)」

米国は戦時中、原爆投下がどう報道されるかに気を遣い、日本の海外向け放送を録音していた。ラジオ東京の放送は被災地の悲惨な状況を要旨次のように報道し、原爆投下に関する世界の新聞論調に強い影響を与えた。

「原爆は今や、世界の批判の的となっている。それは人類への呪いだ。米軍は冷酷にも最悪の時に攻撃した。人々は、やけどで皮膚がただれ、苦しみもがいている」

これを受けて中国の『解放日報』は「原爆で平和を勝ち取ることはできない」、英国の作家バーナードショウは新聞『サンデー・エクスプレス』に「原爆は日本に戦争をやめさせるという効果はあったが、兵器として使用するには、あまりにも非人道的だ」と書いた。

陸軍は広島・長崎に投下された爆弾の正体がわからなかったこともあり、この爆弾に関する情報を国民に伏せていた。しかし十日に大本営調査団に参加した仁科が広島に投下された爆弾を「原子爆弾である」と情報局に報告したため、報道統制を解除した。十一日、新潟市も原爆投下の目標リストに入っているらしいという情報が流れ、新潟県は新潟市民に対して、この原爆報道によって、新潟市も原爆投下の目標リストに入っているらしいという情報が流れた。このため新潟県は十一日、新潟市民に対して新潟市の中心から一二キロメートル以上、疎開することを求める命令を出した。これにより、大半の市民が新潟市から脱出し、新潟市の中心部が十七日頃まで無人状態になった。

報道統制の解除を受けて、日本の新聞各紙は記者を広島に派遣、十二日頃から原子爆弾のもたらした被害の状況を、被爆地の写真入りで詳細に報道した。国民はこれによって日本が核兵器の攻撃により、どのような被害を受けたのかを知った。八月二十二日の『朝日新聞』西部本社版には、福岡総局員渡辺政明記者が長崎の被爆状況について書いた次のような現地ルポが掲載された。

八月二十二日の『朝日新聞』西部本社版には、福岡総局員渡辺政明記者が長崎の被爆状況について書いた次のような現地ルポが掲載された。

「いたるところで負傷者がぶっ倒れている。……どの顔も身体もガラスの破片で血塗られ、やけどでずるずるになった顔をゆがめて唸っていた」

その後、原爆報道は連合国軍最高司令官総司令部によって禁止されるが、それまでの期間の新聞の被爆直後のルポルタージュ記事は資料的価値が大きい。

被爆後一カ月近い九月三日、オーストラリア出身のフリー・ジャーナリストのウィルフレッド・バーチェット（一九一一〜一九八三）は三十時間をかけた汽車の旅の末、広島の街に着いた。当時、広島はGHQの報道管制が敷かれ、立ち入りが規制されていたのだが、バーチェットはこれに逆らう格好で、単独広島に入った。人口三五万、中国地方最大の都市広島の街は跡形もなく破壊され、建築物は黒こげの柱だけとなっていた。

広島郊外の病院を訪れると、そこでは、大量の出血で紫色の肌をした人、壊疽《えそ》、高熱、毛髪が抜け落ちた患者が溢れていた。肉体的崩壊状態にある多くの原爆症患者たちが医師から治療を受けていた。その医師はバーチェットに、患者たちがなぜ死ぬのかわからないと言った(4)。

バーチェットは大きな衝撃を受け、がれきのコンクリートの塊の傍に腰を下ろし、愛用のタイプライターを打った。「私はこれを世界に対する警告として書く」が書き出しの言葉だった。タイプした原稿は同盟通信社を通じて東京から打電した。バーチェットの記事は「ゲンバク疫病『私は、世界への警告として、これを書く』　医師たちは働きながら倒れる　毒ガスの恐怖──全員マスクをかぶる」という見出しで九月五日発行の『デイリー・エクスプレス』の第一面に大きく掲載された。記事には「ノー・モア・ヒロシマ」と書かれていた。

「ヒロシマに到着したら、二五から三〇マイル四方（約四九キロメートル四方）は見渡せる。建物ひとつ建っていない。このような人類による破壊の惨状を目にすれば、誰でも吐き気を催すことだろう」

「ヒロシマでは、史上初めて落とされた原子爆弾が街を破壊し、世界を驚愕させてから三十日が経過しているが、現在でも住民の死亡者が増加しつづけている。怪我をしていない人々は、原子の伝染病としか表現しようのない未知の大異変に襲われている。（中略）ヒロシマは、爆撃された都市には見えない。まるで巨大なローラーの化け物が通り過ぎて、存在する全てを押しつぶしてしまったかのようだ。私はこれらの事実を、世界への警告として伝達されることを願い、可能な限り冷静に書き記しておこうと思う」[5]

その後に、バーチェットは病院で取材した衝撃的な原爆症患者の症状について、こうレポートした。

「医療の観点から彼ら（原爆症患者）が特定できる、唯一の症状は急性のビタミン欠乏症だった。それで彼らはビタミン注射を始めた。すると、針を刺した場所で、肉が腐り始めるのだと彼は説明していた。そして、次第に血が流れ出して、止められなくなり、そして髪の毛が抜けた。そして脱毛は大体最終段階だ。既に抜けてしまった自分の黒髪を後光のようにして横たわっている女性の人数。私は愕然とした」

「原爆の最初の実験地となった現場で、私は四年間の戦争取材中、もっとも悲惨な、恐ろしく荒廃した世界を目撃した。この光景に比較すれば、攻撃に荒れた太平洋の島々でさえ、まるでエデンの園に見えることだろう。被害は写真で表現できないほど酷い」

　バーチェットの記事は地獄絵のような被爆の惨状と原爆症の恐ろしさを扱った世界最初の報道だった。この報道は世界にセンセーションを巻き起こし、原爆投下批判の国際世論形成にも影響を与えたと思われる。バーチェットの報道は占領軍による検閲を受けずに海外で報道された唯一のケースでもあった。バーチェットの手記によると、この後、広島に入った外国の記者たちはGHQの監視を受け、原爆の破壊力を賛美する記事を書いたという[6]。

　バーチェットの報道は米国陸軍当局を著しく困惑させた。連合国最高司令部のマッカーサー将軍はバーチェットを日本から追い出すよう命じ（後に命令を破棄）、次いでジャーナリストが爆心地に入ることを禁止し、米軍は検閲をより厳しくした。

米軍が被爆報道工作

　レスリー・グローヴス少将は「マンハッタン計画」トップの立場から、原爆投下と「マンハッタン計画」に対する人々の批判をかわそうと、なりふり構わず報道に介入、工作をし、放射能の人体影響を極力小さく見せるよう努めた。

　同年十一月、グローヴスは米国連邦議会で開かれた「原子力の発展と使用・制限に関する審議会」に召喚され、残留放射線の人体影響に関する質問および放射線に対する解毒剤の有無に関する質問に対し、次のような驚くべき証言をした。

「（影響は）ありません。きっぱり、ゼロだと言えます。爆発の瞬間を除き、放射線の被害はない。一瞬の被害だけだった」

「放射能の被害は、いろいろです。大量に浴びれば即死、少量なら死期が早まって苦しみはまずない。安楽死のようなものだというのが、医師の見解です。ごく少量なら、時間がかかるにせよとにかく直せる。時間の問題です。仕事を離れれば、そのうちすっかり回復する」

実は、グローヴスは原爆の炸裂により、人体に深刻な健康被害を及ぼす放射性物質（いわゆる「死の灰」）が放出されることは、一九四五年七月十六日のニューメキシコ州アラモゴードの砂漠における原爆の爆発実験で知っていた。この実験ではスタッフが「死の灰」から出た残留放射線を測定し、その結果を報告書にまとめている。また被爆者の白血球が残留放射線のために非常に高いことも、わかっていた。八月下旬、グローヴスがこんな電話をかけていたことがその証拠である。[7]

「健康そうな広島の作業員の白血球は八〇〇〇から三八〇〇に減少した。このことは我々にとってダメージになる」

放射線被害の実態を極力、小さく見せようと努めてきたグローヴスにとって、バーチェットの記事はひどく迷惑だった。彼の被害実態の報道は、原爆を投下して膨大な数の死者と深刻な放射線障害者を発生させた米国に対する告発状とも言えるような、厳しいものだったからである。

グローヴスは原爆報道を抑え込む決心をし、反撃に転じた。バーチェットの記事が新聞に載ってから四日後の九月九日、グローヴスは最初の原爆実験地ニューメキシコ州アラモゴードに精選された記者たち三〇人を案内し、「放射能の残存が実験地で見られない」と強調した。記者たちの書いた原稿は三日間にわたる詳細な検閲を受けた後、九月十二日、一斉に報道された。

『ニューヨークタイムズ』の記者ウィリアム・ローレンスの書いた記事は同紙のトップで扱われた。その記事の見出しは「米国の原爆実験地は東京の話と矛盾：ニューメキシコの試験地で、放射能ではなく爆撃のみ損害を及ぼすことが確認された」。記事は、こう書かれた。

「史上最初の原爆が爆破した現場、人類の文明の新しい段階の発祥の地であるこの歴史的なニューメキシコの土地は、八月六日の原爆投下以降にヒロシマの住民が死亡している原因は放射能であり、ヒロシマに入った人々が残留放射線で謎の病気にかかるという日本のプロパガンダに対し、最も効果的な反論を提供した」

ローレンスは一九四五年七月十六日に行なわれた最初の原爆実験を現場で観察し、放射能が南西部の砂漠に残留し、地元住民や家畜に悪影響を及ぼすことを知っていたのに、広島と長崎の残留放射線は、健康被害をもたらすようなものではないと報道、「日本側は、放射能で人が死ぬと主張しているが、もしそれが本当だとしても、被害は非常に少ないはずだ」と言い切っている。そして、さらに米国政府の言い分を何の批判もせずに、こう続けた。

「日本側は未だに、わが国が不正な手段で戦争に勝利したという印象を捏造するためのプロパガンダを継続している。それにより同情を引き起こし、降伏条件を緩めてもらうつもりだ。このように、日本側が主張する『症状』は真実とは思われない」

実はローレンスは広島、長崎への原爆投下後のトルーマン大統領やスチムソン陸軍長官の声明原稿、米軍や政府の広報文を書いていた。彼の回顧録「Dawn Over Zero」の中には「陸軍省のために広報文を書き、世界中にそれが配信されるという私の仕事は名誉なことで、ジャーナリズムの歴史上でもユニークな試みだった」と書かれている。厳しい批判がある中、ローレンスは一九四六年、米国政府の原爆開発などに関する一連の報道でピューリッツァー賞を受賞した。

原爆報道への介入により、原爆投下に対する人々の批判をかわそうとしたグローヴスの目論見は、かなりの程度、成功したと見られる。

ＧＨＱが原爆報道を七年間規制

米国の原爆投下に対する国際的な批判の高まりに対処するため、グローヴス将軍が打った次の手は、原爆報道の規制であった。九月十九日、連合軍総司令部（ＧＨＱ）はプレスコードを指令、言論、報道、出版を規制し、検閲を開始した。これにより、原爆の実態や原爆症に関する科学的・医学的情報の公開ができず、原爆に関する報道が事実上、止まった。

この規制措置により、被爆者は自己の被爆経験や原爆症の実情を語ることさえしなくなった。原爆報道が途絶えたために、大多数の国民が広島、長崎両市と市民たちが受けた深刻な原爆被害の実態や放射能による健康被害について正しく知ることができなかった。その結果、原爆被害に対する過小評価や誤った認識が国民の間に蔓延し、それが原爆症患者支援の世論形成を困難にし、被爆者救済の遅れにつながった。

ＧＨＱは、報道・出版規制二カ月後の十一月三十日、さらに「日本人による原爆災害研究は、その一つ一つについて総司令部の許可が必要であり、またその結果は公表してはならない」と通達した。この通達の影響は大きかった。通達以後は報道の規制・検閲のために原爆による住民の人体被害が事実に即して報道されなくなり、その結果、原爆災害や被曝が過小に評価され、被爆による死亡は事実上、隠蔽された。

九月十四日、ＧＨＱは文部省の学術研究会議に原爆被害などに関する言論の管理や統制を目的とした「原子爆弾災害調査研究特別委員会」の設置を決め、九つの分科会、全部で五〇人の委員からなる委員会が発足した。このＧＨＱの規制措置により、委員たちは自由な研究活動や研究発表が困難になり、実質一年半余りの調査研究と三回の報告会開催で打ち切られてしまった。

占領軍が広島と長崎の原爆被害報道などの言論統制を解除したのは、サンフランシスコ講和条約の発効により日本が主権を回復した一九五二年四月二十八日である。これによって原爆災害についての研究活動も自由に行なえるようになった。(8)

占領下の検閲を研究する広島市公文書館の松林俊一は、原爆報道が規制された七年間について、後に「原爆を世界に伝える上で、占領時代は取り返しのつかない空白期間だった」と言い、学術研究会議特別委員会の委員だった飯島宗一元広島大学教授（病理学）は「この研究体制が中断することなく展開されていたら、原子爆弾災害調査研究の歴史は、おそらくまったく異なった経過をたどったにちがいない」と述懐した。(9)

一九五二年、サンフランシスコ条約により、原爆被災に関する報道規制が解除されたが、被爆者の実態に関する報道はそれ以前とあまり変わらなかった。新聞社や放送局が支社・支局の管内で発生した出来事の報道を、その支社・支局の管内に優先的に流し、他の支社・支局管内には流さないという地ダネ優先主義が取られてきたためもあり、広島や長崎の被爆者の実態がそれ以外の広範な地域の人々には知らされなかった。

多くの国民は被爆の実態について情報を共有しておらず、被爆者援護や救済を求める世論が形成されていなかった。このため国会や霞が関の政府機関も被爆者援護策に取り組むことがなかった。広島県被爆者団体協議会（後述）が一九五七年七月、編集・発行した『「空白の十年」被爆者の苦闘』には、被爆者に対する行政の援護策がほとんどなかった空白の戦後十年間に焦点を絞り、被爆者が後障害や就職、結婚、偏見・差別に悩み、苦しんだ経験と心情を切々とつづった七一人の手記が収められ、読む者の感動を誘った。

事態を変えた「第五福竜丸」事件

政府は広島、長崎の被爆者に対する全面的な補償に踏み切れず、被爆者は援護行政の対象にされない状態が長く続いた。被曝問題への国民の関心・理解も深まらない状況の中、被爆者たちは孤立感を深めていた。こんな閉塞的な状態を変えるきっかけになったのが、一九五四年三月一日、マグロはえ縄漁船「第五福竜丸」の乗組員二三人全員が水爆実験の「死の灰」を浴びたビキニ事件である（第6章を参照）。

この「死の灰」被曝事件が明らかになった三月半ば、地元の静岡県焼津市が政府に対し「第五福竜丸」の乗組員への補償を求めた。その結果、政府は被害者の医療費支払いや補償などは日本が担当することを決め、厚生省は省内に対策本部を設置した。同月末には、①「第五福竜丸」乗組員の治療に取り組む、②汚染された「第五福竜丸」を政府が買い上げる、③補償については至急、検討する――ことを骨子とする「第五福竜丸事件に関する暫定措置に関する方針」が閣議決定された。

広島・長崎の被爆者は、膨大な数の原爆被災者には被爆後九年間、何らの援護措置を取らずに、「第五福竜丸」の「死の灰」被曝者には即座に援護措置を決める政府の対応を「本末転倒」と怒った。広島市議会では五月、「原爆障害者治療費全額国庫負担に関する決議」が採択され、厚生省の楠本正康環境衛生部長の「ビキニ事件にかんがみて、原爆障害者に対する国家補償は早急に確立すべきである」との前向きな発言を引き出した。

厚生省から依頼を受けた広島市原爆被災者協議会は一九五五年十二月から被爆生存者の一斉調査を行なった。その結果、異状を訴えている被災者は一万七三四六人、そのうち治療を求めている人が四八三一人、検査希望者が四五二七人であること、および児童・生徒九六五七人のうち三四五二人が何らかの障害を受けていることがわかった。

これを機に国民の間に核兵器や核実験への不安が一気に高まり、翌五五年八月六日、第一回原水爆禁止世界大会が広島の平和記念公園で開催され、被爆者たちは被爆以来、初めて全国的な注目を集めた（第8章に詳述）。病苦と孤独感に苛まれていた被爆者たちは多くの人々の理解と同情を受け、励ましの言葉を掛けられて生きる勇気を得た。

被爆半世紀後に「援護法」制定

「第五福竜丸」事件の五カ月後に当たる一九五四年八月二十日頃、陸軍軍医中将であった地元の内科医を中心に広島県双三郡の被爆者が集まり、「三良坂町原爆被爆者の会」を結成した。その後、広島県の県北地方などにも原爆被爆者の地域団体が結成され、一九五六年五月十日、広島県被爆者団体協議会（略称・広島県被団協）が結成され、八月十日、長崎市で開催された第二回原水爆禁止世界大会の二日目に日本原水爆被害者団体協議会（日本被団協）が結成された。

被団協結成を二カ月後に控えた五六年六月、被爆者たちは初めて国会に対して「原水爆被害者援護法」

の制定を求める請願を行なった。翌五七年、「原子爆弾被爆者の医療等に関する法律」(原爆医療法)が制定され、国費によって被爆者の健康診断と原爆症の治療が行なわれるようになった。原爆の投下から被爆者組織の結成までに十一年、医療費支給制度の誕生までに十二年の歳月が流れたことになる。また一九六八年には健康管理手当などの諸手当を支給する「原爆特別措置法」が成立した。

しかし治療対象の認定枠が極めて狭く、また生活保障や被害補償はまったく行なわれないので、日本被団協は「原爆医療法」の改正、さらに「被爆者援護法」の制定を要求する運動を続けた。その結果、一九九四年十二月九日、「原子爆弾被爆者に対する援護法に関する法律案」(通称・新援護法)が国会で可決された。新援護法では医療法制定以前の原子爆弾投下時点まで法律の適用時期を遡らせたうえ、所得制限を撤廃した。

原爆・ソ連参戦から降伏までの経過

広島原爆と天皇・政府の対応

八月六日、世界初の原子爆弾が広島に、三日後の九日には二発目が長崎に投下された。そのうえ九日にはソ連が日ソ中立条約を破棄して対日参戦し、満州に侵攻した。二発の原爆投下にソ連参戦が加わり、日本は息の根を止められたような状態に陥った。国家危急の難局に、天皇、内閣、軍部はどのように対処したのか。

広島被爆の第一報は午前八時三十分、大本営海軍部と海軍省に最初に届き、陸軍部と陸軍省には十一時頃入電した。陸軍省を通じて迫水久常内閣書記官長のもとに届いたのは六日昼頃だった。それは「広島に異常に高性能の爆弾一個が投下され、全市が壊滅、言語に絶する被害を受けた」という内容の簡単な報告だった。迫水は鈴木貫太郎首相を始め、閣僚らにこのことを連絡した。その頃、天皇は蓮沼侍従部官長から広島市が一発の爆弾によって死の町と化したという報告を受け、大きな衝撃を受けた。

天皇はご文庫で木戸幸一内相と原爆による被害と戦争終結・和平について話し合った。このとき、天皇が語った言葉が残されている。木戸がGHQ／G2歴史科の尋問に対し行なった証言の記録によると、木戸は一九四九年五月十七日、天皇がポツダム宣言と広島原爆投下にどのように反応したか尋問され、次のように文書で答えた[10]。

「犠牲となりたる無辜の国民のため深き悲しみに沈まれ、余がその直後拝謁したる時（引用者注・八月七日）、かくなる上は止むを得ぬ、余の一身はどうなろうとも一日も速やかに戦争を終結してこの悲劇を繰返さない様にしなければならぬ、と仰せられたことを記憶している」

「陛下や私があの原子爆弾によって得た感じでは、待ちに待った終戦断行の好機をここに与えられたというのであった」

広島に原爆が投下された時、トルーマン大統領はポツダム会談から巡洋艦「オーガスタ」で帰国する途中だった。艦上で原爆投下の電報を受け取ったトルーマンは電報を届けたグラハム大尉の手を握り、

「これは歴史の中でもっとも偉大なできごとだ」

と言った。

翌七日午前零時半（米国時間六日午前十時半）、ホワイトハウスが要旨次のようなトルーマン声明を発表した。

「アメリカの航空機が日本陸軍の重要基地である広島に通常火薬二万トン以上の威力を持つ、戦争の歴史上、最大の爆弾を投下した。原子爆弾である。太陽の源泉である力が、極東に戦争をもたらしたものたちに対して、爆発させられたのである」

トルーマンは声明の中で、日本が「ポツダム宣言」を拒否したことについて「日本の指導者が今後も我々の条件を受け入れないなら、空軍、海軍、地上軍がさらなる激しい攻撃を日本に加えるだろう」と警告した。

この日午後七時すぎ、海軍省から侍従武官付に電話が入った。その内容は、広島が特殊爆弾によって攻撃され、大爆発大火災などにより、甚大な被害が出た」というものだった。

翌七日午前三時頃、書記官長迫水久常は同盟通信社海外局長長谷川才次からの電話で起こされた。長谷川は、この電話で、トルーマン大統領が声明を出し、その中で「広島に落とした爆弾は原子爆弾である」としていたと言い、声明はサンフランシスコ放送が全世界に流したと付け加えた。

七日朝、藤田侍従長は、同様のことを外務省筋から知らされ、文庫に行って天皇に報告した。天皇は藤田侍従長を通じて、政府と大本営に対し、もっと詳細に報告するよう命じた。午後、閣議が開かれ、広島への原爆投下について議論が行なわれた。東郷茂徳外相が「原爆のような残酷な兵器の使用は国際公法の精神に反する不当行為である」と激しい口調で述べ、さらに「万国赤十字社などを通し、厳重に抗議したい」と提議した。鈴木首相は「それがいい。強く抗議してください」と発言、これが閣議決定された。

この閣議の席上、二、三の閣僚が「このような爆弾が完成した以上、ポツダム宣言を受諾し、戦争を終結させるべきである」と発言した。これに対し阿南陸相が「原子爆弾と決めてかかるのは、極めて早計である。確実に実地を調査して方針を定めるべきである」と強い口調で反論した。

議論の末、広島に投下された爆弾について調査するため、大本営調査団の現地派遣が決定された。この調査団には理化学研究所の仁科芳雄博士が軍の要請により同行することになった。大本営は投下された爆弾は原子爆弾ではないかと直感したが、公式の調査によって事実が確認されるまでは「原子爆弾」という言葉は使わないことになった。この日、午後三時三十分、大本営は原爆について相当の被害が出ているとしながらも、「敵は広島市に新型爆弾を使用せるもののごときも、詳細目下調査中なり」という表現に留めた。

広島、長崎への原爆投下の後、日本の軍部（主に陸軍）は、これを「新型爆弾」と呼び、被害に関する情報を国民に伏せていた。十日、大本営調査団に参加した仁科が広島に投下された爆弾を「原子爆弾である」と断定し、情報局にもそのことを報告した。しかし新型爆弾の正体が原爆であると確認すると、軍部は報道統制を解除した。翌十一日の新聞には、「広島と長崎に投下された爆弾は「原子爆弾である」と報道された。日本の新聞各紙や放送各局は、八月十一日から十二日にかけて広島に記者団を送り、被害状況を詳細に報道した。

八日午後四時四十分、東郷外相が天皇に会い、広島原爆に関する米国側の発表などについて話し合った。東郷が「新型爆弾の投下を機に、戦争終結を決するよう望みます」と進言すると、天皇は「このような兵器が使われるようになっては、もうこれ以上の戦争継続は、いよいよ不可能になった。有利な条件を獲得しようとして戦争終結の時機を逸してはならない。なるべく速やかに戦争を終結するよう努力せよ」と述べ、この考えを鈴木首相、木戸内相に伝達するよう求めた。(11)

東郷は、この後、鈴木首相に戦争の早期終結を希望する天皇の意向を伝えるとともに、最高戦争指導会議の招集を申し入れた。

八日午後十一時（日本時間）、モロトフ・ソ連外相はクレムリンに佐藤大使を呼び、日ソ中立条約の破棄と日本に対する戦線布告を通告した。その一時間後の九日午前零時、ソ連軍が中国東北から樺太（ロシア名・サハリン）に至る広大な地域で、一斉に進撃を開始した。中国東北、すなわち満州とソ連の国境に集結していた一七〇万を超えるソ連軍兵士が戦車五〇〇〇両、飛行機五〇〇〇機、火砲二万四〇〇〇門という圧倒的な装備で満州に侵攻、一斉に南下を開始、これと併行して、カムチャッカ半島から千島列島（同・クリル列島）沿いに、また北樺太から南樺太へ、それぞれ南下した。

日ソ中立条約により、これまで日本と中立関係を維持していたソ連は同条約の破棄・対日参戦通告と同時にポツダム宣言に署名した。これにより、ポツダム宣言の署名国は、それまでの米国、英国、中華民国の三カ国からソ連を加えた四カ国に増え、対日降伏勧告は四カ国の共同実施となった。

全面的なソ連軍の攻撃を受けた満州の日本軍は敗退し、戦闘で数万人が死亡した。十九日、満州で戦っていた日本軍将兵約五七万五〇〇〇人がソ連軍に武装解除させられ、極寒のシベリアに連行・抑留されて労働を強制させられた。これによる死者は約六万人と推定されている。

九日午前九時五十五分、天皇はソ連参戦という衝撃的事態を受けて木戸内相を呼び、「速やかに戦局の収拾を研究・決定する必要があると思う。鈴木首相と十分に懇談するように」と命じた。

聖断で決まったポツダム宣言の受諾

九日午前十時すぎ、最高戦争指導会議が宮中で開かれた。会議の冒頭、首相の鈴木は広島の原爆とソ連の参戦という二つの重大事態の発生を挙げ、「これ以上の戦争継続は不可能であると思います。ポツダム宣言を受諾し、戦争を終わらせるほかない。ついては各員のご意見をうけたまわりたい」と言った。

最高戦争指導会議のメンバー六人がそれぞれ意見を述べた。その結果、米内海相と東郷外相は天皇の国法上の地位を変更しないことだけを条件にしてポツダム宣言を受諾する意見、阿南陸相、梅津参謀長、豊田軍令部総長は、①天皇の国法上の地位の存続、②日本軍の自主的撤兵および内地における武装解除、③戦争責任者（戦犯）の自国における処理、④保障占領の拒否――の四点を条件にポツダム宣言を受諾するという意見だった。鈴木首相の意見は米内海相・東郷外相の意見に近かった(12)。

結局、ポツダム宣言受諾については、天皇制護持だけに絞るべきだとする意見が三人、天皇制の護持のほかに三条件を付け加えるべきだとする意見が三人となり、三対三のまま結論が出なかった。この会議が開かれていた午前十一時二分、長崎に原爆が投下された。二度目の原発投下とソ連の参戦を受けて、これまで本土決戦を主張してきた軍部の主戦派も、降伏を否定することはできなくなった。

この日午後、再び開かれた閣議では東郷外相と阿南陸相の意見が対立、二回目の閣議も三時間半以上経っても合意に至らなかった。

このため九日午後十一時五十分から天皇臨席のもと宮中の防空壕で再び最高戦争指導会議を開くことになった。鈴木首相は閣議終了後の午後十時五十五分、宮中に参内して天皇に最高戦争指導会議の開催を願い出た。天皇は快諾した。

鈴木はポツダム宣言受諾には枢密院の諮詢《しじゅん》が必要になるため、この会議に平沼騏一郎枢密院議長を特別に列席させた。ここでも軍部が強気の本土決戦論を主張した。平沼は「憂慮すべき事態に向かっている今日の状況で、戦争を続ければ国内治安が乱れる恐れもある」と発言、戦争終結が必要なことをほのめかした。鈴木首相も平沼の意見に賛成した。

会議が二時間を経過しても、結論は出せなかった。十日午前二時すぎ、総理大臣の鈴木が立ち上がり、天皇の決断を願う発言をした。(13)

「議論を尽くしましたが、決定に至っていません。事態は一刻の猶予も許しません。まことに異例で、おそれ多いことながら、陛下のご聖断を拝して会議の結論といたしたく存じます」

当時、聖断は天皇自身が意思決定を行なう特別な行為とされていた。実は、この聖断は鈴木首相が考え出した秘策ともいうべきものであった。鈴木は「戦争を終わらせる方策は聖断以外にはない」と判断、九日の最高首脳会議終了直後の午後一時半、密かに宮中に参内し、天皇に「終戦の論議がどうしても結論を出せぬ場合には、陛下のお助けをお願いいたします」と願い出て、了承を得たものである。(14)

「それならば私の意見を言おう」。鈴木の発言を受けて昭和天皇は、そう言って、次のように続けた。

「私は外務大臣の意見に同意である。空襲は激化しており、これ以上、国民を塗炭の苦しみに陥れ、文化を破壊し、世界人類の不幸を招くのは、私の決して欲していないところである。もちろん、忠勇なる軍隊を武装解除し、また昨日まで忠勤をはげんでくれたものを戦争犯罪人として処罰するのは、情において忍び難いものがある。しかし今日は忍び難きを忍ばねばならぬときと思う」

天皇は軍の本土決戦の主張を退け、国体護持の条件だけでポツダム宣言を受諾するよう求めたのである。これにより、四年八カ月間続いた太平洋戦争の終結と日本の降伏が事実上、決定された。

十日午前七時、日本政府は中立国政府を通じて連合国側の米国、英国、ソ連、中国にポツダム宣言を条件付きで受諾することを伝達した。米国や英国などの新聞は日本政府の宣言受諾を大きく報道した。十一日の『ニューヨークタイムズ』は「ジャップ　降伏を申し入れ　合衆国、天皇を存置させる可能性あり」という見出しで、大々的に報じた。しかし「ポツダム宣言受諾」という実質的な降伏の事実がなぜか日本国内では報道されなかった。

外務省はポツダム宣言受諾の通告をラジオで放送させる手筈を決めた。受諾のラジオ放送が流れると、南京では爆竹で戦勝を祝うなど世界は興奮の渦に巻き込まれた。

国体護持の問い合わせに米国が回答

軍部はポツダム宣言を受諾した場合、天皇の地位と国体護持がどうなるのかを案じていた。そこで政府はスイスを通じ米国政府にこのことを問い合わせた。午前九時、トルーマンが日本政府への回答を審議するため、ホワイトハウスで会議を開いた。参集したのはスティムソン陸軍長官、バーンズ国務長官、フォレスタル海軍長官、リーヒ大統領付幕僚長の四人。

会議ではスティムソンが硫黄島や沖縄などにおける流血を避けるために天皇制を認めようと発言、リーヒも日本の申し入れ受け入れに同調した。フォレスタルも同意見だった。大勢が方向に傾くなかで、バーンズ国務長官がそれに強く反対し、「我々は今まで何度も無条件降伏を宣言してきた。なぜ日本に譲歩する必要があるのか」と言った。

これに対し、スティムソン陸軍長官が「戦争終結が遅れれば、それだけソ連軍の占領地域が広がる」と指摘した。結局、会議では日本の要求に応じることとなり、バーンズ国務長官が回答文を作成、十二日未明、それが日本側に送られてきた。

この回答には、「天皇および日本国政府の国家統治の権限は subject to 連合軍最高司令官の権限」という箇所があった。陸軍は、この subject to を「隷属する」と訳し、このようなポツダム宣言を受け入れたら、国体を護持できないと態度を硬化させた。外務省幹部は subject to を次のように訳し、政府がこの訳を採用した。

(1) 降伏の瞬間から天皇および日本政府の国を統治する権限は連合国最高司令官の制限の下に置かれるものとする。

(2) 日本の究極の統治形態は、ポツダム宣言にしたがい、日本国民が自由に表明した意思にしたがい決定されるべきである。

東郷外相は、まず鈴木首相に会い、このバーンズ回答に基づきポツダム宣言を受諾するとの首相の意思を確認した。その後、参内して天皇に「天皇および日本国政府の国家統治の権限は連合国最高司令官の制限の下に置かれるものとする」などという回答が米国政府から送られてきたことを報告、「種々の議論を呼ぶものと思われますが……」と言った。

これに対し天皇は「自分はこれで満足であるから、すぐ所要の手続きを取るがよい」と明快に答えた。木戸内相らも受諾という返事を受けた。

鈴木内閣の総辞職と阿南陸相の自決

十三日午前九時、最高戦争指導会議が始まった。阿南陸相は陸軍内部に戦争の継続を唱える主戦派がクーデターによって軍部主導の政権樹立を画策していたためもあって、連合国の国体護持に関するバーンズ回答に不満だった。阿南のほか、梅津参謀総長、豊田軍令部総長の二人もポツダム宣言受諾に反対した。受諾賛成は三人。途中、昼食休憩を挟み、会議は賛否同数のまま五時間に及んだ。

午後三時、閣議が開かれたが、ポツダム宣言受諾賛成と反対の意見が闘わされた。ここでも阿南陸相が天皇制の護持、そのための自主的な武装解除の必要性を説き、「ポツダム宣言を受諾すれば天皇制の護持は期しがたい。ならば抗戦し続けるべきだ」と主張した。

鈴木首相は各閣僚の名前を呼び、全ての閣僚からポツダム宣言受諾についての意見を求めるとともに、意見交換を行なった。真っ向から受諾反対を主張したのは阿南と安倍内相の二人だけだった。

この後、鈴木が、

「大御心はこの際、和平停戦せよであります。もし、このまま戦えば原子爆弾のできた今日、あまりに手遅れであるし、国体護持は絶対にできません。ご聖断を下されたからには、我らはその下にご奉公するほかなしと信ずるのであります」

と発言、「明日（十四日）午後、重ねて聖断を仰ぎ奉る所存であります」と締め括った。

十四日午前十時五十分、最高戦争指導会議のメンバー六人による御前会議が皇居地下防空壕で開かれ、鈴木首相がポツダム宣言受諾について天皇の聖断を再び要望した。天皇は、こう述べた。

「このまま戦争を継続しては国土も民族も破壊し、国体の護持もできず、ただ単に玉砕に終わるばかりである。今、戦争を中止すれば、まだ国家として復活する力があるであろう。どうか反対の者も、自分の意見に同意して欲しい」

「先方（バーンズ米国国務長官）の回答文は悪意をもって書かれたものとは思えない。この際、先方の回答を、そのまま受諾してよいと考える」

「わたくし自身はいかになろうとも、わたくしは国民の生命を助けたいと思う。必要があれば、私はどこへでも出かけて親しく諭してもよい。内閣では、至急に終戦に関する詔書を用意して欲しい」

出席者たちは全員、すすり泣きを始めた。中には号泣するものもあった。終戦の証書は閣議で決定され、それまで戦争継続を主張してきた阿南陸相も、ポツダム宣言受諾を認め、阿南を含む全閣僚が終戦の証書に署名、この日の午後十一時、公布手続きが完了した。

　それまで戦争継続を主張してきた阿南陸相も、ポツダム宣言受諾を認め、阿南を含む全閣僚が終戦の証書に署名した。その夜、阿南は一人、鈴木のもとを訪ね、「終戦の議が起こりまして以来、総理にはご迷惑をかけたと思います。私の真意は、ただ一つ、国体を護持せんとするにあったのであります」と詫び、翌朝、割腹自殺した。(15) 鈴木は閣僚全員の辞表を取りまとめ、鈴木内閣は総辞職した。

日本が連合国に降伏

八月十五日、日本はポツダム宣言を受諾し、無条件降伏した。天皇は正午、ラジオ放送（玉音放送と呼ばれた）を行ない、その中で戦争の終結を日本国民に告げた。このラジオ放送の中で、天皇は原子爆弾投下がポツダム宣言受諾・無条件降伏を決める要因になったとして、次のように述べた。

「敵ハ新ニ残虐ナル爆弾ヲ使用シテ頻《しきり》ニ無辜《むこ》ヲ殺傷シ惨害ノ及フ所真ニ測ルヘカラサルニ至ル而モ尚交戦ヲ継続セムカ終ニ我カ民族ノ滅亡ヲ招来スルノミナラス延《ひい》テ人類ノ文明ヲモ破却スヘシ

斯《かく》ノ如クムハ朕何ヲ以テカ億兆ノ赤子《せきし》ヲ保シ皇祖皇宗ノ神霊ニ謝セムヤ是レ朕カ帝国政府ヲシテ共同宣言ニ応セシムルニ至レル所以ナリ」

広島、長崎への原爆投下とソ連の参戦の同時発生によって、日本は無残かつ決定的な敗北を被った。原爆投下の犠牲者は放射線障害の症状悪化で、その後も増え続け、一九四五年末の時点でも一九万五〇〇〇人に達した。講和仲介を唯一の政策としてきた戦争指導者会議はソ連の日ソ中立条約の破棄による参戦によって、短期間に樺太、千島列島、歯舞、色丹両島を占領され、降伏以外に取るべき方策がなくなった。

日本の戦争は一九三一年九月の柳条湖事件を発端とする日中戦争と、四一年十二月の真珠湾奇襲攻撃から始まった太平洋戦争を合わせると、十五年に及んだが、原爆とソ連参戦が長く続いた無謀かつ不毛な戦争に終止符を打った。鈴木貫太郎内閣の閣僚木戸幸一内相は、後にこう語った。

「日本に取っちゃ、もう最悪な状況がバタバタと起こったわけですよ。しゃにむに終戦に持っていかなきゃいかんと。もう、むしろ天佑だな」

「日本は、それほどの惨禍を被って初めて戦争を終結させることができた」

木戸のこの言葉には、国家存亡の危機に際し、勇断を振るって危急を救う強い決意も能力もないまま、実現の可能性の全くないソ連による講和仲介を期待しつつ時間を空費し、破局を迎えた当時の指導者たちへの批判が込められている。

天皇のポツダム宣言受諾声明の翌日（十六日）、スターリンはトルーマンに書簡を送り、東の釧路と西の留萌を結ぶ北海道北部のソ連軍による占領を公式に提案した。書簡には「私の控えめな提案が反対を受けないことを切に望む」と書き添えられていた。

スターリンはヤルタ会談で、ルーズベルトから対日参戦を求められた際、参戦の条件としてサハリン南部と千島列島の割譲などを要求、ルーズベルトがそれを即座に認めた経緯がある。トルーマンは日本分割を狙ったスターリンの新たな領土要求に対し即座に反論、十八日付で拒否回答を送り、北海道は危機一髪で、ソ連による占領を免れた。トルーマンがソ連の領土要求を撥ねつけた背景には、中欧・東欧に対するスターリンの勢力圏拡大政策などに対するトルーマンの強い反発があった。

これに対し、スターリンは二十二日付で返書を送り、「このような返事が来るとは期待していなかった」と怒りの気持ちを表明した。この頃、ソ連は東欧諸国で自らの支配圏をどんどん拡大し、トルーマンがこれに反発していたが、今度は対日参戦で、北海道の占領を要求した。こうして米国の対ソ連感情は、悪化の一途をたどり、米ソ間は抜き差しならない対立関係に変わっていった。この対立関係が第二次世界大戦後には東西冷戦の激化と、これに伴う核軍拡競争につながって行く。

原爆投下は避けられなかったのか

太平洋戦争終結後、広島、長崎への原爆は避けられたのではないかとの観点に立った実証的な研究が近年、米国で盛んになった。この研究の中で目立つのは、一九四五年八月の時点では軍事的に原爆を使用しなければならない理由はなかったはずだというものである。

確かに日本の海軍と空軍の戦力は一九四四年後半以降、弱体化の一途だった。十一月以降、サイパン、テニアン、グアムの三島から出撃する米軍の超長距離爆撃機B-29が夜間、低空から日本の都市に対し焼夷弾のじゅうたん爆撃を繰り返した。特に一九四五年三月十日の東京大空襲以降、大阪、名古屋など主要都市、工業都市に対する無差別焼夷弾爆撃が頻繁に繰り返され、国力も戦力も著しく疲弊した。空襲は当初、夜間が選ばれたが、後には昼夜の別なく行なわれるようになった。ちなみに八月六日にB-29「エノラゲイ」が広島に原爆を投下したのは午前八時十五分、九日の長崎への投下は午前十一時二分。いずれも投下目標を目視で確定したうえで、原爆を投下し、甚大な被害を与えた。日本が制空権を喪失したため、B-29は日中でも思いのまま多くの都市を爆撃することができたのである。

六月十六日、日本の最高戦争指導会議構成員による極秘裏の懇談会は「ソ連を通じて和平を提議し、少なくとも国体（天皇制）を維持し得る条件のもとに戦争を終結させることが賢明である」との申し合わせを行なった。以来、天皇制の護持は日本が降伏する際の基本的な条件となり、沖縄戦での日本軍全滅（六月二十三日）、広島、長崎への原爆投下（八月六日、九日）、ソ連参戦（八月九日）と戦局が極度に険しくなる状況になった後もポツダム宣言で求められている無条件降伏には応じず、ようやく八月十日の御前会議で国体維持を条件にしたポツダム宣言受諾が決定した。

このことから、国力が衰え、戦闘能力が低下した一九四五年六月以降、日本は天皇制が維持されるという保証さえ得られれば降伏に傾いて行った可能性があるという見方が有力である。例えば、映画作家オリバー・ストーンの知恵袋として、彼とともに『オリバー・ストーンが語るもう一つのアメリカ史』（全三巻）を著した米国の歴史学者ピーター・カズニックは「米国が日本に天皇制の護持を保証していれば、日本は五月にも降伏していただろう」と語っている。また太平洋戦争の歴史に関する数多くの著書をもつ半藤一利は著書『聖断』（二〇〇六年）の中で次のように書いている。

「歴史に〝もしも〟はないというが、惜しみてもあまりあるifを一つだけどうしても付け加えておきたい。ポツダム宣言に、もしも天皇の地位についての確かな保証が与えられていたら、つまり第十二条の後半が残っていたら、である。鈴木貫太郎の死を恐れぬ大勇をもって、興味深い歴史的展開がなされていたであろうことは確かである」

しかし軍部内には徹底抗戦論が根強くあり、六月八日の御前会議では本土決戦方針案を採択した。天皇制の維持を条件にした和平論が強まったのは、この後のことである。

天皇制護持と日本の降伏との関係については、冷戦外交史研究の権威アルペロビッツの研究が注目されている。それによると、米国統合情報委員会は四五年四月末、日本の戦力の著しい低下と戦略的爆撃による主要都市の破壊ぶりを見て取り、「日本を早期に降伏させる最も効果的な方法は、天皇制の護持を認め、かつソ連の対日参戦計画を知らせることである」と分析した。米国統合情報委員会が四月末の時点で、このように分析していたことは注目される。

先述のとおり、六月初めスイス駐在武官から海軍少将高木惣吉のもとに「米国大統領と直接つながるアレン・ダレスと戦争終結交渉ができそうだ」との重大情報が送られてきた。同月中旬には沖縄戦を戦っていた米軍統合本部も「日本に天皇制護持を認めることが戦争終結に即効がある」とトルーマン大統領に進言したという。ダグラス・マッカーサー元帥は、米国が降伏条件を変更したなら、戦争は数カ月早く終わっていただろうと一貫して主張した。

トルーマンは日本がソ連に和平の仲介を求めていることも、日本に天皇制護持を認めれば、早期終戦が実現する可能性が大きいことも知っていた。しかし彼には、天皇制護持を認めることにより、戦争を早期に終わらせる考えはなかった。トルーマンがポツダム宣言を発表したとき、日本政府の態度は決まらなかった。七月二十八日、首相鈴木貫太郎がポツダム宣言受諾を黙殺、これが拒否と受け取られたため、トルーマンは態度を硬化させ、既定方針どおり対日戦争を早く終わらせるために原爆を使用する考えを固めた。七月三十一日、陸軍は原爆投下の準備を完了した。

以上の検証により、広島、長崎への原爆投下は日本政府がポツダム宣言を発表後、すぐ宣言を受諾していれば回避できたことになる。また米国が天皇制維持を認めて日本と和平交渉をすれば戦争を終わらせることができた可能性もある。しかしトルーマン大統領と戦争のキーマンであるスティムソン陸軍長官が原爆使用を強く主張、大統領周辺のバーンズ国務長官が天皇制維持に反対した。その結果、早期和平は実現できず、原爆投下に突き進んだのである。

ソ連参戦情報問題と指導者たちの無為無策

原爆投下を許した最大の原因は、軍部が駐在武官が入手し、打電したソ連の対日戦争参戦情報を最高戦争指導会議で共有せず、もっぱらソ連の仲介による和平の実現に期待をかけて戦争の早期終結のために使うべき貴重な時間を空費し、その挙句、ソ連が日ソ中立条約を破棄して対日参戦することを許すという大失態をしでかしたことである。

天皇が最高戦争指導会議のメンバー六人を召集して国策の方針転換を呼び掛けた六月二十二日の時点でソ連の参戦情報が共有できていれば、戦争を終結することができただろう。戦後、東郷は参戦情報が陸海軍に届けられていたことを知り、それを把握できなかったことを悔やみ続けた。

また日本軍はマリアナ海戦（一九四四年六月）とレイテ沖海戦（同年十月）で、いずれも壊滅的な敗北を喫した。これ以後、制海権と制空権のいずれも米軍に奪われ、内地と南洋諸島などの外地との連絡網は完全に遮断された。その結果、軍は南洋諸島の部隊への撤退も食料の輸送もできなくなり、多くの兵士が餓死した。

中国の戦地を転戦し、餓死する兵士を目撃してきた藤原彰・元中隊長は著書『「名誉の戦死」の実相とは？　食糧もなく、降伏は禁止され……一四〇万人は餓死した』の中で、「太平洋戦争で戦没した日本軍の軍人総数約二三〇万人の六一パーセントに当たる約一四〇万人は食糧が補給されないための餓死であった」と書き、陸海軍の最高指導者や高級参謀たちの責任を告発している。

制空権・制海権の喪失、戦う武器と石油の不足、B-29による六大都市から地方の中小都市に至るまでの連続的な爆撃、沖縄戦の敗北、食料供給の途絶による戦地の兵士の餓死などが続き、一九四五年春以降は事実上、戦争の継続が困難になった。それにも拘らず、陸軍の主戦派は早期和平を執拗に拒み、国民に多大な犠牲を強いる本土決戦を主張し続けた。

本土決戦の準備は挙国一致体制の掛け声で始められたものの、石油や武器、武器製造原料などの軍需物資の深刻な不足に加えて本土空襲による都市の爆撃被害も重なり、有効な決戦・防衛体制の構築することは絶望的な状況だった。もし軍部が無謀な本土決戦を決行すれば、得るものが何もないうえ、多大な民間人の犠牲者を出し、本土の自然環境や住宅の壊滅的破壊がもたらされただろう。戦後、このような結果をもたらす本土決戦計画を犯罪的だという批判が少なからず出た。

例えば昭和史に詳しいノンフィクション作家保阪正康は『毎日新聞』二〇一四年八月九日のコラム「犯罪的な本土決戦構想」の中で、竹やりや鎌、包丁などを持った女性や老人がアメリカ兵の腹部を目指して突き刺すという本土決戦の模擬訓練が実際に行なわれたことを指摘、そのうえで次のように批判した。

「大本営の幹部が『敵軍の一兵といえども生還させない覚悟をもって、勝利か然らずんば死かの一念に徹しての差し違え戦法で戦え』と鼓舞したのは犯罪的な言辞ではないかと歴史に刻んでおかなければならない」

しかし主戦派の中には、本心は国体護持のほかは無条件での戦争終結を望みながら、軍の中での自分の置かれた立場への配慮や保身を考えて、会議では徹底抗戦を主張する者が何人もいた。先に述べたとおり、梅津参謀長は中國派遣軍の著しい弱体化の実態を天皇に報告、天皇が会議の席上、戦争終結へ向けてどう対処すべきか梅津に意見を求めた。しかし梅津は会議では報告したことには一切触れなかった。

五月末のある日、終戦工作に当たっていた阿南陸相の秘書官、松谷誠陸軍大佐が阿南に「国体護持のほかは無条件とハラを決めるべきです。早ければ早い方が有利です」と進言した際、阿南は、こう答えた。

「私も大体、君の言うとおりだ。だが我らが思ったとおりのことを口に表わせば、影響は大きい。準備は周到に進めねばならんのだ」

本土決戦の元締めとも言うべき要職にあった参謀本部作戦部長宮崎貞一の戦争末期の次の発言(16)は、自分を含めた陸軍指導者の本土決戦に関する建前論と本心が全く逆だったことを正直に告白している。

「物的、客観的情勢において、(本土決戦が)大体においてできる、あるいは相当困難、あるいはきわめて困難、まあこの三つぐらいに分けて考えると、極めて困難、はっきり言う。聞けば聞くほど困難。それじゃ断念するかというと、断念できないんだ、俺には。作戦部長の立場において、そんなことを言うなんて、とてもできない。思っても言えない」

一九四五年五月以降、日本のリーダーたちは国家の命運に関わるソ連参戦情報を放置・無視し、さらに終戦工作担当者がせっかくつかんだ対米和平の糸口を放棄した。米国大統領とのつながりを持つアレン・ダレスとの和平交渉の糸口を見つけたことを報告した高木惣吉海軍少将に対し、米内光政海相は「謀略の疑いがあるのではないか」と一蹴したことは先に述べた。

その高木が国家危急のときにも早期終戦への決断をためらい、行動を起こさなかった戦争指導者たちを批判した文書が高木の死後、親族川越郁子宅から見つかった。この文書に書かれている次の戦争指導者批判は的を射ている。

「現実に太平洋戦争の経過を熟視して感じられることは、戦争指導の最高責任の掌に当たった人々の無為無策であり、意志の薄弱であり、感覚の愚頓さの驚くべきものであったことである。反省を回避し、過去を忘却するならば、いつまで経っても同じ過誤を繰り返す危険がある。勇敢に真実を顧み、批判することが新しい時代の建設に役立つものと考えられるのである」

戦後の原爆投下是非論争

原爆展企画に圧倒的多数が反対

米国内では広島・長崎への原爆投下については賛否両論がある。賛成論は「原爆は対日戦争を早く終わらせることができ、何万もの兵士の命が救われた」というもの、反対論は「原爆を使わなくとも、日本を降伏させることができた。悲惨な被害を生む原爆を使用すべきではなかった」と批判するものである。

一九四五年四月、ルーズベルト大統領が死去、これに伴い、就任した後任のトルーマン大統領は先に述べたとおり、長崎原爆投下後の声明の中で、原子爆弾の使用は「戦争の苦しみを早く終わらせ、また幾千人というアメリカ青年の生命を救うためだった」と述べた。このことから明らかなとおり、トルーマンは戦争の早期終結を強く求め、原爆の使用を急がせた。スチムソン陸軍長官やバーンズ国務長官らトルーマン周辺の政府要人もトルーマンと同じ考え方だった。一九八〇年六月、広島に原爆「リトルボーイ」を投下した「エノラ・ゲイ」のポール・ティベッツ（当時、中佐）元機長には、広島平和記念資料館の高橋昭博館長が渡米した際、ワシントンの公園で会い、広島に原爆を投下したときのことについて三十分間、話し合っている。このことを二〇〇三年八月十五日放送したNHK制作テレビ番組「核の時代に生きる　人間の記録　ヒロシマ・ナガサキの映像は問いかける」によると、二人の会話は次のようなやり取りだったという。

高橋　全ての核兵器を私たちは一日も早くなくしたい。そういう気持ちでいっぱいです。

ティベッツ　高橋さん、あなたの気持は、よくわかる。しかし、もし再び戦争が起こって同じ命令が下ったら、私は同じことをやるでしょう。それが軍人なんです。軍人は命令のままに動かざるを得ません。それが戦争の論理。だから戦争は絶対に起こしてはいけません。

ティベッツは高橋の手を固く握ったという。ティベッツは米国の名コラムニスト、ボブ・グリーの原爆投下に関するインタビューでも、同様のことをもっと強い口調で次のように語った。

「世間は私が涙を流すべきだと考えた。残りの人生を泣きながら暮らすべきだと。彼らは理解していない。あえて言おう。戦争には倫理など存在しないのだ。子どもを殺す。女を殺す。老人を殺す。それが戦争というものだ」

米国ＡＢＣ放送は原爆投下から四十年の節目である一九八五年八月、広島・長崎の現地から平和記念式典の生中継を中心に五日間にわたり原爆問題を特集した。「ヒロシマ」と題する、この番組でＡＢＣのピーター・ジェニングは「原爆は多くの兵士を救った」という原爆投下を正当化する意見の根拠を否定した。

一九九五年は原爆投下から半世紀の節目の年。ワシントンにあるスミソニアン博物館は原爆の悲惨さを訴える内容の「原爆展」を企画した。この原爆展は広島に原爆「リトルボーイ」を投下したＢ‐29爆撃機「エノラ・ゲイ」、その隣に投下の瞬間に止まった時計や熱線で焼け焦げた子どもの衣服、被爆者たちの遺品などを展示するという米国では、かつてない画期的な企画だった。

原爆展の企画が発表されると、約一万五〇〇〇通もの手紙がスミソニアン博物館に寄せられ、そのほか新聞社にも多くの投書が届いた。手紙や投書の九割がこの原爆展に反対するものだった。会員数約三〇〇万人の「退役軍人協会」は、このスミソニアン博物館の原爆展計画に強く反対した。

反対の理由は一言で言えば「当時、日本は本土決戦を計画していた。日本本土への上陸作戦が行なわれていたら、何万人もの死傷者が出ただろう。原爆が戦争を終結に導き、多くの兵士の命を救ったのだ」というものだった。

結局、「原爆投下を多角的に考えてみよう」というスミソニアン博物館の試みは実現せず、博物館には「エノラゲイ号」だけが展示され、被爆者の遺品などの展示は中止された。しかし、ジュディ・アーヴィングがスミソニアン博物館の原爆展企画の中止された一九九五年に、被曝直後の長崎の写真を修復し、展示した「長崎の旅」を全米六都市で開催し、多くの鑑賞者を集めた。

写真展を見た人は「原爆は悲惨だったが、やはり必要だった。でも黒焦げの死体や廃墟の写真を見ると、むごいと思う」と語った。アーヴィングは「私たちは原爆を忘れたがっている。原爆投下に強い罪悪感を持っているからだ。どんな政治的意見の人も、この写真を見れば原爆の実態がはっきりとわかるはずだ」と語った。

原爆投下六十年を前にした二〇〇五年八月五日、広島に原爆を投下した米軍爆撃機B‐29「エノラ・ゲイ」の元乗組員一二人のうち生存するポール・ティベッツ元機長（九十歳）ら三人が「歴史のあの瞬間、原爆は必要だった。原爆投下がなければ、連合軍による日本の本土上陸作戦は避けられず、「日本人や連合軍の多くが犠牲となっていた。我々は後悔していない」とする共同声明をインターネット上に発表した。

「原爆投下非難」だけでは限界

スミソニアン博物館の原爆展企画が中止された後、ワシントンにあるアメリカン大学が一九九五年七月、原爆資料展「平和な世界を築く――ヒロシマ・ナガサキを越えて」を開催し、平岡敬・広島市長がフォーラムで基調講演を行なった。この講演で平岡は原爆の強大な破壊力とその使用による人間の悲惨な被害実態を強調し、次のように訴えた。

「人類が生き延びるためには、絶対に核兵器を使ってはならないし、地球上から核兵器をなくさなければならない」

フォーラムの始まる前、平岡は米国のテレビ局の女性記者からインタビューを受け、「日本軍が太平洋戦争で行なった捕虜虐待や残虐行為について、どう思っているのか」と厳しい口調で質問された。これに対し平岡は戦後開かれた極東軍事裁判で責任者は処刑されたことを説明したが、この記者はそのことを知らなかったという。このインタビューを通じて、平岡は「日本人が原爆投下を非難するなら、日本軍の侵略行為、残虐行為はどうなんだという米国人の心のわだかまりをかいま見た思いだった」と書いている。平岡市長の言うとおり、日本が太平洋戦争で行なった侵略行為などを反省し、その上に立って原爆投下を非難しない限り、その訴えは説得力を欠き、核廃絶の運動の広がりにも限界が生じかねないということであろう。

被爆者の国連演説「ノーモア・ウォー」

原爆症の苦しみを生涯負い続けなければならなくなった被爆者たちにとって、「原爆使用は必要だった」などという意見を聞くのは耐え難いことに違いない。自らの厳しい被爆体験を引っ下げて国連軍縮特別総会に乗り込み、核廃絶を訴えた、長崎の山口仙二被爆者の闘病と心の葛藤の経過を見よう。

山口は一九三〇年十月二日生まれ。十四歳のとき、学徒動員先の三菱長崎兵器製作所大橋工場裏で防空壕を掘っていて熱線で顔と上半身に重い火傷を負った。意識不明で倒れ、生死の境をさまよった。その後、山口は長い間、ケロイド、肝機能障害、慢性ぜん息を患い、表皮の手術は何回も受けた。

二十一歳のとき、山口は前途を悲観して両腕の手首を切り、自殺を図った。一命を取り止めた時、山口が思いを馳せたのは、戦後長い間、被爆者たちは国からの援助がなく、社会からも取り残され、貧窮の中、孤立状態で闘病を続け、無念のうちに死んでいった人たちのことだった。友人は白血病で死に、ベッドのそばで妻や子供が泣き叫ぶ姿が目に焼き付いていた。「このまま黙っていては、彼らは浮かばれない[23]」。

二十五歳のとき、残りの生涯を核兵器反対と被爆者運動に取り組もうと決心し、経営していた建築事務所をたたんで、運動に身を投じた。早速、山口は原爆の後遺症や差別に苦しむ人たちに呼び掛けて「長崎原爆青年の会」を結成、翌五六年に「長崎原爆乙女の会」と合流させて「長崎原爆青年乙女の会」をつくった。その後、「長崎原爆被災者協議会」（長崎被災協）の設立をよびかけ、さらに全国組織の「日本被爆者団体協議会」代表委員や「長崎原爆被災者協議会」会長を歴任した。

一九八六年、五十五歳のとき、山口は米国のネバダ地下核実験に抗議するため、その実験場に向かった。被爆して気管支を焼かれた山口は、白血球数が多く、呼吸が困難になりがち。万一の場合に備えて遺書を持って行った。その遺書には被曝してから後の心情と行動の経過と、もしもの場合は遺産の全てを被爆者団体協議会に寄贈する意思と被団協に反核運動を続けて欲しいという要望が書かれていた。

一九八二年、核に反対する運動が世界的に広がり、盛り上がった。こんな状況の中、山口は同年六月、国連軍縮特別総会で演説することが決まり、一九八二年六月、ニューヨークの国連本部に行った。山口は、この時、白血球の数が上昇し、呼吸も困難なほどだったが、体に鞭打って演壇に立った。国連総会の演説は被爆者として初めてである。こんな山口を応援するため、国連の会議場には一〇〇〇人もの被爆者が姿を見せた。

山口は自らのケロイド写真を掲げ、途切れがちの呼吸にめげず、こう訴えた（グラビア写真を参照）。

「尊敬する代表の皆さん、私の顔や手をよく見てください。

世界の人々、これから生まれてくる人々、子どもたちに私たちの、このような被爆者の死と苦しみを与えることを許してはならない。最早、一刻の猶予も許されない。私たち被爆者は訴える。命ある限り、私は訴え続けます。ノーモア・ヒロシマ、ノーモア・ナガサキ、ノーモア・ウォー」

命を懸けた演説は聴衆の心を揺さぶり、万雷の拍手が湧き起こった。

山口は核兵器をなくそうと訴えるため、五〇を超える核ミサイル基地を訪れた。基地では「広島、長崎のことを理解していただきたい。世界から核兵器をなくしましょう」と来意を告げ、核兵器をなくす努力をする必要性を訴えたが、「核は必要だ」という者が多く、話は噛み合わなかった。「ワシントンに行き、政治家に話をしなさい」という人もいた。

それでも山口は「命ある限り、核兵器をなくすために訴え続けていきたい」と言い、核廃絶を訴える旅を続け、二〇一三年七月六日、入院先で八十二歳の生涯を閉じた。

第5章　米ソ核軍拡と核戦争の危機

変転した米国の原爆使用目的

実現しなかった核兵器の国際管理

広島・長崎への原爆投下によって始まった「核の世界」。

一九四五年十月二十四日、国際連合（国連）が発足した。当初の加盟国は五一カ国で、ニューヨークに本部を置いた。原爆開発に関わったロスアラモスの科学者たちは「原子力の国際統制」の必要性を説き、米英加三国が十一月、国連に原子力を国際管理する委員会の設置を提案した。十二月二十七日の米英ソ外相会議では、この委員会設置案の検討が声明に盛り込まれた。

翌四六年一月、トルーマン政権は、この三国の設置案検討声明に呼応して、国連に原子力を平和目的だけに使うよう管理する委員会設置の提案を支持するとともに、国連に提出する原子力委員会設置案の内容を審議するための諮問会を設置した。これは当時、ヨーロッパと米国で高まっていた核戦争反対・原爆禁止運動に対応する措置だった。

諮問会の代表にはオッペンハイマー博士が選任された。

一月二十四日の第一回国連総会本会議で、米国は国連に原子力委員会を設置する決議案を提出、これが全会一致で採択され、同委員会の設置が決定した。この当時、米国は国連で大きな影響力を持ち、米国の提案には大多数の国が賛成したのである。

諮問会は二カ月間の審議の後、三月七日、核兵器が予想外に使用される危険性を回避しつつ核エルギーを管理する方策を盛り込んだ、全五五頁の報告書を完成し、トルーマン大統領とバーンズ国務長官に提出した。この時、バーンズは国連に創設された原子力委員会の米国首席代表にバーナード・バルークを任命した。バルークは生まれながらのギャンブラーで、国際協力やソ連との根気の要る対話を行なう資質を持ち合わせていなかった。

五月半ば、バルークのチームは諮問会の作成した報告書を大幅に変更した。変更点は①管理体制から逸脱した場合、核攻撃を含む制裁が科される可能性の盛り込み、②核兵器および核兵器製造手段の国際管理に留まらず、完全な武装解除の提案、③核分裂性物質の採掘と精製の責任を民間に持たせる、④国連安全保障理事会での拒否権の廃止――の四つである。オッペンハイマーやリリエンソール原子力委員長、アチソン国務長官らは「これでソ連との対話が閉ざされた」と語った。

六月十四日、バルーク代表は創設された原子力委員会第一回会議で、上記四つの変更点のほか、ウランやプルトニウムの使用規制、世界中のウラン鉱、原爆まで核エネルギーに関連する全てのものを厳しい国際管理協定によって管理する原子力国際管理案（通称・バルーク案）を提案した。

ソ連はバルーク案中に、ソ連に対する査察が行なわれている期間、米国は核兵器の生産を続けてもよいとする条項や国際機関の決定に違反した国は国連によって処罰されるという条項が盛り込まれていることに強く反対した。

バルーク案提出五日後の十九日、ソ連外相グロムイコはバルーク案に対抗して核兵器廃絶を求める議案（グロムイコ案）を同委員会に提出、核廃絶キャンペーンを始めた。国際機関による原爆の管理を提案する米国案に対し、ソ連提案は核兵器の生産、貯蔵、使用を禁止する国際条約の締結を求めるもので、両者には大きな違いがあった。

米国は国際管理体制が機能するようになるまでは原爆を保有し続ける姿勢を明確にしたため、ソ連は従来どおり独自に核兵器の開発を進めた。バーンズは「バルークを任命したことは私の最悪の失敗だった」とアチソンに告白した。

第二次世界大戦末期の一九四五年春ごろから顕在化していた東西冷戦は八月の広島・長崎への原爆投下によって一気に激化した。激化する冷戦に拍車を掛けたのが、戦後の原子力管理問題だった。この問題で、米国が諮問会の報告書どおり、ソ連との対立を避けるための慎重な配慮をしていれば、原子力の望ましい国際管理が実現し、場合によっては果てしない核軍拡競争という泥沼に陥ることは回避できた可能性があった。

ところがトルーマン政権は戦後の原爆管理問題で①ソ連との意見一致を最優先して米ソ対立を回避するよう求めたスティムソン提案の不採用、②国連原子力委員会に提出した原子力国際管理案の不調——という対立激化の道を選択した。これにより、米国が国際社会で取り得る原子力政策は著しく狭められ、その結果、核兵器をめぐる米ソの摩擦と対立が激化の一途をたどる羽目になった。

一九四七年三月十二日、トルーマンは上下両院合同会議でギリシャとトルコを共産主義勢力の脅威から守ることを目的とした援助法案を求める演説の中で「米国は今後、地球上のいかなる地域においても共産主義の膨張を封じ込める決意である」と宣言した。一九四九年八月二十九日、ソ連が核実験により核を保有すると、米ソ両超大国は核戦力の優位を求めて留まることのない核軍拡競争への道を突き進む最悪の事態となった。

原爆を対ソ外交に使う米国

米国の提案から僅か十七日後の七月一日、米国は南太平洋のビキニ環礁・ビキニ島（琵琶湖くらいの大きさ。住民一六七人）で、原爆実験シリーズ「クロスロード作戦」を開始した。二発の原爆で死者約一九万六〇〇〇人（一九四五年末現在）もの悲惨な被害をもたらし、太平洋戦争を終わらせた広島、長崎への原爆投下から僅か一年しか経っていないのにである。

しかも国連では核爆弾を含む原子力管理の問題をめぐって白熱の論議が続けられている最中である。核実験はバルーク提案の内容とは裏腹の行動である。意表を突いた米国の核実験開始は原爆の国際管理を求める米国の提案の真意そのものを疑わせた。実は米国はこの頃、核兵器を独占している今のうちに、まだ核爆弾を持てずにいるソ連との差を決定的なものにし、ソ連の勢力圏拡大などを抑え込むことを対ソ外交の基本戦略として決めていたのである。ビキニ核実験は、この基本政策の一環だった。

しかし米国のビキニ核実験はソ連の対抗心をあおった。ソ連は米国の核の独占体制を早く打破しようと、スパイからの情報を駆使して懸命に原爆開発を推進、一九四九年八月二十九日、原爆保有国となった（後述）。「クロスロード作戦」は、その後冷戦終結の一九八九年まで四十三年間も続く長い「核の時代」の皮切りとなった(1)。

米国のソ連封じ込め政策の前史には一九四六年三月五日、ウィンストン・チャーチル前英国首相が米国・ウェストミンスター大学の講演の中で述べた「中欧・東欧諸国に鉄のカーテンが覆っている」という有名な言葉がある。米国の封じ込め政策がはっきりと、しかも強い調子で打ち出されたのが、チャーチルの「鉄のカーテン発言」から一年を経過した翌四七年三月十二日のトルーマン大統領の演説である。

この日、トルーマンは上下両院合同会議でギリシャとトルコを共産主義の脅威から守ることを目的とした援助法案の承認を求める演説を行ない、その中でソ連の行動を激しい口調で非難した後、次のように宣言した。

「米国は今後、地球上のいかなる地域においても共産主義の膨張を封じ込める決意である」

この演説は「トルーマン・ドクトリン」と呼ばれ、冷戦時代に臨む米国のソ連封じ込め政策の出発点となった。このソ連封じ込め政策の梃子になっていたのが、米国は原爆を独占し、必要があれば使うという考えであった。トルーマンの、ソ連封じ込め政策の理論的根拠とも言うべきものが、七月発行の雑誌『フォリン・アフェアーズ』に掲載された国務省政策企画部長ジョージ・ケナンの論文「ソ連の行動の源泉」である。こうして米国は開発した原爆を対ソ外交にフルに活用した。

米国の核兵器開発の目的は当初の対ナチス・ドイツ戦から対日戦に変わり、広島、長崎に原爆が投下された。第二次世界大戦後、東西冷戦が激化すると、米国はソ連を仮想敵国として核兵器の増強に乗り出したのである。第二次世界大戦終結直後、国連で議論の的となった核兵器の国際的な統制・管理案は米国の突然の核実験によって完全に立ち消えた。

ソ連が米国の核独占を破る

ソ連原爆開発の経過

一九三八年にドイツでウランの核分裂現象が発見されると、ソ連でも核分裂エネルギーの研究に関心が強まった。一九四〇年、ソ連は科学者を組織して「ウラン問題特別委員会」を設置、翌四〇年には原子炉で連鎖反応を起こさせるための減速材、重水の生産も始まった。この頃、米国では先に述べたとおり、ウラン濃縮と重水生産を行なっていた。

ところが一九四一年六月二十二日、ナチス・ドイツ軍はソ連の国境を超えて攻撃を開始し、ソ連は大打撃を被った。ソ連は危急存亡の瀬戸際にまで追い詰められ、核兵器の開発に携わっていたソ連の科学者たちは研究を放棄して四散し、核開発はストップした。同年十二月初め、赤軍はモスクワ近郊で反撃に転じ、その後は戦局が次第にソ連側に有利に展開し、四三年二月、スターリングラード戦に勝利した。

この勝利の直後、国防委員会が核兵器の開発に取り組む科学センターの設立を決定、これを受けて科学アカデミーが四月十二日、新研究室を設置する秘密指令を出した。スターリンは核開発実務の責任者（室長）に核物理学者、イーゴリ・クルチャトフを選任し、組織が次第に大きくなった。(2)米国の原爆開発体制に脅威を感じたスターリンは秘密警察の長官、ラヴレンチー・ベリヤをソ連の原爆開発の責任者に据えた。ベリヤは当時、秘密警察のトップのほか、内務人民委員部長官、国家防衛委員会委員などスターリン政治の一翼を担っていたが、原爆開発責任者の要職が兼務とされた。ベリヤはスパイ活動による米国と英国の核兵器開発情報収集に専念し、その活用はクルチャトフ博士に任せ、原爆開発を急がせた。

フックスは英国で先述の英国の核物理学者ルドルフ・パイエルス（「フリッシュ＝パイエルス覚書」の筆者の一人）とともに、ウラン235の研究者として有名だった。当時、ロスアラモスの科学者たちにとってはウラン235の製造・開発は非常に難しかったから、この二人が「マンハッタン計画」のスタッフとしてロスアラモスに迎え入れられた。(3)

二人はウラン爆弾の製造に携わった後、プルトニウムを爆発させるための計算、設計を受け持った。爆発の技術専門家がこの二人の計算を基にテストを繰り返して長崎に投下するプルトニウム爆弾「ファットマン」を完成した。フックスは原爆の開発に貢献する一方、ソ連のスパイとして原爆開発に関する機密情報をソ連に送った。フックスをロスアラモスに連れてきたのはパイエルスだが、フックスは恩人のパイエルスを裏切って膨大な機密情報を盗んでいた。

ソ連はフックスらが送ってくる原爆開発情報を最大限に利用し、「チェリャビンスク40」でプルトニウムを生産、これを使って原爆の完成に全力を挙げた。こうして作り上げたソ連の原爆は「米国の原爆のコピー」とも言えるほど米国製とよく似ていた。スパイ活動がソ連の早期核開発に決定的な役割を果たしたのである。(4) フックスは裁判で懲役十四年の判決を言い渡され、九年余の服役後、一九八八年に他界した。

フックスのスパイ行為摘発を機に、マスコミは原爆情報のソ連への流出問題を大々的に取り上げ、スパイ組織を次々に曝露した。これにより、国民の反ソ感情が高まった。マッカーシー上院議員は、この反ソ感情の高まりに乗じて過激なまでの「赤狩り」を強行した。ローゼンバーグ夫妻は一九五〇年七月十二日、スパイ容疑で逮捕され、五二年四月五日、死刑判決を受けた。

米国に四年遅れで原爆を保有

一九四九年八月二十九日午前八時、カザフスタンの北東部、ロシア国境に近いセミパラチンスクの核実験場でソ連最初の原爆大気圏内核実験が行なわれ、実験に成功した。原爆実験の成功により、ソ連は米国の核独占を突き崩して核保有国となった。ソ連は、その後、米国と核軍拡競争を続け、核保有超大国への道を突き進むことになった。

この核実験場で炸裂したのはプルトニウム爆弾。まだ持ち運びできる原子爆弾はつくれなかったから、爆弾は高さ三八メートルの鉄塔上で爆発させた。炸裂した原爆の規模は広島に投下された原爆の一五キロトンよりやや大きい二〇キロトン。当初の予想をはるかに超えた威力で、実験に立ち会ったスタッフや軍人なども被曝した。ちなみに、原爆開発の中心人物、クルチャトフ自身も被曝、この他に何度も放射能を浴びたことも影響したのか、実験から十一年後の一九六〇年に白血病で死亡する。(5)

ソ連は原爆の開発を進める一方、水爆の開発にも取り組み、一九四八年六月、サハロフ博士を核秘密都市「アルザマス16」に迎えて水爆の開発に着手した。(6)

一九五三年八月十二日、ソ連はセミパラチンスク実験場で移動の自由な水爆の爆発実験を行ない、成功した。一九四九年に実験が成功したソ連の原爆は米国の原爆開発の機密情報をスパイが盗んで開発したものだったが、この水爆はソ連が独力で開発したものである。一九四三年春以来、ソ連の核開発プロジェクトを陣頭指揮してきたクルチャコフ、サハロフ、ゼリドビッチ、ハリトンなど一二人に「社会主義労働英雄」の称号が与えられた。

米ソが熾烈な核開発競争

米国の機密漏れ捜査と水爆開発

トルーマン政権や核開発関係者は、ソ連が米国の原爆開発から僅か四年で原爆を開発したことに大きな

リンドン・ジョンソン上院議員（後の大統領）と米国の核政策について話し合う核物理学者エドワード・テラー博士。1957年11月25日、写す。(Photoshot/時事通信フォト)

衝撃を受けた。米国の政府関係者の間には、「このままではソ連に核開発の面で先を越され、米国の安全が脅威にさらされる恐れがある」という焦燥と不安が広がり、原爆よりはるかに大きな爆発力を持つ水素爆弾をつくらなければ、ならないとの意見が強まった。[7]

　水素爆弾は軽い原子核が溶融することによって爆発する。これに対し、原子爆弾は重い原子核の分裂によって爆発する。初期の原子爆弾では半径二・五キロ以内が壊滅するが、五〇メガトンの水素爆弾では半径六五キロという広大な地域が壊滅する。

　核物理学者の中で、とりわけ熱心な水爆開発論者は亡命核物理学者エドワード・テラー博士だった。テラーは同じハンガリー出身の核物理学者レオ・シラードらとともに、ルーズベルト米国大統領に原爆開発を勧める信書を送ってもらう運動に携わった後、「マンハッタン計画」に参加、戦後は「米国が早期に水爆を開発してソ連より優位に立つべきだ」と提唱していた。

　トルーマン大統領はソ連の核軍事力を引き離すためには、米国が原爆よりはるかに大きな威力を持つ水素爆弾（水爆）を開発する必要があると考え、一九五〇年一月三十一日、バーンズ国務長官らと水爆開発について協議した。その結果、トルーマンは水爆開発計画の推進を決断、その製造を急ぐよう指示した。水爆開発計画のリーダーにはテラーが抜擢された。

テラーとオッペンハイマーの対立

オッペンハイマーはマンハッタン計画を達成した実績を背景に、一九四六年、原子力委員会一般諮問委員会委員長に就任、同委員会で強力な原爆を数多く開発・生産した方が、巨大で扱いにくい水爆を保有するより効率的であると主張した。また核兵器の国際的な管理を呼びかけ、ソ連との核兵器拡張競争を防ぐため働いた。ベーテ、フェルミなどの科学者たちも、「米国が水爆を開発すればソ連による水爆の軍拡を招く」として水爆の開発に反対した。

これに対し、テラーは「水爆開発の否定は米国の防衛を否定するものである」と主張、オッペンハイマーと激しく対立した。水素爆弾の開発着手に反対したオッペンハイマーは国家への忠誠を問われ、一九五四年、原子力委員会から国家機密を漏らす恐れのある危険人物として公職を追放され、国家機密から完全に閉め出された。

一九五二年十月、米国は起爆装置で爆発させる方式の水爆を完成、同三十一日に、その爆発実験をエニウェトク環礁で行なった。これは液体の重水素や三重水素を使用した湿式水爆で、爆発の威力は一〇・四メガトンと言われている。この水爆実験の時期は確かにソ連より一年早いが、米国の場合は巨大な水爆装置での爆発で、爆撃機搭載型の爆弾ではなかった。米国がビキニ環礁で初めて一五メガトン（一五〇〇万トン）の威力を持つ乾式水爆に成功したのは一九五四年三月一日。ビキニ環礁で行なった水爆実験シリーズ「キャッスル作戦」の初日だった。

ソ連は先に述べたとおり、一九五三年八月十三日、水爆の原型である移動の容易な水爆の実験に初めて成功した。この水爆の威力は推定五〇〇キロトン（五〇万トン）で、原爆の二十倍を超える。ソ連最初の原爆は米国のコピーだったが、水爆はソ連が独自に開発した。ソ連の水爆開発は一九五三年の時点で、技術的に米国を追い抜いたとも言える。

米国は、この頃から対ソ優位の核軍備増強に向けて核実験を繰り返した。実験回数はビキニ環礁で一九五四年三月一日から一九五八年七月まで四作戦計二一回、エニウェトク環礁で一九六二年十一月までに六作戦計四三回、クリスマス島で一作戦二四回、ジョンストン島で二作戦計一二回である。クロスロード作戦に始まる一連の核実験はソ連の核実験と相まって、大戦終結後の熾烈な東西冷戦に油を注ぐことになった。原爆よりはるかに強力な水素爆弾が開発された結果、核兵器をめぐる世界の状況は核戦争の勃発という危険な方向へ大きく傾斜した。

米ソの核ミサイル開発競争

最初はソ連人工衛星打上げ用

東西冷戦に伴う核軍拡競争が激化する状況の中、運搬兵器としての誘導弾（ミサイル）の先、すなわち弾頭部に核爆弾を取り付けた核ミサイルが開発され、この核ミサイルの開発・増強が従来の核爆弾と並んで核軍備増強競争に拍車を掛けた。

ここで核兵器の体系を整理する。核兵器には核爆弾と核弾頭がある。まず原子爆弾（原爆）が開発され、次に水爆、核弾頭と、その運搬手段・誘導装置が開発された。約一〇メガトン級程度の水爆の爆発威力は広島に落とされた原爆の七〇〇倍に相当し、二〇メガトン級では半径一三キロメートル以内の人は七五パーセントが即死する。

弾頭に普通の爆弾を取り付けた長距離弾道ミサイルはドイツが第二次世界大戦中の一九四四年に初めて実用化したが、戦後、米ソ両国がドイツの開発した技術を基にミサイル開発に努めた。ソ連は長距離爆撃機の戦力では米国に劣っていたため、長距離核弾道ミサイルの技術開発に特に力を入れて取り組んだ。

その結果、ソ連は一九五七年十月四日、自ら開発したロケット「R‐7」を使って世界初の人工衛星「スプートニク1号」の打ち上げに成功した。軍事技術開発当局は、この衛星の運搬・誘導装置に使われた技術を使えば、核弾頭の長距離運搬が可能になることに着目、核弾頭をミサイルに取り付けて世界最初の大陸間弾道弾（ICBM）を開発した。大陸間弾道弾はロケット噴射後の加速により、高度数百キロメートルまで上昇し、その間に緯度、飛行の角度などを調整して目的の落下地点までのコースが決められる。

核弾道ミサイルは米国でも開発され、米ソ両国が増強したため、性能が向上し、種類も増えた。この時点の核兵器は①敵本国を直接攻撃できる、爆発威力の大きい戦略核兵器、②敵本土以外の目標を攻撃する戦域核兵器、③射程の短い戦域・戦術核兵器――の三つに大別される。戦略核兵器の柱は大陸間弾道ミサイル（ICBM）、潜水艦発射弾道ミサイル（SLBM）、戦略爆撃機の三つである。

核弾道ミサイルの開発でソ連に遅れを取った米国では「ミサイル・ギャップ論争」が生まれ、巻き返しに全力を挙げた。米国はソ連の「R‐7」開発に三カ月遅れて「エクスプローラー1号」を打ち上げる一方、大陸間弾道ミサイル「アトラス」を開発、一九五九年から実戦配備を開始した。これを機に、米ソの宇宙開発競争と、長距離核ミサイルの開発競争が一層、激化した。

一九六〇年代に入ると、米国は本格的な固体燃料ロケット・エンジン（三段式）を搭載した大陸間弾道弾「ミニットマン」を開発した。ロケット・エンジンは燃焼を終えた時点で切り離され、弾頭に搭載されている慣性誘導装置により飛行する。大陸間弾道弾は当初、無線誘導の方式を取っていたが、「ミニットマン」は慣性によって進路を誘導するシステムを用いている。

核弾道弾迎撃ミサイルと複数核弾頭ミサイル

米ソの軍拡競争が続く中、短距離弾道ミサイル（スカッドミサイル）、準中距離弾道弾、大陸間弾道弾など核ミサイル技術が進歩し、米ソ両国は膨大な数の核ミサイルを保有した。核ミサイルの配備が進むと、米ソ両国は一九六〇年代に大陸間弾道ミサイル（ＩＣＢＭ）と潜水艦発射弾道ミサイル（ＳＬＢＭ）による攻撃を迎え撃ち、攻撃を無力にする弾道弾迎撃ミサイル（ＡＢＭ）を開発した。弾道弾迎撃ミサイルは究極の核ミサイル技術とも言うべきものである。

弾道弾迎撃ミサイルの開発と実戦配備は、さすがに米ソ両国に不安を抱かせた。一九七二年五月、両国政府は、この兵器が「核相互抑止を不安定にする」という理由で「弾道弾迎撃ミサイル制限条約」（ＡＢＭ条約）を締結した。この条約は弾道弾迎撃ミサイルの開発、配備を厳しく制限し、配備は各国とも当初二カ所、一基地当たりの発射基及び迎撃ミサイルを一〇〇基以下とすることを規定したものである。

この条約作成の基になった考え方は、双方の核攻撃を相互に抑止する「相互確証破壊」(MAD)という理論である。これは、相手国からの先制核攻撃に反撃し、相手国に耐え難いほどの大損害を与える能力、すなわち「確証破壊能力」を双方が持つことにより、お互いに相手国の核兵器を使用できない「相互抑止」の状態に置くことを狙ったものである。「弾道弾迎撃ミサイル制限条約」は、この考え方に基づき、自国の全領土を防衛するために弾道弾迎撃ミサイル・システムの配備を禁止する規定を盛り込んだ。

一九七〇年代後半、米ソ両国は大陸間弾道弾に複数の核弾頭を装備する「個別誘導複数目標弾頭」(MIRV)を開発、これを二十世紀後半までに米国とソ連とで多くの大陸間弾道弾と潜水艦発射弾道ミサイルに装備した。この兵器は一つのミサイルに一〇個もの核弾頭を掲載、それぞれの核弾頭が別々の目標に向かって飛んで行き、攻撃できるものである。

当時、米国のミサイル基地には一〇五四の地上配備弾道ミサイルが配備されていた。仮に全ての弾道ミサイルに一〇個の核弾頭を搭載すれば、これを迎え撃つためには一万以上の迎撃ミサイルが必要となる計算である。配備には莫大な費用がかかるうえに、技術的にも迎撃できず、現実には実施不可能である。

二〇一五年現在、「個別誘導複数目標弾頭」を配備している国は米国、ロシア、フランス、英国、中国の五カ国。大陸間弾道弾を配備している国は米国、ロシア、中国の三カ国だけである。英国とフランスは潜水艦発射弾道ミサイル(SLBM)に頼っている。

レーガン大統領の宇宙利用政策

一九八〇年代初め、米ソ両国が保有していた核弾頭は合わせて約五万発。当時、地上配備戦略ミサイルはソ連の最も強力な戦略兵器だった。ソ連の核ミサイル政策に不安を抱いたロナルド・レーガン大統領（在任期間・一九八一年一月〜一九八九年一月）は軍備拡張を聖域として扱い、一九八一年から五年間に軍事費を三五パーセント増やした。この間に保有する戦略核弾頭はソ連の九九〇〇に対し、一万一二〇〇に増加、新たな大陸間弾道弾の実験にも成功した。

核兵器の増強政策に対する反発は強く、一九八二年六月、一〇〇万人近い市民がニューヨークのセントラルパークで抗議集会を開いた。翌八三年三月、レーガンは反核兵器の声をなだめようと、「戦略防衛構想」（SDI）を提唱した。戦略防衛構想とは、人工衛星の軌道上にミサイル衛星やレーザー衛星、早期警戒衛星などを配備、これらを地上の迎撃システムと連携させて敵国の大陸間弾道弾を空中で迎撃し、米国本土への被害を最小限に留める構想である。この構想は宇宙を核戦争に巻き込もうとするもので、費用が途方もなく高くつく弾道弾迎撃ミサイル・システム。批判派は「スター・ウォーズ計画」と揶揄《やゆ》した。

冷戦後も変転続く核ミサイル対策

この後、米国の核政策はジョージ・ブッシュ大統領（父）の「限定ミサイル攻撃防衛（GPALS）構想」を経てクリントン大統領のもとにおける「戦略ミサイル防衛（TMD）構想」、ジョージ・ブッシュ米大統領（子）の「ミサイル防衛（MD）」へと移り変わった。二〇〇一年十二月十三日、ミサイル防衛の推進を目指すブッシュはロシアに対し、「弾道弾迎撃ミサイル制限条約」（ABM条約）からの脱退を通告、翌二〇〇二年六月十三日、米国は同条約から正式脱退した。そして大陸間弾道弾迎撃ミサイルの開発と配備を本格化させた。

これに対してプーチン・ロシア大統領は「米国の脱退は間違いである。米国が脱退してもロシアの安全保障の脅威にはならない」とし、そのうえで戦略核器の弾頭数を一五〇〇～二二〇〇発に削減する目標について米国との合意を目指す考えを明らかにした。

人類滅亡の瀬戸際キューバ危機

ソ連がキューバに核ミサイル基地

一九六二年十月、ソ連が密かにカストロ政権のキューバに核ミサイル基地を建設、それを偵察機によって発見した米国がソ連に対し、基地の撤去を強く迫った。このため両国の対立は険悪化し、全面核戦争勃発の瀬戸際にまで達した。緊迫した空気の中、外交交渉が続けられ、結局、ソ連がミサイル基地を撤去して辛うじて核戦争を免れたが、ソ連の艦船と海上封鎖の米国の艦船の間にトラブルが発生すれば、それが核戦争に発展、地球核汚染により、人類滅亡の事態が起こったと見られている。

恐るべき、この「キューバ危機」の発端は、一九五九年四月十七日、反カストロ派のキューバ人一五〇〇人がキューバ上陸作戦を開始したことである。この作戦は米国のCIA（中央情報局）がキューバの大統領バチスタの独裁政府を打倒したフィデル・カストロの革命政権（同年一月一日、成立）打倒を狙ったものであった。米国大統領ジョン・F・ケネディは反カストロ派の作戦を支持すると言ったが、上陸作戦が始まっても米国は作戦を支援せず、兵士たちは敗走、一二〇〇人が捕虜となった。

この事件後の二月、米国は食料・医薬品以外の物資の全面禁輸政策を実施、キューバの孤立化を図った。

フルシチョフ・ソ連共産党第一書記兼首相は近い将来、米国がキューバに進攻してカストロ政権を転覆するのではないかと考え、一九六二年五月二十九日、キューバに使節団を送り、核配備計画を提案した。キューバ側がこれを受け入れ、十月四日以降、九九個の核弾頭やミサイル、爆撃機などを積み込んだソ連の貨物船八六隻がキューバに到着、核ミサイル基地の建設が急ピッチで進められた。十月十四日午前七時三十分過ぎ、U2型偵察機は、キューバ西部で建設中の中距離・準中距離弾道弾の基地と組み立て中のイリューシン28爆撃機の航空写真を撮影、それがソ連の手で進められていることを確認した。米軍は、この航空写真の分析から、キューバに配備されている核ミサイルはSS4（全長一五メートル）とSS5（同二五メートル）で、九月末現在、ソ連がキューバに配備した核ミサイルは四二基、十六日、この航空写真の分析結果がケネディ大統領に報告され、対応策の協議が始まり、二十日、キューバ周辺海域を軍艦で囲む海上封鎖作戦が決まった。米国政府は大統領の方針に基づき、海上封鎖を宣言、国防総省が①キューバへ向かうソ連船を発見したら、速やかに船の臨検を実施せよ、②攻撃兵器が見つかった場合には船を拿捕せよ、③これに抵抗した場合には破壊してもよい――と命令した。

これに対し、フルシヨフはキューバへ向かうソ連船が米軍に停船を命じられた際には、その時点で戦争状態に入ったと認識するよう命令した。キューバでは、軍参謀本部が二七万の正規軍に総動員令を出して戦闘配置に就かせた。職場や学校では民兵として戦うための戦闘訓練を始めた。核弾頭は一五〇発とした。

全面核戦争を想定した米国

米国防総省の想定によると、米国のキューバ攻撃に対するソ連の報復措置はヨーロッパで始まる。まず

キューバに配備されたソ連のミサイルの射程

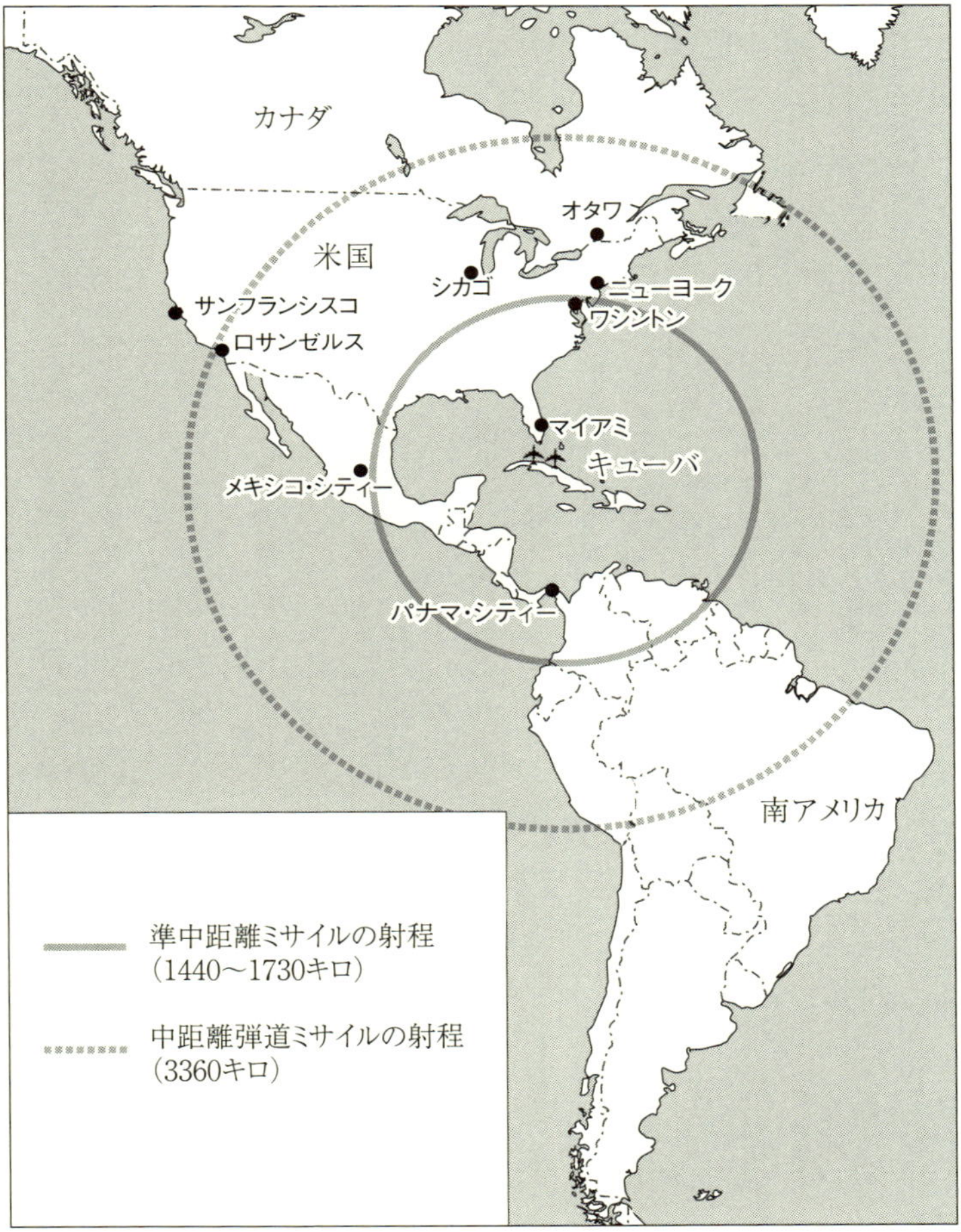

出所）フルシチョフ著／ジェロルド・シェクター、ヴャチェスラフ・ルチコフ編／福島 正光訳『フルシチョフ　封印されていた証言』（草思社、1991年）275頁。

ソ連が西ドイツを攻撃、これに対しＮＡＴＯ（北大西洋条約機構）軍がソ連をミサイル攻撃する。これにはワルシャワ条約軍が西ヨーロッパに核ミサイルで反撃する。同省は、こうなれば全面核戦争は避けられないと考え、その準備を進めた。

二十三日、米国海軍太平洋艦隊司令部は統合参謀本部に対し「日本への核持ち込みの許可が下りれば、太平洋艦隊は全面戦争の準備が全て整う」と報告した。翌二十四日、米国戦略空軍は全面戦争突入に備えて核爆弾一六二七発搭載した爆撃機を滑走路上で待機させた。この頃、どのようなトラブルでもそれが引き金となり、全面核戦争が勃発する一触即発の危機的状況がつくり出されていた。

二十四日、ウ・タント国連事務総長は米国とソ連に親書を送り、「私のもとには多くの国連加盟諸国の常任代表から米ソ両国に緊急の訴えを送って欲しいとの要請が寄せられている」として、両国に対し、①キューバ攻撃用武器積み出しの自発的停止、②キューバ向け船舶の探索やキューバ封鎖措置の停止——の二点を要請した。

二十五日、フルシチョフ首相は、このウ・タント事務総長提案を受諾するとの声明を発表、翌二十六日、米国の封鎖海域にソ連の船舶が進入することを禁止した。このソ連の対応に応えて、米国は海上での対決回避は受け入れたが、海上封鎖はキューバのミサイル基地が撤去されるまで続けると強気の姿勢を取り続けた。

二十六日午後九時、ケネディのもとにフルシチョフから「米国が将来キューバに対する軍事行動を一切行なわないならば、ソ連は全てのミサイルを撤退させる」という電報が届いた。その十二時間後、フルシチョフがケネディに宛てた英語のメッセージがモスクワ放送で流された。このメッセージでフルシチョフ

米国によるキューバ封鎖

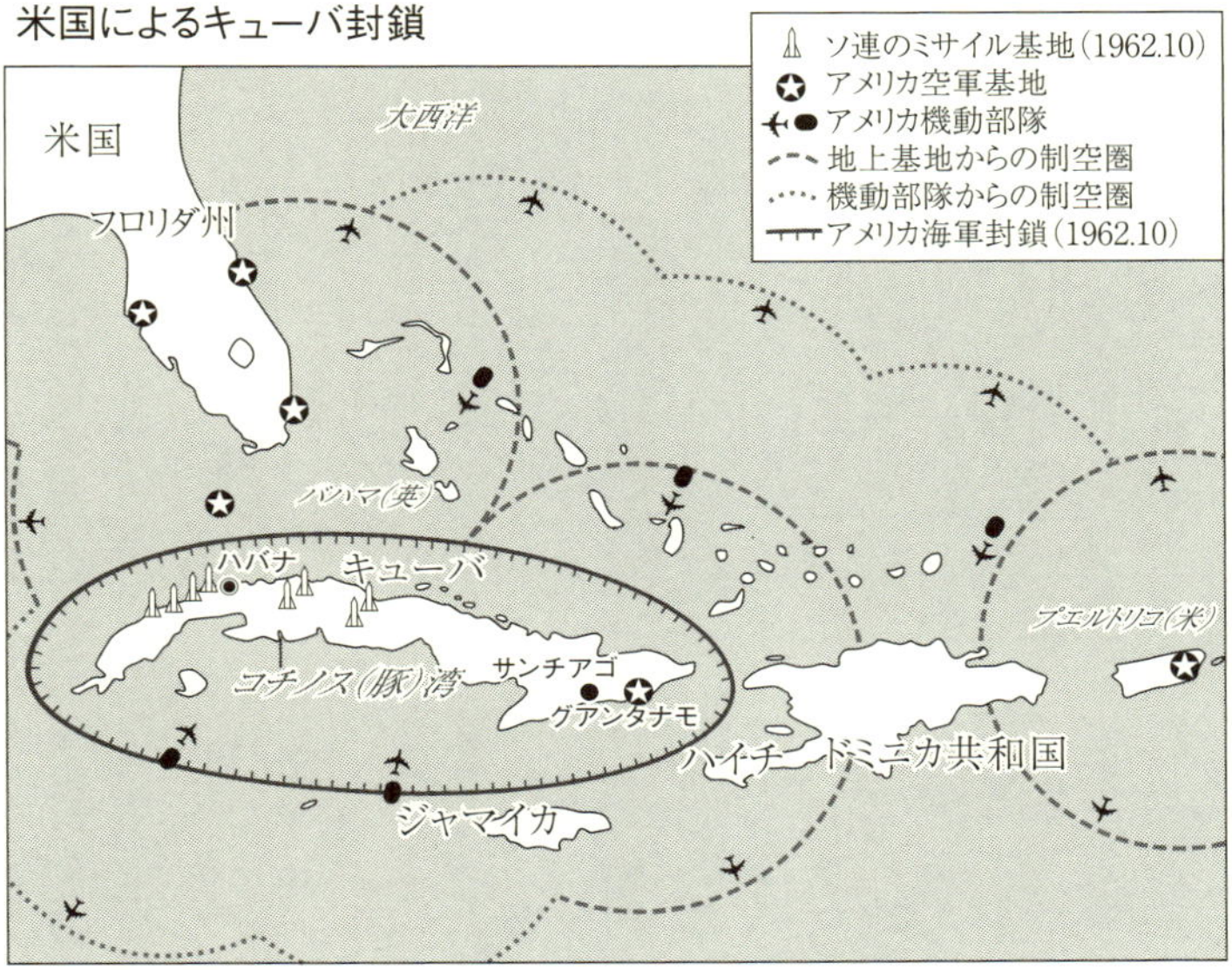

出所)猪木正道『大世界史 25　冷戦と共存』(文藝春秋、1969年)249頁。

表 1　キューバ危機から 2015 年までの核兵器問題の経過

1963 年	「部分的核実験禁止条約」(PTBT) 調印。同年、発効。
1964 年	中国が原爆を保有。
1968 年	「核兵器拡散防止条約」(NPT) 調印。70 年、発効。
1974 年	「地下核実験制限条約」(TTBT) 調印。90 年、発効。
1978 年	第 1 回国連軍縮特別総会。(82 年、第 2 回、88 年、第 3 回)
1979 年	「第一次戦略兵器削減条約」(START Ⅰ) 調印。未発効。
1987 年	米国とソ連「中距離核戦力 (INF) 全廃条約」調印。88 年、発効。
1989 年	米ソ両国首脳が会談、冷戦終結を宣言。
1993 年	「第二次戦略兵器削減条約」(START Ⅱ) 調印。未発効。
1996 年	「包括的核実験禁止条約」(CTBT)」調印。未発効。
1998 年	インド、パキスタンが核実験。核を保有。
2006 年	北朝鮮が核実験。09 年、第 2 回、138 年、第 3 回核実験。
2008 年	「クラスター爆弾禁止条約」調印。10 年、発効。
2010 年	「新戦略兵器削減条約」(New START) 調印。11 年、発効。

地域的な非核兵器地帯条約の調印:中南米・1967 年、1985・南太平洋、1995 年・東南アジア、1996 年・アフリカ、2006 年・中央アジア

はトルコに配備されている米国のミサイル撤去を、キューバ・ミサイル基地撤去の交換条件として改めて要求した。

辛うじて回避された人類の滅亡

米ソ両国トップとその周辺は緊迫した事態の中、瀬戸際の交渉を続けた。二十七日、バートランド・ラッセルはケネディ大統領に対し、「国連によるソ連核ミサイル基地の査察を受け入れ、その交換としてトルコに配備されている米軍の基地を取り除けないだろうか」と提案した。

この日午後七時四十五分、司法長官ロバート・ケネディは駐米大使ドブルイニンを緊急に呼び出し、「米国はキューバのミサイル基地を爆撃する覚悟を固めた。攻撃は、あすにも始まるだろう。あなた方はヨーロッパのどこかで我々、米国に反撃するだろう。そうなれば、一〇〇万ものソ連人やアメリカ人が死ぬ」と核戦争を辞さない強い決意を表明した。

ドブルイニンは、フルシチョフがキューバ・ミサイル基地撤去の見返りとして要求したトルコの基地撤去に触れ、これに対しロバートは、この要求の受入れをにおわせる回答をした。ドブルイニンはこの会談内容を暗号電報にしてフルシチョフに送った。電報を受け取ったフルシチョフと側近たちは、ついにキューバ・ミサイル基地の撤去を決断、これを受けて米国が海上封鎖を解除した。

米ソ首脳の外交交渉では結局、キューバからのミサイル基地撤去か戦争かの二者択一を迫られたフルシチョフが①米国がキューバを進攻しない、②トルコのミサイル基地を撤去する――という二つの条件を提示、米国がこれを受け入れたことから、その見返りとしてソ連がミサイル基地撤去を決断したものである。

緊迫した状況の中、米ソ両国の外交交渉が二週間にわたって続けられ、辛うじて核戦争の勃発が回避された。

キューバ危機は米ソ冷戦時代の四十数年間、続いた核軍拡競争と瀬戸際的な核外交が生んだ危機のピークだった。人類は核戦争による破滅か、それとも生存かという崖っぷちに立たされ、世界の人々を恐怖と不安にさらした。もしフルシチョフがミサイル基地撤去の譲歩をせず、米軍がキューバのミサイル基地を空爆していたら、残りの数十基のミサイルが発射され、世界は第三次世界大戦に突入していたはずである。

キューバ危機は全人類を死滅の瀬戸際に近づけ、現代文明を終焉の淵に立たせた、恐ろしい事件であった。これほど重大な事件は、それまで存在しなかった。この事件後、現在までの五十三年間を見ても起こっていない。当然のことだが、世界の人々は大きな衝撃を受け、紛争の平和的な解決を強く望んだ。

例えば、英国の首都ロンドンでは核戦争勃発の危機が深まった十月二十三日午後、市民約千人が米国大使館に押し掛けた。危機の続いた二週間を通じて、ロンドン市内では連日、集会が開かれ、二十七日には約五千人のデモが行なわれた。イタリアでは、ほとんど全ての大都市で危機の回避を求める大規模なデモが起こり、労働者がストライキに参加した。

米国では二十三日と二十四日の両日、八大学の学生たちが話し合いによる解決を求めてワシントンのホワイトハウス前でデモをした。「健全な核政策委員会」は危機回避を訴える新聞広告を出した。アルゼンチン、ボリビア、チリ、メキシコ、ベネズエラでも平和的な問題解決を求める様々な動きがあった。

ジョン・サマヴィルは著書『人類危機の十三日間』の中でキューバ危機について、次のように書いている。

「全人類を灰にしてしまい、この地球を不毛にすることもできるような、核ミサイルの戦争というものが、果たして戦争などと呼べるものでしょうか?　われわれだけでなく、全人類の未来を抹殺してしまう、そんな権利がわれわれにあるのでしょうか。こうした結果に対処しようというのであれば、当然新しい心構えが必要なのではないでしょうか？」

米ソ両首脳は全面核戦争勃発の瀬戸際に立たされながらも核戦争を起こしてはならないという冷静な判断を失わず、核戦争を回避した。米国とキューバの外交関係は一九六一年から五十三年間、途絶えていたが、二〇一四年十二月十七日、米国政府はこれまでのキューバ孤立化政策が失敗だったことを認め、キューバとの国交再開交渉の開始を言明した。

核爆弾使用が検討された事例

キューバ危機は核戦争勃発の瀬戸際まで近づいた事件だった。ケネディ政権はソ連の出方次第でキューバ侵攻を決行する手筈を整え、これを機に全面核戦争が始まると見ていた。核戦争の危機がこれほどリアリティを持ったことは他にない。

しかし「核兵器の使用も辞さず」という軍人や政治家の重要発言は少なくとも三回あった。その最初は、第二次世界大戦終結から七カ月後の一九四六年三月、トルーマン大統領がイラン北部に進駐したソ連軍の撤退を迫る威嚇的発言であった。

大戦中、イランのパーレビ国王はヒトラーのドイツに味方する考えを表明、このためソ連がイラン北部、英国軍は油田のある中央部と南部、米軍がイランの一部をそれぞれ占領した。米軍と英軍は四六年三月二日とされていた撤退期限前にイランから撤退したが、ソ連だけは期限を過ぎても居残った。(8) そのうえソ連はイランのアゼルバイジャン地方で起きた反乱を支援、そこに親ソ連政府を樹立させ、この地方でソ連が石油を採掘できる権益を取得した。トルーマンは撤退期限後も駐留し続け、反乱支援を画策するソ連に対し、強硬な態度に出た。グロムイコ・ソ連大使をホワイトハウスに呼び、ソ連軍をイラン北部から撤退させるよう求める最後通告を手渡し、こう言った。[9]

「もしソ連がアゼルバイジャンから撤退しなければ、わが国は貴国に原爆を落とすことになろう」

核爆弾を独占した米国は、ソ連に対して原爆の使用をちらつかせながら脅迫とも言うべき、露骨な力の外交を行なった。核を持たないソ連はやむなく軍隊をイラン北部から撤退させた。[10] トルーマンにとって、原爆は対ソ外交の、またとない切り札だった。

二回目の「原爆使用発言」は朝鮮戦争を指揮していたダグラス・マッカーサー国連軍最高司令官から出た。マッカーサーは、どのような状況の中で、原爆使用を考えたのだろうか。

一九五〇年六月二十五日、朝鮮戦争が勃発、朝鮮民主主義人民共和国（北朝鮮）軍兵士七万人が南下し、ソウルまで四〇キロの地点に迫った。トルーマン米国大統領は即座に北朝鮮の武力侵略阻止を決意し、韓国に対して戦闘機や対戦車砲を供与し始めた。国連安全保障理事会は二十五日、北朝鮮の武力攻撃を韓国への侵略（南侵）と認定、七月七日、国連加盟国の軍隊を米国の指揮下に置いて国連軍とすることを決めた。

国連軍がピョンヤン（平壌）を占領すると、中華人民共和国（略称・中国）主席毛沢東は国連軍の北朝鮮への進攻を重大視し、北朝鮮への義勇軍派遣を決めた。当時、中国は建国二年目で、国民の士気は高かった。

十月十九日夜、中国の義勇軍二六万人が鴨緑江（中国語読みはヤールーチャン）を渡河して国連軍を攻撃、十二月五日、平壌を奪回した。戦局が一進一退を続けていた十一月三十日、トルーマンは記者会見での質疑応答の中で「米国は朝鮮の新たな危機に対処するため、どうしても必要であれば中国軍に対して原子爆弾を使用することも考慮中である」と言明、中国を牽制した。[11]

アトリー英国首相はこの原爆使用発言に驚き、急遽、訪米してトルーマンに原爆を使用しないこと、および戦争をあくまで朝鮮半島に限定することの二点を強く求めた。アトリーは、もし米国が中国を攻撃すればソ連の参戦を招き、新たな世界大戦を引き起こすのは必至と見た。そして戦争を拡大する代わりに、中国の姿勢を軟化させるため、台湾に代えて中国を国連に加盟させるよう提案した。トルーマンはアトリーの意見に従い、原爆の使用自粛と戦争地域の朝鮮半島への限定は堅持した。

翌五一年三月、今度はマッカーサー国連軍最高司令官が「戦況を有利にするためには中国東北部への原爆投下が必要である」と主張、この主張を盛り込んだ「勝利に代わるものはない」と題する原稿を共和党院内総務、ジョゼフ・マーチンに送った。この原稿が新聞に掲載され、世界に大きな衝撃を与えた。トルーマン大統領は国連、米国の議会や国防総省からマッカーサーを解任して事態を収拾するよう強く求められた。[12]

トルーマンは原爆の使用も、中国本土の攻撃も認めず、マッカーサーを極東米軍司令官の職務から解任、後任にリッジウェイ将軍を任命した。解任の理由をトルーマンは次のように説明した。[13]

「朝鮮戦争への介入は制限すべきだ。わが国の兵士の尊い血をこれ以上、流さないため、わが国の安全と自由世界を危険にさらさないため、そして第三次世界大戦の勃発を避けるために。マッカーサー元帥は、この政策を無視している。これ以上の混乱を避けるため、彼を解任すべきだと判断した」

第6章　核実験と核工場・兵器の事故

九カ国が二〇六〇回も核実験

米・ソが先行、英・仏・中などが追う

前に述べたように、第二次世界大戦末期の一九四五年、早くも米ソ対立が芽生え、それが戦後、東西両陣営間の冷戦に発展した。核兵器を独占所有した米国は核軍備の一層の増強により対ソ連外交を有利に展開することを目指し、戦争終結の翌四六年七月、マーシャル諸島北部のビキニ環礁で核実験を行なった。これにより、米国は従来よりもはるかに強力な爆発力を持つ原爆の開発に成功した。

しかし対抗意識を燃やすソ連は、スパイ活動による原爆開発情報入手作戦を重視して原爆開発を急ぎ、一九四九年八月二十九日、原爆実験に成功、米国の核独占時代を終わらせた。ソ連への対抗心を募らせた米国は一九五〇年一月三十一日、水爆製造を命令した。

一九五三年八月十二日、ソ連は米国に先んじて飛行機から水素爆弾を投下する実験に成功、技術的に米国を完全に追い抜いた。米国とソ連は「自国」、「自由諸国」、「同盟諸国」を守るためと称して核開発にしのぎを削った。やがて英国、フランス、中国が核実験を繰り返し、冷戦終結の一九八九年まで続いた。核兵器開発は米国、ソ連が先行したが、その後、英国、フランス、中国の三カ国が核を保有し、核保有国は五カ国となった。

核開発は米ソ両陣営間の冷戦の激化に伴い、水爆、大陸間弾道ミサイル、この弾道ミサイルの攻撃を防ぐためのミサイル迎撃ミサイルＡＢＭ、このＡＢＭを突破するためのＭＩＲＶの開発へと技術的に高度化

し、核兵器開発競争がエスカレートの一途をたどった。

イスラエルは一九六三年に核保有国になったが、それを伏せて核保有の事実を肯定も否定もしない「曖昧政策」を取り続けた。一九九八年、対立し合うインドとパキスタン、二〇〇〇年代に入って北朝鮮がそれぞれ核実験を行なった。これら九カ国が第二次世界大戦末期以降、行なった大気圏内核実験と地下核実験の合計回数は二〇一五年三月までに約二〇六〇回である。核実験の回数を各国別に見ると、次のとおりである。

国別の核実験回数

(1) 米国＝一九四六年七月一日、先述のとおり、マーシャル諸島ビキニ環礁で戦後初の原爆実験が行なわれた。これ以後、核実験はネバダ核実験場（米国と英国の合計では九三五回）、エニウェトク（四三回）、ビキニ環礁（二三回）、ジョンストン島（一二回）などで行なわれ、一九四五年七月十六日、原子炉内で人工的につくられたプルトニウム原爆の爆発実験を加えると、一九九二年までの総実験回数は一〇三一回である。

(2) ソ連＝一九四九年八月二十九日、最初の原爆実験。一九九〇年十月までの四十一年間に大気圏内核実験を三六六回、地下核実験を三四九回、合わせて七一五回の実験を行なった。このうちカザフスタン共和国のセミパラチンスク核実験場における実験回数は総実験回数の七〇パーセント近い四九六回。
ソ連が持っていた、もうひとつの大きな実験場、ノバヤゼムリャ核実験場では大気圏内核実験九〇回、地下核実験四一回、合わせて一三一回の実験が行なわれた。一九六一年八月三十日、ソ連は中止していた核実験を、この実験場で再開、十月三十日までの六十日間に五〇回の大気圏内核実験を集中実施した。最終日の十月三十日には広島型原爆の約三千三百倍に当たる、五八メガトンという史上最高の威力の水爆大気圏内実験を実施した。

(3) フランス＝大統領シャルル・ド・ゴール（一八九〇～一九七〇）が対米追従からの脱却を狙って米英ソと比べて遅れていた核兵器技術の開発を進め、一九六〇年二月十三日、サハラ砂漠のレガーヌ実験場で原爆実験に成功、米、ソ、英国に次ぐ世界で四番目の核保有国になった。フランスは部分的核実験禁止条約批准を先送りして核兵器の拡張に努め、シラク大統領時代の一九九六年に国際世論の反対を押し切ってフランス領ポリネシアで核実験を実施した。

ポリネシアににおける実験は一九三回、サハラ砂漠の一七回と合わせると、核実験の合計回数は二一〇回。

(4) 英国＝一九五二年十月、オーストラリア北西部のモンテ・ペロ島で最初の核実験。核実験は全部で四五回行なった。場所別の内訳はオーストラリア一二回、南太平洋のクリスマス島とモルデン島（現キリバス共和国領）で合わせて九回、米国ネバダ実験場を借りて二三回。

(5) 中国＝一九六四年十月、中央アジアのロプ・ノールで最初の核爆発実験を行なって核保有国となり、一九九六年二月までに四五回の核実験を実施した。核実験は大部分がロプ・ノールで行なわれた。中国は大国と対等な立場に立とうとして、米国などの反対を押し切って核兵器の開発・製造に突き進んだ。

(6) インド＝一九七四年五月十八日、パキスタン国境まで約一〇〇キロメートルのインド西部で初の核実験を実施した。一九九八年五月、五回の地下核実験を行ない、核保有宣言をした。この核実験には、重水炉（一九五六年にカナダから購入）で使った核燃料を再処理したプルトニウムが使用された。

(7) パキスタン＝一九九八年五月二十八日、インドとカシミール地方の領有権をめぐって激しく対立していたパキスタンがインドの核実験の十日後に初の地下核実験を実施した。核実験は五月中にさらに五回、合計六回。この実験により、国境を接する中国、インド、パキスタンの三カ国が核保有国になった。

(8) イスラエル＝フランスの技術協力のもとに一九六〇年、秘密に原子炉を完成させ、一九六三年、南西太平洋ニューカレドニア島沖でフランスと共同の核実験を一回実施して核保有国になった。イスラエルは核爆弾を保有しながら、「核拡散防止条約」に加盟しないばかりか、核兵器を保有しているとも保有していないとも明言せず、米国が長い間、この「核の曖昧政策」を支持した。

(9) 北朝鮮＝二〇〇六年十月九日、初の核実験。二〇一三年。二月十二日、三回目の核実験。

ビキニ核実験と住民の健康被害

ビキニ水爆実験の大規模被害

放射性物質を大気中に放出させる大気圏内核実験は大規模な放射能公害である。米ソは第二次世界大戦終結直後から一九九〇年代初めまで四十数年間にわたって核実験を繰り返し、これによって地域住民に多

マーシャル諸島ビキニ環礁で1954年3月1日に行なわれた米国の水爆「ブラボー」実験のキノコ雲。爆発力は広島投下原爆の550倍。（UPI・SUN）

大な健康被害を生じさせ、実験場と、その周辺の広大な地域を放射能によって汚染した。

第二次世界大戦末期の一九四五年七月、米国が原爆開発後、初めて行なったアラモゴードの砂漠における核実験から今日までの七十年間に九カ国が実施した核実験は全部で二〇六二回。このうち地域住民に大きな健康被害をもたらしたのが、一九五四年三月一日、マーシャル諸島のビキニ環礁で行なった水爆実験（実験シリーズ「キャッスル作戦」最初の実験）と、その後、一九五八年までの十二年間に行なわれた六七回の核実験、およびソ連がセミパラチンスク核実験場で放射能汚染に対する配慮がないまま繰り返した四九六回の核実験である。

一九五四年三月のビキニ水爆実験「ブラボー」の威力はTNT火薬に換算すると、広島型原爆より約一千倍も大きい約一五〇〇万トン（一五メガトン）。その爆発力は米国がビキニ環礁周辺で一九四六年から一九五八年までの十二年間に行なった六七回核実験のうち最大で、住民の健康被害の規模も特に大きかった。

水爆実験による放射能による大気の汚染は地球規模に拡大し、海水、漁獲物（マグロ）の放射能汚染は北太平洋全域に及んだ。ビキニ水爆実験はビキニ環礁周辺の島々の地域住民に深刻な健康被害を与え、土壌を放射能によって汚染した。その影響は実験から六十年経った今なお続いている。この実験がもたらした、もう一つの影響は核実験反対運動を大きく燃え上がらせるきっかけとなったことである。ここでは、まず米国のビキニ水爆実験によって引き起こされた激甚な放射能汚染公害の実態を扱い、核実験反対運動については第7章に詳述する。

巨大な爆発力と風向きの変化

一九五四年三月一日午前六時四十五分、ビキニ環礁北東のナムに建てられた高さ五〇メートルの鉄塔上の水爆「ブラボー」が点火され、上空に噴き上げられて炸裂した。閃光が空も海も黄色に染め、火の玉が海中のサンゴを噴き上げた。その跡には直径一六〇〇メートル、深さ六六メートルの巨大な穴ができた。

十分後、放射能のキノコ雲が高度約三万四〇〇〇メートルに達し、やがて粉々に砕けたサンゴなどの混じった放射性降下物、いわゆる「死の灰」が降下し始めた。米国が予想していた爆発力の二倍をはるかに越える大きな規模であった。

ところが、米軍が設定した「危険水域」は東西六六五〇キロメートル、南北三〇〇キロメートル。ストローズ米国原子力委員会委員長の発表によると、「ブラボー」の爆発で放出された「死の灰」の降下海域は爆発地点のビキニ島の風下にほぼ楕円形に長く伸び、その面積は四国全土に等しい約一万八〇〇〇平方キロメートル、米国が「危険水域」として指定した海域の面積を大きく越えた。降下した放射性物質の汚染濃度は、かなりの高さだった。

「ブラボー」が爆発したとき、静岡県焼津のマグロはえ縄漁船「第五福竜丸」はビキニ島の東約一五九キロメートルの「危険区域」設定外の太平洋上でマグロ漁の操業中だった。警告なしの巨大な威力の水爆実験に遭遇、全員が「死の灰」を浴びた。この「死の灰」には土砂やサンゴの破片、その他の粒子、水滴などが放射性物質とともに含まれていた。

実験が行なわれた二月二十八日午後六時の風向きは「危険区域」を設定した時点の「東から西へ」ではなく、逆に西から東へ向かって吹いていた。しかし米軍は風向きの変化に伴う「危険区域」の変更と、これに基づく避難警告などの安全措置を何ら取らずに実験を強行した。(1)このため水爆実験に従事した米軍兵士の中にも「死の灰」を浴びて放射能障害を受けた人が少なくなかった。

やがて乗組員たちに急性放射線障害による体調の悪化が始まった。ビキニ水爆実験は風向きが変わったのに、危険水域を変更せずに水爆実験を強行したこと、および水爆の爆発力が予想をはるかに越える巨大な規模だったことの二つの原因により、地域住民や太平洋で操業中の漁民に深刻な放射線障害をもたらした。

それが「死の灰」によるものであることは「第五福竜丸」乗組員たちの誰も知らなかったが、異常な事態の発生のため、急ぎ帰還することになった。乗組員たちが操業を打ち切り、縄を引き揚げると、「第五福竜丸」は全速力で母港の焼津港に向かって航行、三月十四日に帰着した。

この間、乗組員には放射線による火傷、頭痛、吐きけ、眼の痛み、歯茎からの出血、脱毛などの症状が出た。帰港後、焼津の病院で「急性放射線症」と診断され、東京大学附属病院に六人、東京国立第二病院

（現在の国立国際医療センター）に一六人が入院した。乗組員の被災当時の年齢は十八歳から三十九歳、平均二十五歳であった。帰国後の九月二十三日、最年長三十九歳の久保山愛吉無線長が死亡した。

被曝住民の悲惨な実態

ビキニ島は北太平洋赤道海域の約一二〇〇の島々からなるマーシャル諸島の一つ。同諸島の北部に位置する琵琶湖くらいの大きさの島で、島民は一六七人。米軍はビキニ島の東約二〇〇キロにある無人の環礁であるロンゲリック島にビキニ島の全住民を移住させて実験を行なった。

先に述べたとおり、米軍が西から東への風向きの変化を考慮せずに実験を強行し、しかも爆発力が予期しない高さだったために、ビキニ環礁のほか、同環礁東方のロンゲラップ、ウトリック、エニウェトック、リオキエップ、アイルック、ウオッチェなどの島々の住民は高い濃度の「死の灰」（放射性降下物）を浴び、深刻な健康被害が発生した。実験で直接、被曝した人はマーシャル諸島のロンゲラップ環礁、ウトリック環礁、アイリング環礁の三島の住民合わせて二四三人である。

「死の灰」による被曝の被害がとりわけ大きかったのは、ロンゲラップ環礁だった。爆心のビキニ環礁の東方僅か一八〇キロメートルに位置するロンゲラップ環礁の住民は風向きが変わったために「死の灰」をもろに浴びたのである。ロンゲラップ島で「死の灰」を浴びた住民たち（八二人）が受けた放射線量は平常時の年間放射線量の限度の二千倍に当たる二〇〇〇ミリシーベルト以上という高濃度だった。

核兵器を開発・管理する米国原子力委員会は医師をマーシャル諸島に派遣、被曝した住民に識別番号を付け、生涯にわたって追跡調査をした。島の土壌など環境が放射能によってひどく汚染されたため、人々はマーシャル諸島の他の島へ避難、「ロンゲラップ・ピープル」と呼ばれながら、散り散りになったまま避難生活を続けた。

核実験から三年後の一九五七年、米国原子力委員会は「ロンゲラップは、もう安全」と宣言、被曝者と被曝しなかった人合わせて二五〇人が故郷のロンゲラップ島に帰り、ヤシの実を取り、海に漁に出て、かつての暮らしを楽しんだ。米国原子力委員会は「島の水や食料を取らないように」と指導したが、住民たちにそれを規制することはしなかった。

人々は島で栽培した野菜を食べ、飲料水を雨水に頼った。住民たちは残留放射線で汚染された土壌から放射線を浴びた（外部被曝）だけでなく、ヤシの実などの植物、周辺の海で獲れた魚介類などを食べることによって身体の内部に放射能を取り込んだ（内部被曝）。

やがて帰島した住民たちの間に死産、流産や足が腫れて歩行困難になるなどの病気が多発し始めた。核実験から九年後の一九六三年、三人の住民に甲状腺の異常が見つかり、その後、年を追って患者の数が増加した。またガンや白血病に罹患する住民が続出した。一九七二年、十九歳の青年が白血病で死亡、「ロンゲラップ島は安全」という原子力委員会の言葉を信じる人はいなくなった。(2) 一九七八年三月には甲状腺に異常がある人が島の住民の三七パーセントに当たる三三人、このうちの五人がガン性の異常であることが判明した。

一九八二年、米国が公表した文書には「ロンゲラップ島は爆心地と同じくらい放射能に汚染されている」と書かれていた。このことを知った住民たちは全員そろってロンゲラップ島を離れる決心を固め、一九八五年、三二五人が環境ＮＧＯ「グリーンピース」の協力を得て故郷を後にした。米国は残留放射線の影響を除去するため、ロンゲラップ島の地面を二五センチメートル削り取り、その上に砕いたサンゴを敷き詰める工事を実施した。

米国の「核兵器開発の頭脳」と言われるエネルギー省所管国立ローレンス・リバモア研究所のハミルトン博士は二〇一二年、「土壌の放射線量は住民がロンゲラップ島を離れた一九八五年からの二十七年間に十分の一にまで減少した」として、住民が帰島して生活するよう勧めている。しかしハミルトンは同時に、「住民が全ての食物をロンゲラップ島に依存した場合、体内に取り込まれる放射能は三倍から四倍に増え、年間〇・一五ミリシーベルトの基準を超える」という予測を付け加えた。(3)

ほかの土地で生産された食物を摂取しなければ基準値を超えてしまうというのでは、ロンゲラップ島は住民が安全に生活できるところとは言えない。住民は帰島に踏み切れないだろう。マーシャル政府大統領補佐省も過去にロンゲラップに帰島して再び同島を離れた苦い経験を指摘し、「失敗はできない。判断は慎重にやらなければならない」としている。

一九六〇年代半ば頃から米国は大陸間弾道ミサイル（ＩＣＢＭ）、ミサイル迎撃ミサイル（ＡＢＭ）などの発射実験を始めた。この実験ではマーシャル諸島中央部のクワジェリン環礁を着水地とし、カリフォルニア州の空軍基地から同環礁に向けて発射実験を始めた。クワジェリン環礁イバイ島には一九五四年三月の水爆実験「ブラボー」で被曝したロンゲラップ環礁の元住民二〇人余りが住んでいた。

このミサイル発射実験は約三十年間、続けられ、模擬ミサイルが住民の住んでいる島の中央部に落下したこともある。軍用艦が流す重油や核ミサイルの着弾により、周辺水域の水質汚染が進み、大きな魚がいなくなった。

ソ連核実験周辺住民の健康被害

住民避難させずに核実験

一九四九年八月二十九日、ソ連カザフスタン共和国の北東部、セミパラチンスク核実験場でソ連最初の原爆が炸裂、ソ連は米国の核独占を突き崩して核保有国になった。この核実験場では一九九一年までの四十二年間に七一五回もの核実験が行なわれ、冷戦下ソ連の核実験の中心的な役割を担った。世界各地で実施された核実験の中で、環境と住民の健康にとりわけ深刻な放射能汚染を引き起こしたのが、ソ連・セミパラチンスクで行なわれた核実験と米国がマーシャル諸島ビキニ環礁で行なった核実験である。

最初の原爆実験の際、セミパラチンスク核実験場の中心地から五〇キロ北東にあるドロニー村では実験後、毎時約二一〇レントゲン相当の放射性降下物が降り注ぎ、環境中に残留した。放射能が胃腸や甲状腺などに障害を起こすのは一般に毎時一五〇レントゲンを超えるレベルだと言われているから、二一〇レントゲンは重大な健康障害を引き起こす高い数値である。

ソ連の核実験の中で、住民を大規模に避難させたのは、一九五三年八月十二日の最初の水爆実験の時だけである。この水爆実験終了後、科学本部に提出された極秘文書には、この実験では避難させられずに取り残された人が一九一人もいたこと、およびこの人たちの浴びた放射線量は最高二四〇レントゲンという高い数値だったことが記載されている。

実験場の南東に当たるカラウル村には、実験前に軍人がやって来て軍が用意したトラックで住民を避難させたが、なぜか四〇人が村役場の廊下に待機させられた。四〇人は一年後、セミパラチンスク市の第四診療所に呼び出され、六週間にわたって身体検査を受けた。その後、四〇人のうち三四人が死亡した。死因は大抵がガン（白血病を含む）で、年齢を見ると、ほとんどが五十歳前に亡くなった。

ガン・白血病、奇形児の多発

核実験場周辺住民は核実験のたびに放射能汚染のリスクにさらされ、ガン、白血病、奇形児の出産などが多発した。核実験で健康被害を受けた地域住民は五〇万人を超え、実験場周辺地域のガン発生率は通常の七倍であった。核実験場の風下僅か二五キロにある人口約三〇〇〇人のサルジャール村には実験のたびに猛烈な爆風が吹きつけた。この村では、四十二年間に一〇二人がガンで死亡し、原因不明の病気にかかって死んだ人も多い。自殺者は二四人、奇形児一二人。医者はガンとか白血病とかの診断を禁じられていたため、実際には肺ガンなのに、肺炎という病名を付けたという。住民の多くは公的機関に健康被害の届けを出さず、行政当局は積極的な被害者救済策を全く実施しなかった。

住民が浴びた放射線の量を地域別に見ると、ドロニー村（人口約一五〇〇人）では約九〇〇人の住民が一六〇〇ミリシーベルト、カラウル村では三七〇ミリシーベルト、カイナール村では二四〇ミリシーベルト、サルジャール村では二〇〇ミリシーベルトだった。

セミパラチンスクの住民の間に放射能汚染被害の多発している実態が初めて明るみに出たのは、ゴルバチョフ政権下の一九八八〜八九年であった。一九八九年にできたソ連政府調査委員会の調査では、最初の原爆実験が行なわれた一九四九年八月から一九六三年までの十四年間の大気圏内核実験により、合計二〇ミリシーベルトを超える放射線を浴びた住民の総数は約一万人にのぼった。

地下核実験では、しばしばガス漏れがあった。ソ連原子力産業省のビクトール・ミカイロフ次官は一九八〇年代末にカナダで開かれた「核実験と環境に関する会議」(カナダ軍備管理・軍縮センター主催)の非公開シンポジウムで「ソ連の地下核実験回数のうち、三〇パーセントは放射性ガスが大気中に放出され、その半数の一五パーセントが実験場外にまで流れ出している」と衝撃的な発言をした。

一九八九年九月、カザフスタン共和国の人々がセミパラチンスクでの核実験に反対する運動を起こし、これを機に被害の実態が徐々に明らかになり始めた。翌一九九〇年、「ネバダ・セミパラチンスク運動」のメンバーが出版した報告書『セミパラチンスク実験場概況』には、先天性異常を伴って生まれてくる子ども、知恵遅れとなる子どもが増えていることや実験場周辺地域のガン罹患率は一〇万人当たり一四・七人とかなり高いことなどが書かれている。

「ネバダセミパラチンスク運動」が実り、一九九一年八月二十九日、ナザルバーエフ・カザフスタン大統領(一九九一年十二月、旧ソ連から独立したカザフスタン共和国の大統領。以後、現職)がセミパラチンスク核実験場における核実験を永久に禁止する大統領令を公布し、実験場の閉鎖が確定した。

ソ連核兵器工場の事故と汚染

「ウラルの核惨事」核工場の爆発

ソ連では原水爆などの核兵器を地図に記載されていない全国一〇カ所の「核秘密都市」で製造していた。

ウラル南東部五カ所の核秘密都市のうちの一つ「チェリャビンスク65」（チェリャビンスク州）にあるマヤーク・コンビナート核施設はソ連唯一かつ最大のプルトニウム製造工場だった。この工場は一九四八年六月、チェリャビンスク市中心部の北方約七〇キロメートルの森林地帯の一角に建設され、プルトニウムの生産が始まった。

マヤークには原爆製造関連の重要施設が立ち並び、各地の原発から送られてくる使用済み燃料からプルトニウムを分離・抽出し、原爆を製造していた。ソ連最初の原爆「ジョー一号」も、ここでつくられ、ソ連は核実験を経て原爆保有国になった。

一九五七年九月二十七日、チェリャビンスクのマヤーク・コンビナートのプルトニウム製造工場高レベル放射性廃棄物管理用冷却装置が故障、貯蔵タンク内の温度が急上昇した。その直後、貯蔵タンク内の硝酸塩と再利用の際に出た残留物が爆発し、重さ二〇トンもあるタンクの上蓋が、二〇メートルも吹き飛ばされた。

爆発により、タンク内にあった一八〇〇万キュリー（六万六六〇〇ギガベクレル）相当の放射性廃棄物も舞い上がったのち、貯蔵タンク周辺に降下した。残りの約二〇〇万キュリーのセシウム137やストロンチウム90などの放射性物質は上空一キロメートル近くに達した後、南西の風に乗って広範な地域を汚染した。

この事故で、高レベルの放射能によって汚染された地域は約二〇〇町村、高い放射能で被曝した人の数は二七万人を数えた。当局は汚染地域一三村の住民約一万人を移住させ、白血球を調べたところ、このうちの五分の一に当たる約二〇〇〇人は白血球が減少していた。白血病を患い、死亡する住民が続出した。

マヤークの放射性廃棄物冷却貯蔵装置の爆発事故は、核廃棄物が原因で発生した事故としては史上最大・最悪で、「ウラルの核参事」と呼ばれる。この事故は、原子力施設の事故としては国際原子力事象評価尺度では「レベル6」(大事故)。チェルノブイリ原子力発電所事故(一九八六年)と福島第一原子力発電所事故(二〇一一年)の「レベル7」(深刻な事故)に次いで、歴史上三番目に重大な原子力事故にランクされている。

マヤーク・コンビナートの災害は一九四七年と五一年の後、五七年と六四年にも起こり、全部で四回。ウラルの核汚染地域は四回の災害の汚染地域合わせて約四〇万ヘクタールにのぼった。爆発で放射性物質が飛散した地域の約八〇パーセントでは汚染された土壌が取り除かれ、新しい土壌で覆われて現在、農地として使われている。

マヤークの核廃液垂れ流し

マヤーク・コンビナートの核施設ではソ連の原爆第1号が製造されていた一九四八年から五一年までの三年間、プルトニウム抽出後の、三〇〇万キュリーもの高レベル放射性廃液を未処理のままオビ川支流のテチャ川に直接、流し込んでいた。垂れ流された放射性廃液には、半減期が三十年のセシウム137や同二十八年十カ月のストロンチウム90、同三百七十三日のルテニウム106、同六十四日のジルコニウム95などの核分裂生成物が大量に含まれていた。だが当時、放射能の危険性はあまり認知されていなかった。

テチャ川に流入した放射性物質は流下してオビ川に流れ込み、約一五〇〇メートル離れたカラ海を経て北極海にまで達した。だが、この広域汚染の事実は一切、秘密にされた。住民はテチャ川が放射性物質によって、ひどく汚染されているとは全く知らず、長い間、汚染された川の水を料理や洗たく、畑の灌漑用水に利用してきた。

一九五一年夏、核物理学者のグループが現地を調査し、測定したところ、テチャ川の岸辺は自然界の五十万倍という高濃度の放射能に汚染されていることがわかり、テチャ川への廃液垂れ流しは同年末、中止された。しかし廃液は後述のとおり、工場に近いカラチャイ湖に流し込まれるようになり、新たな汚染を引き起こす。

テチャ川と、その下流のイセチ川流域の被曝住民は一二万四〇〇〇人以上にのぼった。(4) ひどい汚染被害を受けた上流二〇カ村の住民、計約七五〇〇人が避難命令を受け、一九五三年から六〇年にかけて移住した。テチャ川に投棄された放射性廃棄物は、対策が講じられず河床に沈殿されたままとなっており、年々下流域の住民の健康被害は深刻なものになっていった。

なぜ危険な高レベルの放射性廃液を未処理のまま川に流したのだろうか。一九四〇年代後半、高レベル放射性廃液を処理・処分する施設や余裕、技術はまだなかった。マヤーク工場の操業を前にした会議では、液体放射性廃棄物の扱いについて協議したが、処理技術がない以上、放射性廃液を川や湖・貯水池などに放流するしか方法がないという結論が出された。

当時、核開発に取り組んでいるスタッフにとって、ソ連の原爆第1号を少しでも早く完成することが至上命令だった。放射性廃液の処理技術がないうえに、放射性物質の危険性についての認識の低さが加わって、放射性廃液の垂れ流しが国の承認を得た格好で行なわれたのである。

ソ連生物物理研究所チェリャビンスク支所ミーラ・コセンコ臨床部長は後に「米国に負けないよう、ソ連も緊急に原爆をつくる必要があった。また廃液をどう処理していいかわからず、川に棄てても遠くに拡散して薄まるだろうと考えていた」と語った[5]。

湖の枯渇でも四三万人が粉塵被害

カラチャイ湖に放流先が変更されたため、この湖に蓄積された放射性核種の量は実に一億二〇〇〇万キュリーに達した。この蓄積量はチェルノブイリ原発事故で放出されたストロンチウムとセシウム137の放射能の百倍に当たる。一九六七年春、カラチャイ湖地方が干ばつに襲われ、カラチャイ湖の湖底がむき出しになった。湖底に厚く堆積していた放射性廃棄物の層から放射性物質が風で舞い上がり、広範な地域に飛散した。六七年の干ばつでは少なくとも一八〇〇平方キロが放射能粉塵によって汚染され、これによって約四三万人が放射能を浴びたと推定されている。後に白血病、皮膚ガン、肝臓ガン、子宮ガンなどに罹患する住民が続出した。

旧ソ連政府は「チェリャビンスク65」で一九五七年に発生した爆発事故と、それによる被害の実態、カラチャイ湖の湖岸から舞い上がった放射能粉塵による健康被害などについては、事故後三十二年間、一切、沈黙し続けた。「ウラルの核惨事」の詳細が明らかになったのは、ペレストロイカとともに旗印に掲げたゴルバチョフ政権時代の一九八九年八月十二日、ソ連政府機関紙『イズベスチヤ』の報道による。

一九九三年一月二十七日、ロシア連邦（一九九一年十二月、ソ連が崩壊）の閣僚会議幹部会はマヤーク・コンビナートの核施設の爆発事故と放射能の汚染・住民の健康被害について、①コンビナート周辺の住民約四五万人が被曝し、このうちの五万人が高度の被曝者である、②コンビナート周辺の環境中に堆積されている放射能の総量は一〇億キュリーを超えている——の二点を明らかにした。

西シベリアでも工場爆発

一九九三年四月六日、西シベリアのトムスク市近郊にある旧ソ連の核秘密都市、「トムスク7」の核兵器用再処理工場プルトニウム回収タンクが薬品の異常反応で爆発、大量の放射性物質が放出され、長さ約二〇キロ、幅八キロの地域が汚染された。

ロシア最高会議は「チェリャビンスク65」のマヤーク核施設の爆発事故やテチャ川の放射能汚染、カラチャイ湖の枯渇で舞い上がった放射性物質、「トムスク7」の軍事用核燃料再処理施設での爆発事故による健康被害者の救済策について検討していたが、一九九三年五月三十日、被害者保護の法律を採択した。

これを受けてロシア政府は、二〇〇〇年までの期限付きで被害住民への経済的な援助と放射能汚染地域の復興を約束、その実現に努めた。

頻発した核兵器の重大事故

核爆弾を搭載した爆撃機や原子力潜水艦など核兵器関連の重大事故が、米国やソ連を中心に世界的に頻発した。一九五〇年から八〇年までの三十年間について見ると、米軍の核兵器に絡んで発生した大事故だけでも二七件、小事故を含めると九七件（いずれも米国防総省の調べ）も発生している。[6] ミスによる核爆弾の落下事故はブロークン・アロー（折れた矢）と呼ばれる。

事故の中には水爆が四個も落下したケースがある。それが大都市の中心部で起こったなら、広島や長崎をはるかに上回る大惨事となっただろう。核兵器搭載機や原潜の事故の危険性以上に危険極まりないのが、レーダー（超短波を利用して目標物の位置、方向、距離を測定する電波探知機）の読み違えである。

原子力潜水艦（原潜）は相手に気付かれることなく水中から攻撃目標の都市に接近し、近距離から核兵器を発射できる。冷戦の激化に伴い、核戦略が練られた結果、原潜は世界のどの地域にも近づき、水中から核ミサイルを発射することができるようになった。原潜の数の増加に伴い、事故の発生件数が増えた。核兵器・原潜の事故はソ連が圧倒的に多いが、米国でも少なくなかった。核兵器事故を以下に列挙する。

水爆搭載機の沈没

一九六五年十二月五日、米海軍第七艦隊所属の攻撃型空母「タイコンデロガ」がベトナムでの作戦任務を終え、横須賀へ向けて航行中、沖縄県沖永良部島東方約三〇〇キロメートルの太平洋上で、甲板から操縦士の乗った攻撃機Ａ４Ｅスカイホークが同空母の故障復旧訓練中、誤って海に滑り落ち、搭載水爆もろとも四八〇〇メートルの深海海底に沈没した。パイロットのＤ・ウェブスター大尉がＡ４Ｅスカイホークを格納庫からエレベーターに乗せようとした際、滑り落ちたものである。

同空母には、破壊力が一メガトン級の水爆Ｂ４Ｅ（広島投下爆弾の数十倍の威力。長さ四メートル、直径三六センチメートル、重さ一トン）を搭載していた。同機の捜索が行なわれたが、発見できなかった。

「グリーンピース」が入手し、公開した「タイコンデロガ」の「作業航海日誌」によると、同空母はベトナムでの任務を終え、横須賀に向かう途中、この事故を起こした。事故の二日後の七日には横須賀港に寄港、ここに四日間、停泊した。この寄港時、「タイコンデロガ」には水没した攻撃機と同じA4Eスカイホークが搭載され、これに積み込む水爆も格納されていたと見られている。

この水爆沈没事故の発生当時、日本では「非核三原則」がまだ国の基本政策として確立されていなかった。米国の核搭載艦が日本に寄港していたことも伏せられていた。しかし、この事故の二年後の一九六七年十二月十一日、佐藤栄作首相は衆議院予算委員会で「日本は核兵器を持たず、作らず、持ち込ませず」という非核三原則を主張し、翌六八年一月の衆議院本会議でも「非核三原則」は厳守すべき政策であると言明した。一九七一年の沖縄返還に伴う国会決議の中で、この「非核三原則」が明文化され、佐藤はこれが評価されて七四年のノーベル平和賞を受賞した。

搭載機の衝突で水爆四発が落下

一九六六年一月十七日、スペインの地中海沿岸の漁村パロマレス上空約九〇〇〇メートルで、米国カロライナ州セイモア・ジョンソン空軍基地への帰途に着いていた米軍のB‐52爆撃機が空中給油機「KC‐135」から燃料を補給していた際、過って衝突し、爆発した。この事故で乗組員五人が死亡し、同機に搭載されていた四個の水爆が落下した。四個の水爆のうち、二個はパロマレスの住宅地域に、一個は干上がった川底に、残りの一個は地中海にそれぞれ落ちた。

住宅地域に落ちた二個の水爆は地面に衝突したとき、幸運にも安全装置が働き、爆発は辛うじて避けられたが、二個とも起爆用の通常火薬が爆発してプルトニウムとウランが飛散、広範な地域に放射能汚染を引き起こした。米軍は兵士を大量投入して周囲の放射能汚染土約四五〇〇トンをドラム缶に入れて船で米国に送った。汚染された住宅などの洗浄も行なわれた。米軍は、この事故について地域住民に何も知らせなかった。川底に落ちた一個は汚染を引き起こさなかった。地中海に落ち、行方不明の一個は米軍第六艦隊の兵士約五〇〇〇人による捜索の後、事故から八〇日目に海底から発見・回収された。米国国防省の調べによると、パロマレス村で行方不明になった米軍の核爆弾事故（ブロークン・アロウと言う）は戦後十四番目である。

二〇〇四年、スペイン政府は地表に放射性物質が漏れた九ヘクタールの土地の買収を決定、二〇〇七年初めまでにフェンスで封鎖を終えた。住民に犠牲者はなかったとされている。

墜落で水爆四発の核弾頭が破裂

一九六八年一月二十一日、戦略パトロール中の米空軍B‐52爆撃機がグリーンランドのパフィン湾上空を飛行中、機器の異常のため火災を起こし、チューレ米空軍基地に緊急着陸を図った。B‐52は同基地の滑走路手前一一キロメートルのノーススター湾海氷上に墜落、同機は炎上した。墜落の際、搭載されていた一・一メガトン水爆の核弾頭にある高性能火薬が四発とも破裂、プルトニウムが飛散して六五〇〇立方メートルの水が汚染され、米軍が汚染された水を米国本土に運んだ。

米国とデンマークは放射能の除去・回収作業を実施したが、核弾頭一発の一部が作業終了後も見つからなかった。乗組員七人のうち六人は無事脱出したが、一人は脱出の最中に死亡した。数年間、除去作業に従事した作業員は、被曝による疾病に対する賠償請求運動を行なった。米誌『ＴＩＭＥ』二〇〇九年三月号は、この事故を「最大の核惨事」と論評した。

デンマーク政府は一九五七年、デンマーク領グリーンランドに核兵器を持ち込まないように非核化方針を決めていたが、チューレ米空軍基地への核持ち込みを黙認していた。一九九五年、事故は、核持込み黙認のために発生したとする報告書が公開され、大きな政治問題となった。

頻発した中小の核事故

このほかの原子力潜水艦と核兵器搭載爆撃機の主な事故を以下に掲げる。

▽一九五〇年、米軍爆撃機B-36カナダ沖太平洋上で故障し、三〇〇〇メートル上空から核兵器を投棄。

▽一九五七年に発生した主な米軍機の核関連事故。①米軍爆撃機B-36がニューメキシコ州カートランド基地近郊に核兵器を誤投下、②輸送機C-124が大西洋上でエンジン故障、核兵器の輸送中のため核兵器を投棄したが、二個は発見できず、③核兵器を搭載した爆撃機B-47がフロリダ州に墜落、④核兵器搭載B-47爆撃機がワシントン州フェアチャイルド基地に墜落。

▽一九五九年四月、米国の退役原潜「シーウルフ号」のナトリウム冷却型原子炉が取り外され、中部太平洋の水深二八〇〇メートルの深海に投棄された。この原子炉にあった放射能量は推定三万三〇〇〇キュリー。

▽一九六〇年、核兵器を搭載した米軍の爆撃機B-47二機がアイルランド付近の大西洋上で空中衝突し、墜落。

▽一九六一年七月四日、北大西洋で演習中のソ連北方艦隊の弾道ミサイル潜水艦K-19が一次冷却循環系統で放射能の漏出事故を起こし、乗組員全員が大量の放射線にさらされ、八人が五〇～六〇シー

ベルト（五〇〇〇ないし六〇〇〇レム）の放射線を浴び、急性放射線障害で死亡した。Ｋ‐19はコラ半島に曳航されて帰還した。
▽一九六三年四月十日、米国の原潜「スレッシャー号」がボストン東方約三五〇キロメートルで、海洋試験を実施中に消息を絶った。捜索した結果、「スレッシャー号」は深さ約二万五〇〇〇メートルの海底に沈没していることがわかった。乗員一二九人は全員死亡。沈没の原因は海水が船内に入り、原子炉が緊急停止して出力が失われたためと見られる。
▽一九六四年、核兵器を二個搭載した米軍爆撃機Ｂ‐52がメリーランド州アパラチア山脈カバーランに墜落。核兵器は無傷で回収された。また米軍の爆撃機Ｂ‐58が核兵器、五発を積んだままインディアナ州バンカーヒル基地戦略空軍指令センター付近の滑走路上で炎上。核兵器の一部が炎上、放射能汚染が発生した。
▽一九六五年二月、旧ソ連の原子力砕氷船「レーニン」で、原子炉の冷却水が失われ炉心溶融寸前の深刻な事故が発生した。多数の乗組員が犠牲となる。この原子炉は一九六七年に北極海に投棄された。
▽同年十月二十八日、核兵器二個を搭載した米国の原潜「スコーピオン」が消息を絶ち、十月二十八日、大西洋アゾレス諸島南西沖、深さ約四〇〇〇メートルの深海で破壊された船体の一部が発見され、乗員九九人全員の死亡が確認された。沈没原因の詳細は不明。
▽一九六八年には事故が多発した。①三月八日、ハワイ近海を航行中の旧ソ連海軍原潜「Ｋ‐１２９」が沈没した。同艦は、なぜかミサイル発射可能な状態で作戦海域を大きく逸脱して沈没した。沈没により、周辺海域が放射能によって汚染された、②五月二十四日、液体金属炉を搭載したソ連海軍

原潜「K‐27」がバレンツ海のセヴェロモルスク沖で重大な炉心溶融事故を起こし、原子炉燃料棒は一〇〇〇℃にまで上昇した。原子炉区画及び発令所の放射能レベルは一時間当たり二万ミリシーベルトに達し、乗員一四二人が被曝、うち六人は艦内で死亡、帰還後四人が死亡、一二人が重度の被曝症と診断された。同艦は放棄され、一九八一年九月六日、カーラ海に沈められた。

▽一九六九年十一月十五日、米原子力潜水艦「ガトー号」はバレンツ海でソ連潜水艦「K‐19」と衝突し、大破した。

▽一九七〇年四月八日、ビスケー湾でソ連の原子力潜水艦「K‐8」で火災が発生、十日に浸水し始め、十一日に沈没した。船長を含む五二人が死亡した。六月、ソ連原子力潜水艦「エコー2型」が米軍の原子力潜水艦「トートグ号」と衝突、ソ連の「エコー2型」が沈没。

▽一九七四年五月、ソ連の戦略原潜と米国の原潜「ピンタード号」がソ連のペトロパブロフスク基地近くの海中を潜航中、正面衝突した。「ピンタード号」は核弾頭ロケットと核魚雷を搭載していた。また七四年十一月、米原子力潜水艦マジソン号が北海でソ連原子力潜水艦と潜航中に衝突、両艦とも沈没寸前となった。

▽一九八六年十月、西大西洋ハワイ沖で旧ソ連ゴルフ型原子力潜水艦「K‐219」のミサイルチューブ内部で爆発が起こり、海水が艦内に流入して大西洋バーミューダ島北の海域で弾道ミサイルを積載したまま沈没した。乗員四人が死亡、一一六人が米艦に救助された。

▽一九八九年四月七日、原子力潜水艦「K―278」（コムソモーレッツ）が火災のため原子炉と核弾頭二発を搭載したまま、ノルウェー海ベア島南の深さ一二〇〇メートルの海底に沈没、司令官を含む

五二人が死亡した。
▽二〇〇〇年八月、炉心に約二トンの核燃料を搭載した旧ソ連海軍原子力潜水艦「クルスクK‐141」がバレンツ海で沈没した。一一八人全員が死亡。二〇〇一年十月二十三日に引き上げられ、同年末までに解体された。
▽二〇〇三年、旧ソ連海軍原潜の除籍艦「K‐159」が係留地グレミハから解体場所のセヴェロドヴィンスクまで曳航される途中に沈没した。

ソ連核工場事故の汚染・被害

ソ連が一九四九年の原爆開発実験から崩壊一年前の一九九〇年十月までの四十二年間に行なった核実験は全部で七一四回。その内訳は大気圏内核実験が三六六回、地下核実験が三四八回である。このうち、ソ連の核実験の中心的な役割を担わされたセミパラチンスク核実験場における実験は四六七回で、ソ連の核実験総回数の三分の二を占めた。

その内訳は地上実験二六回、大気圏内核実験八九回、地下実験三五二回。その爆発威力の合計は一六・五メガトン（一メガトンはTNT爆弾一〇〇万トンの爆発力に相当する）。これは広島に投下された原爆（威力は約一万六〇〇〇トン）の一〇三一個分に相当する。一九四九年の第一回実験から十四年間は大気圏内核実験だった。

セミパラチンスク核実験場周辺地域の住民の間にガンや、奇形児の出産、乳児の死亡、甲状腺異常などの内分泌疾患が多発、ソ連保健省のセミパラチンスク放射線医学研究所によると、この核実験場周辺で健康被害を受けた住民は五〇万人を超える。また実験場周辺地域のガン発生率は通常の七倍にのぼっている。

北極海に浮かぶノバヤゼムリャ島のノバヤゼムリャ核実験場は一九五四年にソ連第二の核実験場となり、一九五七年から八九年までに大気圏内核実験九〇回、地下核実験四一回、合わせて一三一回の実験が行なわれた。

一九九一年十二月にはソ連が消滅し、独立国家共同体が誕生、セミパラチンスク核実験場と様々な健康障害を抱える膨大な数の被曝者がカザフスタン共和国に引き継がれた。冷戦時代の四十年間に実験が続けられたセミパラチンスク核実験場は世界で最も大規模な放射能汚染の起こった核実験場の一つである。

放射性廃棄物の海洋投棄

条約で核のゴミ投棄を禁止

第二次世界大戦後、欧米諸国やソ連、日本などは放射性廃棄物をドラム缶ごと海洋に投棄した。国際原子力機関（ＩＡＥＡ）の発表によると、戦後五十年足らずの間に世界の各国が海洋に投棄した放射性廃棄物の合計は一〇万トンを超えた。海洋投棄量が最も多かったのは英国で、世界全体の投棄量全体の八〇パーセントを占めた。二番目が海を持たないスイスだった。

放射性廃棄物の海洋投棄を世界で最初に始めたのは米国である。米国は一九四六年から「廃棄物その他の物の投棄による海洋汚染防止条約」（通称・ロンドン条約）が締結される一九七二年までの二十六年間、太平洋と大西洋に核廃棄物を投棄し続けた。米国の放射性廃棄物海洋投棄の事実と海洋投棄の実態は米国環境保護庁（ＥＰＡ）が投棄や汚染実態をひた隠しにしたものの、住民グループや学者などが「情報の自由法」（情報公開法）に基づいて調査した結果、一九七六年に明るみに出た。

これによると、一連の投棄のうち、サンフランシスコ沖五六キロメートルのファラロン島近海に投棄した四万七五〇〇本の低レベル放射性物質入りドラム缶が破損、そこから漏れ出した放射能が付近で捕獲した魚まで汚染していることがわかった。

この事実を知った米国環境保護庁（ＥＰＡ）は、一九七七年、密かに海底の汚泥や魚、海綿などの放射能汚染状況を調査し、調査資料一五件をカリフォルニア大学サンタクルス分校ジャクソン・デービス教授（環境生態学）に渡して報告書の作成を依頼した。

一九八〇年九月四日、共同通信ニューヨーク支局がデービス教授から入手した環境保護庁報告書の内容について報道した。それによると、ニュージャージー、デラウェア両州沖で一九七七年に採取した試料の中にはセシウム１３７が最高で乾燥土一キログラム当たり一〇四万ピコキュリーと、周辺の海底土の平常値の二十六万倍に達するものがあった。またファラロン島沖で一九七七年にソコダラの身から平常値の実に八五〇〇倍に当たる八・五ピコキュリー（最高値）の放射能を検出した。海綿やナマコ、イカ、カニなどからストロンチウム、プルトニウム90、セシウムが検出された。この汚染の事実が判明すると、米国は放射性廃棄物の海洋投棄を中止した。

欧州では英国が一九四九年に、オランダ、ベルギー、フランス、西ドイツの四カ国が一九五一年に、イタリア、スウェーデンが一九六九年に低レベル放射性廃棄物の海洋投棄を始めた。国際的な環境保護団体

旧ソ連の核兵器製造関係施設と放射性廃棄物投棄海域

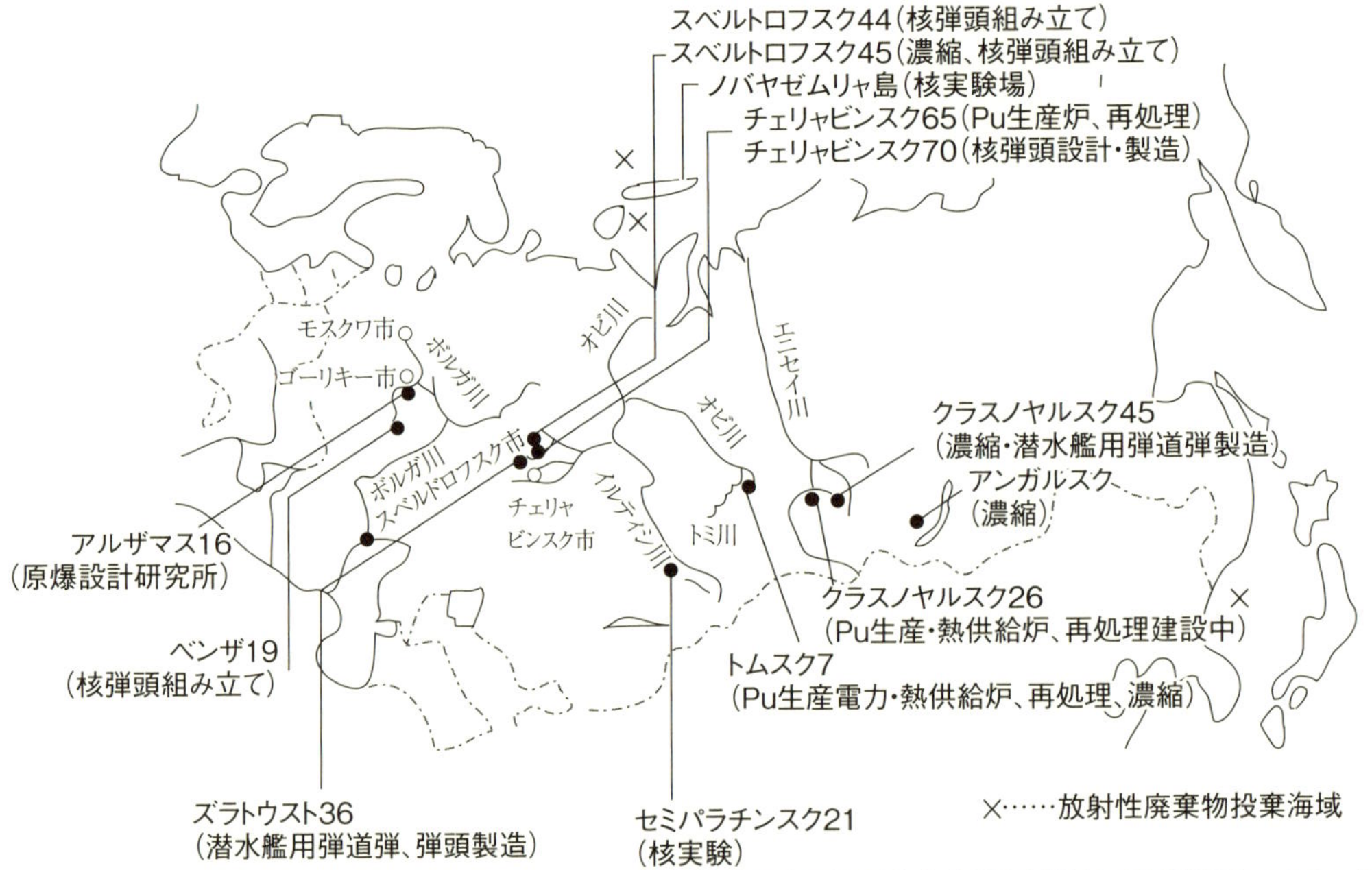

出所）田窪雅文作成・豊崎博光『蝕まれる地球』（平和のアトリエ、1995年）97頁

グリーンピースのマイク・タウンズリーらはフランス北西部の原子力施設ラ・アーグの沖、英仏海峡の深い海域に潜り、錆びて破損したり、廃棄物が流れ出して空っぽになったドラム缶などの衝撃的な投棄現場を写真に撮り、その映像を世界のマス・メディアに流した。

ちなみに日本は一九五五年から六九年にかけて房総沖や駿河湾などに医療用放射性廃棄物などが入ったドラム缶一六〇〇本以上を投棄したことが知られている。

先進工業諸国は一九七〇年代まで、陸上で発生した有害廃棄物の海洋投棄を規制する法制度を持たなかった。七〇年代初め、有害廃棄物の海洋投棄を国際条約によって規制する機運が生じ、七二年六月、スウェーデンの首都ストックホルムで開かれた「国連人間環境会議」で「海洋汚染防止条約案」が決議された。これを受けて同年十一月十三日、ロンドンで開かれた「政府間海事機構協議会」（ＩＭＣＯ）の会議で「廃棄物その他の物の投棄による海洋汚染防止条約」（通称・ロンドン条約）が採択され、一九七五年に発効した。

ロシアが老朽原潜・核廃棄物を投棄

東西冷戦の時代、ソ連が製造した多数の原子力船（原潜）が一九八〇年代半ば以降、老朽化した。一九八七年に締結された第一次戦略兵器削減条約では、ソ連の保有する原潜一六〇隻を二〇〇〇年までに解体することが決まった。急速に進む原潜の老朽化に、第一次戦略核兵器削減条約の削減義務が加わって、解体・処理すべき原潜原子炉と放射性液体廃棄物は増える一方だった。保管場所がないことによる環境汚染の恐れもあった。

ロシアの核廃棄物海洋投棄船「TNT - 27」（中央）を追跡、至近距離で投棄時に跳ね上がった放射能測定器の高い数値を示す「グリーンピース」のスタッフ。この映像が全世界に配信され、ロシアにこれ以上の投棄をやめさせた。1992年10月17日、写す。
Ⓒ Greenpeace

一九九一年十二月、ソ連が崩壊し、ロシアが解体工事を受け継いだが、ロシア発足後約十年間は、経済的な混乱や財政資金不足が続いた。国からの支給額が二割にも満たない年があり、従業員の給料が払えず、給料の代わりにパンを支給した。そこでロシア海軍は原潜の原子炉と、これに使われた低レベル放射性液体廃棄物などを日本海、カラ海、バレンツ海などに投棄し始めた。

ソ連海軍が一九五九年から一九九一年までの三十三年間に北極海や極東海域など旧ソ連海域に投棄した原子炉は一八基、高レベルや中・低レベルの固体廃棄物と液体廃棄物、機器類などは合わせて約九京二〇〇〇兆ベクレル（一京は一兆の一万倍）という驚くべき量にのぼった(7)。

投棄された一八基の原子炉のうち、一六基は一九六六年以降、北極海のカラ海とバレンツ海の海域三カ所に棄てられ、残り二基は一九七八年に福岡市の北方約七〇〇キロ、北朝鮮（朝鮮民主主義共和国）の沖合いの日本海（北緯四〇度一〇分、東経一三一度四〇分）の水深約一〇〇〇メートルに投棄された。ソ連は海洋投棄規制を決めた一九七五年のロンドン条約（前出）に同意し、一九八三年には核物質投棄全面禁止にも同意していた。ロシアによる放射性液体廃棄物や原子炉の海洋投棄は明らかにロンドン条約違反である。

一九九二年十月十七日、ロシアの核廃棄物海洋投棄船「TNT - 27」の航跡を調査船「pegas」(ペガス)など三隻で追跡していた国際環境保護団体「グリーンピース」の調査隊が「TNT - 27」による日本海中央部への核廃棄物投棄現場を撮影した。その映像がロンドンに送られ、通信社を経由して全世界に配信された。

翌十九日、斉藤邦彦外務事務次官がロシアのチジョフ大使を外務省に呼んで、投棄計画の中止を、投棄の完全禁止を実現するための措置への協力を申し入れ、翌二十一日、チェルノムイルジン首相はその後の核廃棄物投棄計画停止を正式に決定した。

一九九三年十一月八日にロンドンで始まった第十六回ロンドン条約締約国会議では、デンマークが一九九二年に提案していた「全ての放射性廃棄物海洋投棄の全面禁止案」が討議された。各国代表がロシアの行為を非難し、最終日の十二日、「放射性廃棄物海洋投棄の全面禁止」の決議が賛成三七、反対〇、棄権五の圧倒的多数で採択された。棄権したのはロシア、英国、フランス、ベルギー、中国の五カ国である。この決定により、放射性廃棄物の海洋投棄問題は決着を見た。

その後、ロシア政府はウラジオストック近郊の港湾に貯蔵量八〇〇トン程度の廃棄物貯蔵施設、処理プラント、セメント固化装置の三つを併せ持つ海上浮体施設を建設して放射性廃棄物を処理する意向を表明し、日本はこの施設建設費用を援助した。施設は一九九六年に完成した。北洋艦隊の「退役」原潜解体工事はドイツが二億ドル(約二〇六億円)の資金を援助した。

核の開発・軍拡競争は人類の愚行

これまで見てきたとおり、ソ連は核兵器の製造段階における核工場の爆発事故と核実験により環境を汚染した。そして東西冷戦時代に製造された核兵器が老朽化して使えなくなったという理由で、膨大な量の核兵器を海洋に投棄した。放射性廃液も投棄して公海の水質を汚染した。

そればかりか、米国とソ連の核兵器事故は第5章で詳述したとおり、驚くほどの頻度で発生し、環境を汚染した。核爆弾を搭載した爆撃機の事故や核爆弾を誤って落とした事故、原子力潜水艦が沈没した事故などの多発も、野放図な核軍拡競争が失敗だったことを如実に物語っている。

東西冷戦時代、熾烈な核開発競争で蓄えられた膨大な数の核兵器は、軍事力の誇示や核兵器操作の誤りなどから全面核戦争を誘発する危険性を孕んでいた。キューバ危機は、核ミサイル配備による威嚇の代表的な例である。キューバ危機では、人類は米ソ両超大国の僅かな数の政治指導者に、人類死滅の決定権を委ねたわけではないのに、彼らは人類滅亡の瀬戸際まで事を運び、全世界の人々に恐怖を抱かせた。

全面核戦争が勃発すれば人類の大半が死滅し、現代文明は完全に崩壊する。対ソ強硬政策と核軍拡競争の推進者だった保守政治家レーガン米国大統領でさえ、一九八二年十一月二十五日、上下両院合同会議で「核戦争は決して戦ってはならない。それなら核兵器を全面的に廃絶した方がいいのではなかろうか」と発言した。

一九四〇年代初め頃から始まった核兵器開発は、米国による広島・長崎への原爆投下、東西冷戦下の核軍拡競争、核保有国による合計二五〇〇回を超える核実験、これによる環境汚染と地域住民の健康被害などをもたらした。米ソ両国が半世紀にわたって推進した核軍拡には膨大な費用と有限の地下資源が使われたが、世界の大多数の人々の生活の向上や福祉の増大には何ら寄与しなかった。結論的に言えば、核兵器の開発・核軍拡競争は「人類の愚行」だった。

ところが一九八九年十二月の冷戦終結は核兵器と核戦争の廃絶の出発点とはならず、七十年経った今なお核廃絶の見通しが立っていない。そこで第7章で核反対運動と軍縮の動向を記述、終章では核廃絶に向けた近年の核反対運動の動向をたどり、あるべき核廃絶政策を考える。

第7章　反核運動と核軍縮の歩み

物理学者たちの核反対運動

アインシュタインの苦悩・後悔・自責

ノーベル賞受賞の理論物理学者、アインシュタインは、レオ・シラードらドイツやその勢力圏にあった国々から米国に亡命した原子物理学者の求めに応じて一九三九年八月、ルーズベルト大統領に宛てて「ナチスより先に米国が原爆開発を」と訴えた信書を送った（第2章に詳述）。

米国は、この信書を基に原爆を開発、対日戦争で広島と長崎に二発の原爆を投下し、合わせて約三五万人の死者と三十数万人の放射線障害者・負傷者などを出した。一九四五年八月六日の広島、九日の長崎への原爆投下の知らせを米国プリンストンの自宅で聞いたアインシュタインは「ああ、なんということだ」、「われわれは想像を絶する破局に向かっている」と言って深いため息をついた。

広島、長崎への原爆投下の瞬間からアインシュタインの自責と苦悩の日々が始まった。自らが核開発のきっかけを作ってしまったことに対する自責と後悔の気持を終生、抱き続けた。深い苦悩がにじんでいるのが、一九六五年、アインシュタイン六十一歳のときの次の言葉である。

「私は生涯において、一つの重大な過ちを犯した。それはルーズベルト大統領宛に原子爆弾をつくるよう勧める手紙にサインしたことである。私がボタンを押したのです」

アインシュタインがルーズベルトに原爆開発を勧めたときの心境は、どのようなものだったのか。彼は次のように告白している。

「原爆の開発に私たち科学者が協力したのは、人類の敵、ナチスが私たちより先に開発に成功するのを阻止するためでした。もし、そうなったら、あの残忍なナチスが、想像を絶する破壊を世界にもたらし、人類はナチスの奴隷に成り果てていたでしょう。原爆製造に成功した場合に人類にふりかかる恐ろしい危険を私は十二分に知っていました。しかしドイツが同じ問題を研究しており、しかも成功する可能性があるという状況に悩みぬいた末、ルーズベルト大統領宛の手紙にサインするという苦渋の決断をしました」ルーズベルトに信書を送ったのは、ドイツが原爆を製造するかもしれないという危機感があったからである。「ドイツが原爆製造に成功しないとわかっていたら、私は指一本動かさなかっただろう」と書いている。

アインシュタイン涙の訴え

アインシュタインは原爆投下から三年経った一九四八年、遂に核兵器廃絶のための行動を起こす決心をした[1]。果てしない自責・苦悩・後悔の念に苛まれていても、問題の解決には繋がらない。未来に向かって役立つ行動を起こさなければならないと心に決めたのである。その決心を明かした相手は日本のノーベル賞受賞の核物理学者、湯川秀樹だった。

オッペンハイマーもアインシュタインと同様にユダヤ人物理学者。二人は、かねてユダヤ人を迫害するナチス・ドイツへの怒りを持ち、互いに強い絆で結ばれていた。湯川に会いたいというアインシュタインの意向を聞いたオッペンハイマーは、アインシュタインに会わせるために湯川を米国に招いた。

湯川は少年時代の一九二五年十一月のアインシュタインの来日を機にアインシュタインに憧れ、彼のような核物理学者になることを夢見つつ物理学の勉強に励んだ。長い間、「アインシュタイン博士に一度、会いたい」との願いを抱いていた。湯川にとって、アインシュタインは自分をノーベル賞受賞の原子物理学者に育てあげてくれた恩人とも言うべき存在である。

湯川とオッペンハイマーとの間にも強い絆が培われていた。一九三五年、湯川が二十八歳のときに発表した論文「素粒子の相互作用について」は革新的な論文であるにもかかわらず、無視されていた。このとき、オッペンハイマーが湯川論文の重要性を認めて世界に紹介、このことが戦後日本最初のノーベル賞受賞（一九四九年十二月）につながった。

一九四八年、湯川はプリンストン高等研究所を訪ね、アインシュタインと念願の出会いをかなえた。アインシュタインが湯川と会うのは初めて。握手した後、こう言った[2]。

「湯川博士、私はナチスが原爆を開発して戦争に使うことを心配しすぎてルーズベルト大統領に原爆開発を勧めた。その結果、開発された原爆はヒトラーのドイツとの戦争に使われず、対日戦争に使われ、多数の罪もない日本人を殺戮する結果となってしまった。まことに申し訳ない」

目から大粒の涙が流れていた。アインシュタインは、その後こう続けた。

「核兵器の開発に歯止めをかけなければ、爆発威力のより大きい兵器をどんどんつくっていくだろう。そうなれば人類の滅亡につながる恐れがある。そうならないように、今のうちに核兵器を廃絶する必要がある。核廃絶を実現するためには、世界が一つになること、つまり世界が一つの連邦国家になることしかない。私たちは核兵器の廃絶のために全力を挙げよう」

核兵器が世界大戦に使われることへのアインシュタインの危機感は強かった。核兵器の使用による全面的破壊を回避しなければならないという強い気持を彼は次のように表明している。

「私は世界政府を提唱します。なぜなら、人類がこれまでにあったもっとも恐ろしい危険を取り除くために取り得る道はほかにないと確信しているからです。全面的破壊を避けるという目的をほかのどんな目的よりも優先しなければなりません」[3]

アインシュタインは、このような考え方から一九四六年、バートランド・ラッセル、アルベルト・シュバイツァーなどのノーベル賞受賞者とともに「世界連邦政府運動」に参加した。第二次世界大戦後に世界連邦樹立を求める運動が展開された最大の原因は、アインシュタインの言うとおり、核爆弾の出現にあった。戦後、創設された国際連合では、安全保障理事会を構成する大国が拒否権を持って対立するため、平和を維持できないと見ていた。

次に世界的な戦争が起これば、核爆弾が使われることは、ほとんど疑いがない。戦争を防ぐ唯一の方法は戦争を平和的に処理することができる世界政府を樹立することであるというのが、この運動の基本的な考え方である。

一九四七年、アインシュタインは第二回国連総会に公開状を送り、国連を超国家的な権威を持つ世界政府に改造することが必要であると主張した。そして翌四八年十月、ヨーロッパには欧州連邦を創設することが望ましいと考えた。「経済的または技術的な状況を考えれば、ヨーロッパ連邦の創設が必要である」と書いている。[4] 一九六七年七月、欧州共同体（ＥＣ）が創設され、それが一九九三年十一月、欧州連合（ＥＵ）に発展したことを考え合わせると、アインシュタインの構想には先見の明があったと言えるだろう。

しかしアインシュタインや湯川らの願いをよそに、一九五三年八月十二日、ソ連が原爆よりはるかに大きな威力をもつ水爆を開発、これを追って翌五四年三月一日、米国がビキニ環礁で水爆実験を行なった。米ソ両国の冷戦がエスカレートし、核兵器の拡張競争が激化し始めた。

湯川は核兵器の問題を「少なくとも今後、相当期間にわたって、人類の解決すべき最大の問題であることは、もはや疑いを容れる余地のないほど明確になってきた」と五四年三月三十一日付『毎日新聞』に書き、さらに次のように述べて人類的共同体、すなわち世界政府を樹立する必要性を説いた。

「原子力の脅威から人類が自己を守るという目的は、他のどの目的より上位に置かれるべきではなかろうか。(中略)原子力の問題は人類の全体としての運命にもっと真剣に関係する新しい問題として扱われてきたのである。それを転機として、人類の各員が運命の連帯に深く思いをいたし、力の脅威から自己を守る万全の方策を案出し、それを実現することに、いままでよりもはるかに大きな努力を払わなければならない段階に入ったのである。そしてそれは人類がその繁栄と幸福とに、もっと直接に繋がる人類的共同体の実現への大きな一歩を踏み出すことでもあるのではないだろうか」

湯川のいう「人類の一員として」という言葉は、後の「ラッセル・アインシュタイン宣言」のキーワードであり、「パグウオッシュ会議」でも運営指針になっている。

ラッセル・アインシュタイン宣言

七十六歳のアインシュタインは一九五五年に入り、動脈瘤の破裂で死の床に就いた。アインシュタインは科学者一人の名で核兵器禁止を訴える宣言の署名をすることを遺言として呼び掛けていたが、残された力を振り絞るかのようにして四月十一日、宣言にサイン、十八日に息を引き取った。サインされた宣言には、

「ここに、正真正銘の、恐ろしくて、避けることのできない問題を提起する。人類を終わらせるか、人類が戦争を放棄するか」

と書かれていた。

アインシュタイン死去の約三カ月後に当たる五五年七月九日、核による人類の絶滅を恐れる英国の哲学者バートランド・ラッセルは、アインシュタインが死の一週間前に署名した「ラッセル・アインシュタイン宣言」を湯川秀樹博士ら世界的に著名な九人の科学者とともにロンドンで発表した。この宣言はアインシュタインが人類に向けて発した遺言状とも言うべきものである。

宣言は米ソの水爆実験競争という世界情勢に対処するため、各国首脳に核戦争勃発防止と戦争の絶滅を次のように訴えた。

人類として、私たちは次のことを忘れてはならない。すなわち、もし東西間の問題が何らかの方法で解決され、誰もが何らかの可能な満足を得られなくてはならないとすれば、それらの問題は戦争によって解決してはならない。

私たちの前には、もし私たちがそれを選ぶならば、幸福と知識の絶えまない進歩がある。私たちの争いを忘れることができないからといって、その代わりに、私たちは死を選ぶだろうか。私たち（宣

言署名者）は人類として、人類に向かって訴える――あなたがたの人間性を思い出し、そしてその他のことを忘れなさい、と。もしそれができるならば、道は新しい楽園へ向かって開けている。もしできないならば、あなたがたの前には全面的な死（全体的破滅）の危険が横たわっている。

決　議

私たちはこの会議（後のパグウォッシュ会議）を通じて世界の科学者たちおよび一般大衆に、以下の決議に署名するよう勧める。

将来の世界戦争では、必ず核兵器が使用されるだろう。核兵器は人類の存続を脅かしている。私たちは世界の諸政府に、世界戦争によっては目的が達成されないことを自覚し、このことを公然と認めるよう勧告する。またあらゆる紛争を平和的に解決する手段を見出すよう勧告する。

一九五五年七月九日　ロンドンで

M・ボルン教授（ノーベル物理学賞）
P・W・ブリッジマン教授（ノーベル物理学賞）
A・アインシュタイン教授（ノーベル物理学賞）
L・インフェルト教授
F・ジョリオ＝キュリー教授（ノーベル化学賞）
H・J・ムラー教授（ノーベル生理学・医学賞）
L・ポーリング教授（ノーベル化学賞）

C・F・パウエル教授（ノーベル物理学賞）
J・ロートブラット教授
B・ラッセル卿（ノーベル文学賞）
湯川秀樹（ノーベル物理学賞）

パグウォッシュ会議

核廃絶を悲願とするアインシュタインの強い遺志はオッペンハイマーや湯川秀樹らに受け継がれた。湯川はこの宣言を受けて一九五七年七月八日、「第一回・科学と世界問題についての科学者会議」をカナダの漁村パグウォッシュ（ノバスコシア州）で開催した。これが科学者で構成する核兵器反対組織となり、第一回会議の開催地にちなんで「パグウォッシュ会議」と呼ばれるようになった。

アインシュタインが湯川に託した願い、「世界連邦の建設による核廃絶運動」にも湯川らは取り組み、一九六三年、第一回世界連邦大会を開催した。湯川は、この会議で、

「原子力の問題は人類全体の問題である。この問題の根本的な解決は人間の心の中から始まらなければならない」

と訴えた。しかし世界連邦建設運動は発展しなかった。

一九八一年、米国の空母による日本への核兵器持ち込みの事実が明らかになると、湯川は危機感を強め、最後の力を振り絞って「パグウォッシュ京都会議」を企画・開催したが、体調を崩し、三カ月後、七十四年の生涯を閉じた。

レオ・シラードは一九五八年の第二回パグウォッシュ会議で、原子爆弾を保持したまま平和を維持するいわゆる核抑止論を提唱した。この核抑止論は湯川秀樹など、核兵器を「絶対悪」とする学者から厳しい批判を受けた。レオ・シラードは一九六〇年に訪米したソ連首相フルシチョフと二時間会談、終戦直後から訴えてきた米ソ間にホットラインを開設するよう提案、これが後に実現した。

パグウォッシュ会議では核兵器廃絶を訴えるラッセルを中心とする人たちと、核兵器との共生・核抑止論を求めるレオ・シラードらとの対立が鮮明化し、一九六四年の第十二回会議ではシラードらの唱える最小限抑止の原則が全面軍縮に至る最も有用な道であるとされた。

苦難続きのオッペンハイマー

一九四九年八月二十九日、ソ連が原爆実験に成功、核保有国になった。米国連邦捜査局（ＦＢＩ）はソ連が予想以上に早く原爆を開発できたのは米国の原爆開発の機密情報がソ連に漏洩したためではないかとみて同年秋、捜査を始めた。翌五〇年二月二日、クラウス・フックスがロンドンで逮捕され、スパイ活動を供述した。

この直後、アチソン国務長官はオッペンハイマーを呼び出し、こう言った。(5)

「あなたの同僚のフックスがロンドンで逮捕され、ソ連に機密情報を流していたことを自供したというショッキングなニュースが入ってきました。フックスがどのような情報に接する機会があったのか、大統領があなたから直接報告を聞きたいそうです」

フックスは米国の「マンハッタン計画」の業務で入手した核開発機密情報を英国とソ連に漏らしたスパ

イとして裁判で機密漏洩罪を言い渡され、刑に服した。

オッペンハイマーは原子力委員会諮問委員会の委員長就任後の一九五〇年一月、トルーマンが原爆よりもはるかに大きな威力を持つ水爆の開発を決めると、水爆の開発に反対した。四年後の一九五四年四月十二日、原子力委員会が開いた「オッペンハイマー聴聞会」でも、彼は「水素爆弾は軍事的にも倫理的にも問題が多い」として水爆開発に反対した。この聴聞会は事実上、オッペンハイマーを裁く非公式の裁判だった。

水爆開発反対は原子力委員会の大勢を占めたが、オッペンハイマーが水爆開発に反対したことは、その後の彼の立場を悪くした。この頃、ジョセフ・マッカーシー上院議員が冷戦を背景に、「赤狩り」を強行、その影響でフーバーFBI長官はオッペンハイマーがスパイ行為はしていないにもかかわらず、「オッペンハイマーはソ連のスパイだ」と誹謗した。

そのうえライバル意識の強い水爆開発推進派のエドワード・テラーがオッペンハイマーに不利な証言をした。その結果、オッペンハイマーは「国家機密を漏らす恐れのある危険な人物」の疑いがかけられ、事実上、公職から追放された。オッペンハイマーが核開発の仕事を追われた後、テラーが水爆開発の中心的役割を担った。

オッペンハイマーは公職を追放された後もなお、核廃絶と平和への願いを抱き、「人類の絶滅を前に一筋の希望があるとすれば、それは核に対する人々の危機意識を一つにすること以外にはない」などと訴え続け、一九六七年二月十八日、六十二歳で波乱の人生を閉じた。

ジョン・ケネディ大統領時代の一九六一年、米国政府は五十七歳のオッペンハイマーにエネルギーの開発、使用、生産に関する業績を讃えるエンリコ・フェルミ賞（米国エネルギー省が賞金二七万五〇〇〇ドルとノーベル物理学賞受賞エンリコ・フェルミの肖像入りの金メダル授与）を贈り、事実上の公職追放撤回を図った。

ゲッティンゲン宣言

一九五七年四月十二日、西ドイツの核物理学研究者一八人がゲッティンゲンで当時のコンラート・アデナウアー首相とフランツ・ヨーゼフ・シュトラウス国防相に対して「核武装に反対し、核兵器の製造と使用に一切協力しない」という声明を発表した。

この声明の背景には東西冷戦の激化と西ドイツの核兵器配備問題がある。一九五五年五月五日、国家主権の回復を定めたパリ協定が発効し、東西冷戦の最前線に立たされた。西ドイツは北大西洋条約機構（NATO）に加盟した。翌六月、西ドイツは国防省を設置、連邦軍を編成して再軍備を開始した。急ピッチで進む再軍備と軍備の増強に、国民の多くが危機感を抱いた。ウラン原子核の発見者の一人オットー・ハーンは一九五五年一月頃までに多くの人から「科学者が原子戦争の危機に対してなぜ沈黙しているのか」という手紙を受け取り、これに応える論説を書いた。それは核分裂で放出されるエネルギーを核爆弾の開発に利用すべきではないという内容だった[6]。

知人が北西ドイツ放送局にハーンの放送を依頼した結果、ハーンの講演が二月十三日、同放送局のラジオを通じてデンマーク、ノルウェー、英国で放送された。放送は大きな反響を呼び、新聞や雑誌も記事を掲載した。

ハーンはアピールの効果をより大きくするため、ノーベル賞受賞者会議のメンバーに呼び掛ける必要があると思い、同僚の数人にそのことを提案した。同僚たちの賛同が得られ、ハーンがノーベル賞受賞者たちに西ドイツの核武装反対の署名を求める手紙を郵送した。(7)

こうしてノーベル賞受賞の核科学者一八人の核武装反対署名が集まった。署名簿には、量子力学に絶大な貢献をした理論物理学者ヴェルナー・ハイゼンベルク、フォン・ワイツッカー、X線が電磁波であることを示した業績で知られるマックス・フォン・ラウエ、英国の理論物理学者で、量子力学の初期における立役者の一人マックス・ボルン、ニールス・ボーア(前出)、フリッシュ・シュトラスマン(同)らが名を連ねた。(8)

「ゲッティンゲン宣言」は要旨次のような内容である。

(1) いかなる戦術的原子爆弾あるいは原子砲弾でも、広島を破壊した最初の原子爆弾と同程度の威力を持っている。今日では戦術原子兵器は多数使用可能であるから、全体としてみれば、それらの破壊力は、さらにはるかに強大であるに違いない。

(2) 一発の水素爆弾はルール地方程度の広域を相当期間、居住不能にしてしまう。水爆は放射能の拡散によって今日すでにおそらく連邦共和国(西ドイツ)の住民を全滅させてしまうことができるだろう。この危険から多数の市民を確実に保護し得るような技術的手段を私たちは知らない。

(3) 水素爆弾に対する両陣営の恐怖心が世界平和の維持に一定の役割を果たしていることを私たちは否定しない、しかし、このような平和維持の方法は長い目で見れば認めがたいものであると考える。

(4) 連邦共和国(西ドイツ)のような小さな国が最もよく守られるのは、いかなる種類の核兵器の保有をも断念することである。以下に署名するものは誰も、いかなる場合にも。いかなる形においても、原子兵器の生産、実験あるいは配置に決して参加しないことを宣言する。

「ゲッティンゲン宣言」を受けて、野党社会民主党は労働組合とともに西ドイツに配備された米国の核兵器の撤去を訴え、全国各地で運動を繰り広げた。「宣言」の四カ月後に当たる八月、ソ連がモスクワ～ニューヨーク間を超える射程距離八〇〇〇キロメートルの大陸間弾道ミサイル（ＩＣＢＭ）の開発に成功、東欧に弾道ミサイルを配備した。

これに対抗してＮＡＴＯが米軍の大陸間弾道ミサイルの核弾頭を西欧に配備した。東西冷戦の最前線に位置する西ドイツでは一九五八年三月二十五日、連邦議会が国防軍の核武装を決定、さらに西ドイツ各地に新たな核ミサイルや核弾薬庫、核部隊司令部、核防空壕、核爆撃機飛行場などの設置や配備を次々に決定した。東西両陣営の核兵器配備競争により、欧州では緊張が強まり、人々は核戦争勃発の不安に怯えつつ生活しなければならなかった。「ゲッティンゲン宣言」は平和を希求する欧州の人々の願いを代弁するものであった。

フレデリック・ジョリオ＝キュリーの闘い

フレデリック・ジョリオ＝キュリーはフランスの原爆開発に反対したため、米国のマッカーシー旋風のあおりで原子力委員会委員を辞めさせられた。以下に、フレデリック・ジョリオ＝キュリーの核兵器との闘いを見る。

フレデリック・ジョリオは、ピエール・キュリーとマリー・キュリー夫妻の長女イレーヌと知り合い、結婚、二人の旧姓を組み合わせた「ジョリオ＝キュリー」とした。一九三四年に妻イレーヌと共に、アルミニウムにアルファ線を照射する実験で世界初の人工放射性元素であるリンの合成に成功、一九三五年、夫婦でノーベル化学賞（キュリー家三つ目の受賞）を受賞した。

翌一九三六年、イレーヌは反ファシズム人民戦線のレオン・ブルム内閣の科学担当閣僚となり、女性の権利獲得運動に取り組んだが、二カ月後に辞任、母マリーの後任としてパリ大学教授に就任し、母の創設したラジウム研究所での研究生活に戻った。

フレデリックは第二次世界大戦中の一九四〇年末、レジスタンス運動に参加、学者のレジスタンス運動のパイオニア的存在となった。戦後はフランス国立科学研究センター総裁に就任すると共にフランス原子力庁に入庁、コレージュ・ド・フランスの教授を務めた。

一九四九年四月、パリとプラハで第一回平和擁護世界大会が開かれた。同年九月、ソ連が原爆実験に成功、翌五〇年一月、ハリー・トルーマン米国大統領がこれに対抗して水爆製造命令を出すなど米ソを中心とした核軍備競争が拡大し、国際緊張が年を追って高まった。

一九五〇年三月、フレデリック・ジョリオ＝キュリーはスウェーデンの首都ストックホルムで開かれた平和擁護世界大会の常任委員会で各国代表に対し「核兵器を禁止する請願書に全ての人々が署名しよう」と呼び掛け、各国代表がこれに応えて次のような「ストックホルム請願書」（ストックホルム・アピール）を採択した。

(1)　わたしたちは人類に対する威嚇と大量殺戮の武器である原子兵器の絶対禁止を要求します。

(2) わたしたちはこの禁止を保証する厳重な国際管理の確立を要求します。
(3) わたしたちはどんな国であっても最初に原子兵器を使用する政府は、人類に対して犯罪行為を犯すものであり、その政府は戦争犯罪人として取り扱います。
(4) わたしたちは全世界の全ての良心ある人々に対し、このアピールに署名するように訴えます。

「ストックホルム請願書」には世界の約五億人が署名した。

翌一九五一年、平和擁護世界大会委員会が改組されて世界平和評議会が発足した。この組織は初代議長にはフランスの原子物理学者フレデリック・ジョリオ＝キュリーが就任、一九五八年まで議長を務めた。一九五四年三月、オーストリアの首都ウィーンで開かれた世界平和評議会理事会では平野義太郎が米国のビキニ環礁における水爆実験による「第五福竜丸」乗組員の放射能被曝について報告し、ビキニ事件宣言が発表された。翌五五年一月、ウィーンで世界平和評議会拡大執行局会議を開催、核戦争の準備に反対するウィーン・アピールを発表した。

フランス原子力委員会が創設されると、フレデリックは化学部門の責任者に就任した。しかし米国で吹き荒れたマッカーシー旋風は、フレデリックがフランス共産党員であることを問題視し、「赤狩り」のターゲットにした。一九五五年、フレデリックは同委員会委員長を解任された。

フレデリックは一九五七年七月のパグウォッシュ会議の創設（前出）にメンバーの一員として関わるなど一貫して核兵器に反対し続け、翌五八年、白血病がもとの肝臓病で、この世を去った。放射性物質の研究のために白血病に罹患し、死亡したのは義理の母マリー、妻イレーヌに次いでキュリー家で三人目である。いずれも長い間放射性物質の研究で被曝したためである。

旧ソ連「水爆の父」サハロフの闘い

核物理学者、アンドレイ・サハロフ（一九二一〜一九八九）は若くしてソ連の水爆開発に大きな寄与をし、三十二歳の若さで科学アカデミー会員になったが、自らが開発に関わった核爆弾の爆発実験が大気汚染を引き起こし、多くの住民が放射能障害を受けることに気づき、フルシチョフ首相に核実験の中止を進言、二人の間に激しいやり取りが行なわれた。フルシチョフは核実験をやめなかったが、この論争で核実験に問題のあることを知り、それが一九六三年の「部分的核実験停止条約」の締結につながった[9]。

ブレジネフ政権下の一九六八年、『進歩、平和的共存、知的自由に関する考察』と題する印刷物で、ソ連の民主化を求める発言を公然と始め、それが西側で出版された。このためサハロフは核開発の仕事から科学アカデミー物理学研究所勤務に配置換えされた。一九七〇年には他の二人と人権委員会を結成して人権擁護活動を開始した。

このような活動に対し、ノーベル平和賞が与えられたが、ソ連では、かえって迫害が強まった。一九八〇年一月には最高会議幹部会議長命令で国家的栄誉を剥奪されたうえ、流刑に処された。一九八八年、欧州議会はサハロフの言論・思想の自由擁護の活動を讃える「サハロフ賞」を設けた。ペレストロイカを推進するゴルバチョフ書記長時代の一九八六年十二月、サハロフは流刑を解かれてモスクワに戻り、科学アカデミーから人民代議員に選出され、熱弁を振るうまでになった。

波乱に満ちた、その生涯は核の時代のソ連社会の移り変わりを映す鏡のようなものであった。

「第五福竜丸」事件と核実験反対運動

乗組員二三人が「死の灰」被曝

前述したように、一九五四年三月一日、マーシャル諸島ビキニ環礁で米国が実施した水爆実験では、米軍が設定した「危険区域」外で漁を営んでいた日本のマグロはえ縄漁船「第五福竜丸」の乗組員二三人全員が「死の灰」を浴びて急性放射能症を起こした。

このビキニ水爆実験で放出された放射能は南太平洋に留まらず、北太平洋の広範な水域にまで及び、一九五四年三月から十二月までの十カ月間、太平洋の各海域で放射能汚染魚が漁獲された。焼津港に荷揚げされたマグロやサメは、「第五福竜丸」帰港の翌日、三月十五日に東京、大阪等の市場に出荷されたが、翌十六日朝、これが放射能汚染マグロやサメであることがわかり、「原爆マグロ」の問題が新聞、ラジオを賑わせた。

十八日、水産庁が築地、焼津、清水、三崎、塩釜の五港を「遠洋漁業陸揚港」に指定、この五港でビキニ海域を通過した日本漁船から水揚げされたマグロ、サメ、サバ、カツオ、イカなどの検査を開始し、放射能汚染魚を大量に廃棄処分した。汚染漁船の実数は、その後の厚生省の調べで四七三隻、廃棄されたマグロは四五六トンを超えた。厚生労働省は二〇一五年度に改めて被曝した漁船の追跡調査することになった。

ビキニ水爆実験から一カ月後の四月一日、衆議院、五日に参議院で原水爆実験の禁止を求める決議がなされ、十月二十二日までに全国四六都道府県の全てと一六九市九二町村で決議が行なわれた。

インドのジャワハルラル・ネール首相は一九五四年三月二十九日、核兵器を持つ国々に対して核実験の停止を呼びかけ、四月十八日からインドネシアのバンドンで開かれた「アジア・アフリカ諸国会議」（参加国・日本を含む二四カ国）は最終コミュニケの中で、「軍縮および原子核・熱核兵器の製造・実験・使用の禁止が人類と文明を全面的滅亡から救うために緊急に求められている」と指摘、核戦争発生の危険に対する注意を喚起した。

世界に広がった原水爆禁止運動

「第五福竜丸」乗組員の被曝事件は広島、長崎の原爆被災に続く「日本の三度目の核兵器被害」と受け止められ、東京・杉並区の主婦たちが核実験反対の署名運動を始めた。ビキニ実験から二カ月後の五月十六日から二十日にかけて降った雨には京都で最高八万七〇〇〇カウント、東京で三万カウント、鹿児島で二万三〇〇〇カウントという高濃度の放射能が検出された。カウントはガイガー計数管で計測される放射線の単位。生体への被曝度を知るには、毎分のカウント数をシーベルトに換算すればよい。漁船員の被曝に放射能雨が加わり、原水爆実験反対は国民の世論となった。

署名運動の輪は久保山の死後、全国に広がり、一九五五年一月十六日、署名数が二二〇〇万人を突破、八月の「第一回原水爆禁止世界大会」までに全国の成人の半数以上に当たる三二五八万三一二三人に達した。八月八日、「原水爆の脅威から生命と幸福を守ろう」と「原水爆禁止署名運動全国協議会」が結成された。代表世話人には学士院院長山田三良、ノーベル賞受賞の核物理学者湯川秀樹、事務局長には「杉並

協議会」の安井郁が就任した

一九五四年十一月二十四日、アジア・アフリカ諸国は国連総会に対し「核兵器使用禁止を求める決議」を一一カ国共同提案の形で提出、この決議が賛成五五カ国、反対二〇、棄権二六カ国で採択された。全世界の原水爆禁止署名数は五五年春の時点で六億六〇〇〇万人。日本から始まった原水爆禁止署名運動は世界人口約三五億人の六分の一という膨大な署名数に発展した。

八月六日、広島で第一回原水爆禁止世界大会が開催された。大会出席者は日本国内から二五七五人、海外から米国、ソ連、中国など一四カ国、五二人。大会宣言には「原水爆が禁止されてこそ、真に被害者を救うことができます」と被爆者救済の必要性が盛り込まれた。

米国が「原子力の平和利用」を推進

ビキニ水爆実験による「第五福竜丸」乗組員の被曝事件は日本の人びとの間に原水爆実験反対の声を強めると同時に、対米感情の悪化をもたらした。米国国防省は「第五福竜丸」乗組員の被曝事件によって日本で反核運動と反米の動きが高まったことを憂慮し、警戒した。

一九五四年四月二十七日に開かれた米国家安全保障会議の作業部会では、反核運動と反米感情の高まりを抑え込むために、原子力の平和利用博覧会を日本で開催する方針が決まった。原子力の平和利用は主に原子力を発電に利用すること、すなわち原子力発電を意味した。

実は、この頃、米国とソ連は原子力発電開発と原子力協定締結国獲得の陣取り合戦を始めていた。一九五一年、ソ連政府はオブニンスクに試験的な原子力発電所（原発）を一年以内に建設するよう当局に命じ、この分野では米国に先行していた。ソ連が世界最初のオブニンスク原発を完成したのは、一九五四年六月だが、ソ連は完成前から勢力圏にある国々と原子力協定を結び原子力発電技術を提供する動きを見せていた。

原子力の平和利用でソ連に遅れを取った米国は一九五三年十二月八日、ドラスチックな政策を打ち出した。アイゼンハワー大統領が国連総会で次のように原子力の平和利用における国際協力を提唱したのである。

第１回原水爆禁止世界大会を報じる日本の新聞。

「核問題に関係する主要国は、貯蔵するウランと核分裂物質を国連のもとに設置される国際原子力機関（ＩＡＥＡ）に提供する。国際原子力機関は、これを貯蔵し、保護する責任を負うものとする。

国際原子力機関はまた、電力が不足している地域に配慮しながら原子力の平和利用を進め、人類に恐怖をもたらすのではなく、人類のニーズに応える活動をすべきである」

米国はソ連と直接交渉を始め、翌五四年、米ソ両国は原子力機関の設置について合意に達した。国際原子力機関は五七年七月二十九日に設置される。

米国はアイゼンハワーの国連演説を受けて一九五四年以降、西側諸国約五〇カ国で原子力平和利用展覧会を開催し、展覧会場に足を運んだ人の数は一〇〇〇万人を超えた。この博覧会の開催は原子力産業界にとって、またとない商機だった。ジョン・ホプキンスの経営する軍事企業「ジェネラル・アトミックス」の働きかけにより、米国政府も研究用原子炉の輸出を国益追求のための世界戦略と位置付けた。

こうして米国は一九六〇年代までに政府と原子力産業界が一体となって世界三三カ国に原子炉を輸出した。

一方、ソ連も自国の勢力圏にある国々との間に原子力協定を次々に結び、米ソ間に熾烈な陣取り合戦が繰り広げられた。原子力協定締結国獲得合戦は、いわばもう一つの東西冷戦だった。しかし両国がしのぎを削って輸出した研究用原子炉は、今では原発廃棄物プルトニウムを生み出し、核テロ集団がそれを核兵器製造材料として使う危険性が出ている。

米国が日本で原子力平和利用博覧会の開催を計画したのは、ちょうどこの時期であった。米国の国務省や中央情報局（ＣＩＡ）には、「第五福竜丸」乗組員の被曝事件を機に盛り上がった核実験反対運動と日本人の反米感情の高まりに対抗するために原子力平和利用展覧会を役立てたいという意向が強かった。読売新聞社は米国の意向に応え、米国と密接に連絡を取り合って各地で博覧会を開催した。

原子力の平和利用博覧会は一九五七年九月までに全国十一都市で開催され、博覧会来場者の合計は二六〇万人を超えた。原子力の平和利用博覧会の開催を機に「原子力の平和利用」ブームが起こり、「第五福竜丸」事件の後、盛り上がった核実験や核兵器に反対する運動は下火になって行った。この後、米国政府は日本に原子力の平和利用、すなわち原子炉建設を促し、原発建設の動きが急ピッチで進められていく。

核配備・核戦争反対運動の広がり

第二次世界大戦後の冷戦の激化に伴い、東欧に隣接する西ドイツが東西両陣営の冷戦の最前線に立たされた。一九七七年、米国が西ドイツなどに中性子爆弾を配備する計画を発表、ソ連がこれに対抗して東欧に中距離ミサイル「SS20」を配備し始めた。北大西洋条約機構（NATO）はソ連に対し「SS20」の配備を制限する交渉に応じるよう求めた。

一九七九年十二月、NATO閣僚理事会は、ソ連がこれに応じなければNATOは欧州五カ国に巡航ミサイルを四六四基、西ドイツに中距離核ミサイル「パーシングⅡ型」を一〇八基配備することを決めた。西ドイツ、英国、オランダ、イタリアなどでは核戦争勃発への恐怖が人々を襲った。

NATO閣僚理事会は、この日、ソ連の中距離核ミサイル配備によって欧州に生じた東西核戦力の不均衡を是正するために、ソ連との軍縮交渉を同時に進めることも決定した。この決定は、「NATOの二重決定」と呼ばれた。西ドイツでは「核ミサイルが配備されれば、西ドイツが核戦争の最前線に立たされ、危険性が増す」として、この決定に反対する声が広がった。

翌八〇年十一月十五日と十六日の両日、ルール工業地帯の都市クレーフェルトで核ミサイル配備反対集会が開かれ、中部欧州への核ミサイル配備に反対する西ドイツ政府宛ての「クレーフェルト・アピール」を採択し、国民に署名を呼び掛けた。このアピールは約四〇〇万人の署名を集め、反核・平和運動に弾みを与えた。

一九八一年、核兵器の配備と、核戦争に反対する平和運動が世界に広がった。西ドイツでは同年十月十日、首都ボンのホーガルテン広場でプロテスタント組織の「平和への奉仕」部会（ＡＳＦ）が参加三〇万人規模の戦域核の配備反対集会を開催、二十四日にロンドンとローマ、二十五日にはブリュッセルで、それぞれ約二〇万人参加の戦域核配備反対集会を開いた。

核兵器・核戦争に反対する集会は一九八二年五月二十三日、広島でも開かれ、約二〇万が参加。東京では、この日、約四〇万人が参加してデモが行なわれた。

核兵器削減交渉と核軍縮条約の推移

米国が原爆を実戦に使ってから数えると、二〇一五年は七十年目。米国と旧ソ連が原爆の開発に着手してからでは七十二年になる。原爆の開発から始まった「核の時代」は第二次世界大戦後、東西冷戦の激化に伴い、米ソが核開発と核軍拡にしのぎを削る時代に変容し、国際政治が核兵器を中心に展開されるようになった。「核の時代」は以下の六つの時期に区分することができよう。

(1)「核の時代」の開幕期（米国の原爆製造開始から原爆投下まで（一九四三年七月〜一九四五年八月）

「核の時代」は米国が一九四三年七月、ニューメキシコ州ロスアラモスの砂漠の中の秘密軍事基地に国立ロスアラモス研究所を完成、三十八歳のロバート・オッペンハイマー博士が所長に就任して「マンハッタン計画」に基づく原爆開発を本格化させた時期から始まった。米国の原爆開発の当初の目的はナチス・ドイツの原爆開発・使用に先んじることだったが、ナチス・ドイツが原爆開発を中止したことなどから、

主な核軍縮条約（1963年以降、現在まで）

条約名（略称）	署名（調印）日	発効日	当事国数
1　多国間条約			
部分的核実験禁止条約（PTBT）	1963.8.5	1963.10.10	125
核兵器拡散防止条約（NPT）	1968.7.1	1976.6.8	190
包括的核実験禁止条約（CTBT）	1896.9.24	未発効	（151）
2　米ソ（ロ）二国間条約			
弾道弾迎撃ミサイル条約（ABM条約）	1972.5.26	1972.10.3	（2002.6.13 失効）
戦略兵器制限暫定協定（SALT Ⅰ）	1972.5.26	1972.10.3	（1972.10.3 失効）
地下核実験制限条約（TTBT）	1974.7.3	1990.12.11	
戦略兵器制限条約（SALT Ⅱ）	1979.6.18	未発効	
中距離核戦略条約（INF条約）	1987.12.	1988.6.1	
戦略兵器削減条約（STARTI）	1991.7.3	1994.12.5	（2009.12.5 失効）
第２次戦略兵器削減条約（START Ⅱ）	1993.1.3	未発効	
戦略攻撃兵器削減条約（SORT）	2002.5.24	2003.6.1	
新戦略兵器削減条約（New START）	2010.4.8	未発効	

米国は「マンハッタン計画」で完成した原爆を対日戦争に転用することになった。原爆は一九四五年七月の実験で完成され、翌八月六日に広島、九日に長崎に投下された。広島、長崎への原爆投下は「核の時代」の幕開けとなった。

二発の原爆投下はソ連の参戦と相まって日本の無条件降伏をもたらし、第二次世界大戦を終わらせた。しかし戦後直ちに米ソ両陣営間の対立が冷戦となり、米国は独占した原爆を対ソ外交に使った。

(2) 原爆実戦使用からソ連の原爆実験までの米国の核独占時代（一九四五～一九四九年）

原爆を独占保有した米国は先に述べたとおり、ソ連の勢力圏拡大を抑え込む外交手段として原爆を使った。原爆投下から僅か一年後の一九四六年七月一日、米国がビキニ環礁で開始した核爆発実験シリーズ「クロスロード作戦」はソ連の勢力圏拡大を抑止する政治的、外交的、心理的効果を狙ったものである。

かねて原爆開発を推進していたソ連は威嚇的な米国の核政策にひるむどころか、一層対抗心を強めて原爆開発を急ぎ、米国の原爆実験の四年後に当たる一九四九年八月二十九日、原爆実験に成功した。ソ連の原爆開発には米国の「マンハッタン計画」に従事していたスパイによる機密情報が使われた（前述）。

(3) ソ連の核保有から「核ミサイル時代」入り口まで（一九四九～一九五七年）

米国は予想外に早いソ連の原爆開発に危機感を抱き、トルーマン大統領が同年九月、原爆よりはるかに威力の大きい水爆の開発を指令した。ソ連が原爆を保有すると、核兵器の独占を基にした、それまでの外交は通用しなくなり、米ソ両国は核軍備拡張競争にしのぎを削った。一九五三年八月十二日、ソ連は水爆実験を行ない、成功した。この水爆開発はサハロフ、ゼリドビッチなどの核科学者が独自に考え出し、サハロフが設計したもので、原爆開発のときのようなスパイ活動によるものではなかった。

一九五七年十月、ソ連は世界最初の人工衛星「スプートニク1号」を打ち上げ、「スプートニク1号」を運搬した技術をそのまま新しい核弾道兵器として使った。「スプートニク1号」の打ち上げは核ミサイル時代の基礎確立を意味した。核ミサイルの開発でソ連に遅れを取った米国では「ミサイル・ギャップ論争」が生まれ、「恐怖の均衡」が認識され始めた。

焦る米国はソ連に追いつき、追い越そうと、ミサイル開発に全力を挙げて取り組んだ。その結果、アトラス、タイタン、ミニットマン、原子力潜水艦から発射するポラリスなどを続々開発、核弾頭の数は急増を続けた。こうして核ミサイルは野放図に増加した。世界の核弾頭保有数は一九五〇年代初めから急増、ピーク時の一九八六年には約六万六〇〇〇個にのぼった。

(4)「核ミサイル時代」とキューバ危機(一九五七〜一九六二年)

核ミサイル時代には敵の核弾道ミサイルを迎撃する核弾道弾迎撃ミサイル(ミサイル迎撃ミサイル。略称・ABM)と、これを突破するための「個別誘導複数目標弾頭」(MIRV)が開発され、米国とソ連がそれぞれ多くの大陸間弾道弾と潜水艦発射ミサイルを装備した。

一九六二年十月、ソ連がキューバに核ミサイルを持ち込んだことが発覚してキューバ危機が始まったことは第5章で扱った。先に述べたとおり、キューバ危機では、ケネディ大統領がフルシチョフ第一書記兼首相に対し、核戦争も辞さない強い姿勢でミサイル基地の撤去を求めて交渉した。交渉は難航、一時は全面核戦争勃発による人類の破滅か、それとも生存かの崖っぷちに立たされたが、ソ連側が核ミサイルの撤去に応じ、辛うじて平和が維持された。

(5) キューバ危機から東西冷戦の終結まで（一九六二〜一九八九年）

「部分的核実験停止条約」の締結を皮切りに、一九六八年七月一日に「核兵器拡散防止条約」（NPT）、一九七二年五月二十二日に「ABM制限条約」および「戦略攻撃兵器暫定協定」（SALTⅠ）、一九七四年六月二十七日に「地下核兵器実験制限条約」、「ABM制限条約付属議定書」、一九七六年五月十八日に「環境破壊兵器禁止条約」、一九七九年六月十八日に「第二次戦略兵器制限条約（SALTⅡ）」が締結された。それぞれの条約の目的と特徴について見て行こう。

キューバ危機後、両首脳は急速に接近した。一九六二年十二月十九日、フルシチョフ第一書記兼首相とケネディ大統領は地下核実験の年間査察回数について書簡を交換、さらにフルシチョフがケネディに書簡を送り、「大気圏内核実験の禁止に必要なら二〜三回の現地視察を認めてもよい」と提案した。核実験停止に対する両首脳の、こうした積極姿勢が条約締結の機運を一層、高めた。

翌六三年六月二十日、ホワイトハウスとクレムリンの間に直通電話（ホットライン）の設置が決まった。そして八月五日、核実験反対の署名運動が盛り上がりを見せる中、米国、ソ連、英国の三カ国は「部分的核実験停止条約」に調印した。「部分的核実験禁止条約」の調印は一〇六カ国となった。

「部分的核実験禁止条約」は六億の人々の核実験反対署名に見られる国際世論の高まりに、キューバ危機を切り抜けた経験を通じて築かれたケネディ、フルシチョフ両首脳間の信頼関係が加わって締結に漕ぎつけた。この観点に立てば、世界の一般大衆の核実験反対の声が署名活動を通じて「部分的核実験禁止条約」の締結に影響を与えたと言えよう。

条約交渉の過程で、米ソ代表は一時、地下実験も含めた全面禁止を主張したが、米国国防省は極秘に地下核実験実験を認めるようケネディ大統領を説得し、それが通った。この時、地下核実験も同時に禁止すれば、新兵器の開発がほぼ不可能になり、核兵器の規制問題は今とは違ったものになっていたことだろう。

条約により、大気圏内核実験はできなくなったため、米国とソ連は条約調印後、もっぱら地下実験を繰り返し、その実験回数も増えた。例えば米国は、この年の八月十二日から一九六六年六月三十日までの一年十カ月間に三つの作戦合計一〇三回の地下実験を行なった。一九七四年、米ソ両国は地下核実験の規模を制限する条約に調印した。

一九八八年二月、ソ連邦カザフスタン共和国にあるセミパラチンスク核実験場で、地下核実験の爆発と同時に放射性のガスが漏れ、地域の人々に健康被害が発生した。これをきっかけに核実験反対運動が活発化した。ソ連の崩壊とソ連邦を構成していた各共和国が独立の機運にあった一九九一年八月二十九日、ナザレバーエフ・カザフスタン共和国大統領は同実験場における核実験を永久に禁止する大統領令を公布、実験場の閉鎖が確定した。

《核兵器拡散防止条約》

一九六八年七月一日、核兵器を保有できる国を米国、ソ連（現、ロシア）、英国、フランス、中国の五カ国に限定し、それ以外の「非核兵器国」には核兵器の製造・取得を禁止する「核兵器拡散防止条約」が調印され、一九七〇年に発効した。この条約の目的は核兵器の開発、製造、保有を規制し、核兵器保有国の増加を防ぐことにある。

この条約の第六条では核兵器を減らすための交渉を誠実に行なうことを求めるとともに、「非核兵器国」が核兵器の製造禁止義務を順守しているかどうかを検証するため、国際原子力機関（ＩＡＥＡ）による包括的保障措置の適用を「非核兵器国」に義務付けている。また「非核保有国」が原子力発電所を建設する場合は、それが平和利用であるかどうか確認するための査察を国際原子力機関（ＩＡＥＡ）から受けることも義務づけている。

現在、核を保有している国は、条約で核を保有できるとされている五カ国の他に、「非核兵器国」とされているイスラエル、インド、パキスタン、北朝鮮の四カ国で、核兵器を保有できる国と合わせると、九カ国になる。

現在の国連加盟国の中で、この条約に加盟している国は北朝鮮（二〇〇三年一月、脱退）を含めて一九〇カ国。加盟していないのは、「非核兵器国」であっても核を保有しているインド、パキスタン、イスラエルの三カ国である。

《第一回国連軍縮特別総会》

一九六九年九月、ウ・タント国連事務総長は一九七〇年代の十年間を「軍縮の十年」とするよう提案し、それが十二月の国連総会で決議された。この決議の狙いは、軍拡競争の停止、核兵器とその他の大量殺戮兵器の制限、通常兵器の削減、安全保障に関する諸問題の処理のために各国が協力し、全面完全軍縮に向けての具体的な進展を図ろうというものだった。

「軍縮の十年」が終わろうとしていた一九七八年六月三十日、第一回国連軍縮総会の最終文書の第四項には、この十年間の活動を要旨次のように総括している。

「一九六九年、厳粛に宣言された軍縮の十年は終わろうとしている。遺憾ながら、軍拡競争は減退せず、激化しつつあり、それを抑制しようとする努力をはるかに上回っているので、当時総会によって設定された目標は今日も当時と同じように、あるいはさらに遠くなったように思われる。確かに、いくつかの限定された協定が結ばれたが、『核軍拡競争の速やかな停止と核軍縮のための効果的手段』は、引き続き人類の手に握られていない。さらに膨大な物的、人的資源が非生産的で急増する軍拡競争に浪費されており、僅かなりともそれを浮かせることができなかった。特にこうした軍拡競争は先進国ばかりでなく、発展途上国にも重い負担となっているので、これを経済的、社会的発展のために振り向けるべきである」

第一回国連軍縮総会は、このように失敗に終わったが、「軍縮の十年」は核軍縮の緊急性と重要性を強調し、今後も引き続き取り組まなければならないとしている。特別総会の最終文書の第一項には、このことが次のように書かれている。

「今日、核兵器の蓄積は、人類の将来を守るどころか、大きな脅威になっている。したがって、こうした状況に終止符を打ち、国際関係での力の行使を放棄し、軍縮による安全保障を求める時がきている。すなわち、現在の水準を引き下げることから始めて、段階的で効果的な過程を通じて軍縮に向かうべきである。軍拡競争を止め、実質的な軍縮を達成することは、第一義的に重要で緊急な課題である。このようゆな歴史的な挑戦に取り組むことは世界のすべての国および人民の政治的、経済的利益であるとともに、その真の安全と平和な将来を保障することにもなることである」

国連軍縮特別総会の最終文書が核軍縮を「最も緊急を要する課題である」とする理由は何か。最終文書は第四七項で次のように述べている。

「核兵器の存在は、人類および文明の存続にとって最大の危険となっている。核兵器をともなう戦争の危険をなくすには、核軍拡競争を全面的に停止、逆転させることが不可欠である。この点に関する最終目標は、核兵器の完全な廃絶である」

国連軍縮特別総会の最終文書は核兵器廃絶の必要性を実に的確に言い表わすとともに、核廃絶の目標に向けて何一つ見るべき進展がないことを認めている。この文書が出てから、今年で三十七年。核廃絶が人類と文明存続の最大の危険であること、および核廃絶が人類の悲願であることは、今も全く変わりがない。

国連は一九七八年の第一回軍縮特別総会の設定した「軍縮の十年」を終えたのち、一九八〇年代を「第二次軍縮の十年」と宣言、一九八二年六月、第二回軍縮特別総会を開いた。「第二次軍縮の十年」でも国連の活動によって実質的な軍縮の成果を得ることはできなかった。だが八〇年代には米ソの二大核大国間に「中距離核戦力全廃条約」が締結され、一九八九年には第二次世界大戦後四十四年間続いた東西両陣営間の冷戦と核軍拡競争に終止符が打たれた。

《戦略核兵器の制限・削減交渉》

米ソ間の戦略核兵器を制限するための交渉が一九六九年に開始され、三年間に及ぶ交渉の末、一九七二年五月、ニクソン大統領がモスクワを訪れ、ブレジネフ書記長と戦略核兵器制限暫定協定に調印した。これがＳＡＬＴＩである。

ここで言う戦略兵器は、米国とソ連の両本土間の最短距離五五〇〇キロメートルを超える射程を持つ兵器である。具体的に言えば、このような射程を持つ大陸間弾道ミサイル（ＩＣＢＭ）、潜水艦発射弾道ミサイル（ＳＬＢＭ）、戦略爆撃機のことである。

戦略核兵器制限暫定協定、すなわちＳＡＬＴＩは二つに分かれていた。一つは弾道弾迎撃ミサイル（ＡＢＭ）基地を米ソ両国が互いに二カ所に制限するＡＢＭ協定、もう一つは大陸間弾道ミサイル、潜水艦発射弾道ミサイル、戦略爆撃機の保有数を制限する暫定協定である。弾道弾迎撃ミサイル制限条約は、米ソ両国の全域に張り巡らすような弾道弾迎撃ミサイル・システムの配備を禁止することを目的に調印された。

《中距離核戦力全廃条約》

前に述べたように、ソ連の中距離核戦力（ＩＮＦ）の主力であるＳＳ20は射程が長く、西欧諸国を射程距離の範囲内に収めていた。しかも命中精度が高く、破壊力が大きかった。ソ連が先に、このＳＳ20ミサイルを欧州に向けて配備したため、ＮＡＴＯの同盟諸国間に脅威感が高まり、一九七九年十二月のＮＡＴＯ外務・国防相会議では、一九八三年末にパーシングⅡ一〇八発および地上発射巡航ミサイル（ＧＬＣＭ）四六四発を欧州諸国に配備することを決定し、同時に「第三次戦略兵器制限条約（ＳＡＬＴⅢ）」の枠内で中距離核戦力（ＩＮＦ）の制限交渉を行なうという決定をした。

核の配備と核の制限交渉を同時に進めるという、この政策は「ＮＡＴＯの二重決定」として欧州諸国の人々の反発を買い、この政策に反対する運動が盛り上がりを見せた。

一九八一年一月二十日、保守主義者で知られる共和党の前カリフォルニア州知事ロナルド・レーガンが大統領に就任し、当初、核軍拡を推進した。ソ連では一九八五年三月、ゴルバチョフがソ連共産党書記長に就任、四月から米国とソ連の関係の転換と核兵器の削減・核軍縮の実現を目指してレーガンとの首脳外交に力を入れ始めた。米ソは膨大な数の核兵器を所有しており、これを削減することが両国に求められていたのである。ソ連は自国の中距離核戦力の射程距離が米国には届かないのに対し、西側のＩＮＦがソ連の首都モスクワにまで届くことから、ソ連はＩＮＦの全廃を強く求めるようになった。

翌八六年一月、ゴルバチョフは「二十世紀末までに五年刻み三段階でいかなる核兵器も地上からなくす核廃絶を目標に掲げ、七項目の具体的な計画を提案した。四月二十六日、チェルノブイリ原発事故が発生、ゴルバチョフは制御を失った原子力エネルギーが惨状をもたらすことを実感、米ソ各軍拡競争を停止するため米ソ首脳会談の開催に全力を挙げることになった。八六年十月、レーガンとゴルバチョフはアイスランドのレイキャビックで首脳会談を行ない、戦略核兵力の五割削減などで基本合意した。ところがレーガンは、この合意の後、米国がいかなる制限もなく戦略防衛構想（ＳＤＩ。宇宙軍事計画）に関する全ての実験を行なう権利を持つと主張、ゴルバチョフがこれに強く反対した。レーガンがＳＤＩに強く固執したため、レイキャヴィク会談は何の成果も生まれなかった。しかし米ソ両国は中距離核ミサイルの削減問題で合意が可能であるとの見通しのもとに首脳会談の再開を模索した。

ゴルバチョフ自身、後に「チェルノブイリ原発事故は、核軍縮に取り組む私にとって、大きな教訓になった」、「チェルノブイリがレイキャヴィクへの道を開き、レイキャヴィクは現実的な軍縮の道を開いたのである」と語った[10]。

一九八七年十二月八日、米ソ首脳会談がワシントンのホワイトハウスで開かれ、両首脳はキューバに配備された核ミサイルのような中距離核戦力（INF）を全廃する「中距離核戦力（INF）全廃条約」に調印した。中距離核戦力全廃条約は後の「第一次戦略兵器削減条約」（STARTⅠ）と「第二次戦略兵器削減条約」（STARTⅡ）締結の基盤になった重要な法律である。

この条約は米国とソ連の保有する地上配備の中距離ミサイルと準中距離ミサイルを条約発効後三年以内に全廃すること、および核ミサイル廃棄の際には、双方が派遣する査察官がそれぞれ現場で相手国に立ち合わせることなどを定めている。この条約により、全廃されるミサイルの基数は長射程中距離核戦力と短射程中距離核戦力を合わせて米国が八五九基、ソ連が一九四一基、合計二八〇〇基。条約調印後、レーガンは「米国では、この条約に反対する力と要因があまりにも多く、条約締結は不可能と思われた時期があった」と述べた。

冷戦終結を決めた歴史的な米ソ首脳会談後、共同記者会見で固い握手を交わすゴルバチョフ・ソ連最高会議議長兼共産党書記長（右）とブッシュ米国大統領。1989年12月3日、マルタ島岸辺に停泊したソ連客船「マクシム・ゴーリキー」のホールで写す。（AFP＝時事）

中距離核戦力全廃条約の調印後、米ソ両国はストックホルムやウィーンで会談を重ね、核兵器や通常兵器の削減交渉を大きく前進させた。

(6) 冷戦終結から核拡散・核テロの脅威の時代まで(一九八九~二〇一五年)

《包括的核実験禁止条約》

「部分的核実験停止条約」締結後、地下核実験が急増したため、地下核実験を含む全ての核実験の禁止を求める世論が高まり、一九九六年九月、地下核実験を含む、あらゆる場所における核爆発実験を禁止する「包括的核実験禁止条約」(CTBT)が締結された。ただし核爆発を伴わない未臨界実験などの核実験は禁止されなかった。

この条約が発効するためには、「核不拡散条約」で核兵器を保有できる国(核兵器国)とされている英国、ソ連(現、ロシア)英国、フランス、中国の五カ国のほか、インド、パキスタン、イスラエル、北朝鮮などを含む四四カ国の批准が必要とされる。

「核兵器国」五カ国のうち、英国とフランスの両国は一九九八年、ロシアは二〇〇〇年六月、この条約を批准した。中国とイスラエルは調印した。核実験をした国で、まだ調印をしていない国はインド、パキスタン、北朝鮮だけである。問題は核超大国である米国である。米国議会上院は条約に調印したものの、一九九九年秋、批准承認を否決した。

二〇〇八年の大統領選挙ではオバマが再選され、上院でも民主党が過半数を大きく上回ったことから、オバマは「五十年以上の(核実験禁止の)協議を経た今、核実験はいよいよ禁止される時である」と語り、批准を求めたい意向だった。だが批准は一向に実現せず、二〇一四年の中間選挙では上下両院で野党共和党が多数を占めたために、批准はそれまで以上に困難な状況になった。

既に「包括的核実験禁止条約」を批准した国は一九九九年から「包括的核実験禁止条約発効促進会議」を隔年で開いている。しかし二〇一五年一月現在、米国、中国、イラン、イスラエルは、批准しておらず、インド、パキスタン、北朝鮮は、批准の前段階の調印さえもしていない。このため近い将来の条約発効は、困難な見通しである。

《戦略兵器削減条約》

一九八七年十二月の米ソ首脳会談では、中距離と準中距離の核ミサイル全廃が決まり、これが核兵器廃止へ向けた取り組みの端緒となった。二年後の一九八九年十二月二日、ブッシュ米国大統領とゴルバチョフ・ソ連最高会議議長兼共産党書記長がソ連客船「マクシム・ゴーリキー号」船上で首脳会談を行なった。議論は核兵器・通常兵器および兵力の削減問題から中米、中東、アフガニスタン、中・東欧の問題など数多くの問題に及んだ。

この会談で、両首脳は戦略兵器の削減で合意する見通しを得た。この問題は一九九一年七月、第一次戦略兵器削減条約（ＳＴＡＲＴⅠ）の締結となって結実する。両首脳の意見は一致したことも多かったが、相手国を批判したこともいくつかあった。

最後に二人は補佐官だけを同席させ、一対一で会談、ブッシュが「米国はソ連を敵国とは見なさない」と明言した。その瞬間、ゴルバチョフは「これで冷戦は終結した」と確信した。(11)

翌三日、両首脳は記者会見に臨み、ブッシュが「米ソ関係は全く新しい時代に入った。今日、築かれた新しい一ページをゴルバチョフ議長（ソ連最高会議議長。大統領と兼務）とともに将来につなげていきたい」と述べた。ゴルバチョフは「今のブッシュ大統領の発言に全面的に賛成する。冷戦は終わった。我々は今、平和の時代の入口に到達した」と語った。両首脳とも会談は極めて有意義だったと強調した。

この会談の基調は、これまでの米ソ首脳会談では見られなかった首脳同士の信頼と相互理解だった。ゴルバチョフとシェワルナゼ（外相）が「互いの人間関係を築くことから始めよう」と粘り強く続けてきた新思考外交が遂に米国大統領の信頼と理解を得て全世界の切実な願いである冷戦終結を実現した。冷戦が終わると、熾烈な核軍拡競争はなくなった。(12)

しかし、冷戦が終わっても、米ソ両国には、まだ膨大な数の核兵器が存在する。そこで米国とソ連は戦略兵器の削減交渉を進め、一九九一年七月、ブッシュ米国大統領とゴルバチョフ・ソ連大統領が戦略核弾頭を六〇〇〇発に半減させることを定めた「第一次戦略兵器制限条約（ＳＴＡＲＴⅠ条約）」に調印した（前述）。戦略兵器の削減を目指す米ソの交渉はレーガン大統領の「戦略防衛構想」（ＳＤＩ）などがネックとなり、合意が成立しなかったが、冷戦終結の二年後、ようやく締結に漕ぎつけた。

条約発効前の一九九一年十二月、ソ連が崩壊したため、戦略核兵器が配備されていた旧ソ連のウクライナ、カザフスタン、ベラルーシの三カ国に新生ロシアを加えた四カ国に条約を適用することになり、一九九四年十二月、条約が発効した。

一九九三年一月、ブッシュ大統領とエリツィン大統領が戦略核弾頭をさらに半減する「第二次戦略兵器削減条約」（ＳＴＡＲＴⅡ）に調印した。二つの戦略兵器制限条約の締結交渉は既に締結されている「中距離核戦力（ＩＮＦ）全廃条約」のお蔭でスムーズに進められた。翌九四年十二月、発効した。批准は米国議会でもロシア議会でも難航したが、米国議会は調印から三年後の一九九六年、ロシア議会は七年後の二〇〇〇年四月、批准した。

《戦略攻撃戦力削減条約》

二〇〇二年五月、米ソ両国は、それぞれが保有する核弾頭を二〇一二年までに約三分の一に削減（五五〇〇～六〇〇〇発を一七〇〇～二二〇〇発に削減）する「戦略攻撃能力削減条約（SORT。通称・モスクワ条約）」に調印した。二〇〇三年、米国とロシアがこの条約を批准し、第二次戦略兵器削減条約が有名無実化したため、ロシア政府はこれを破棄した。

二〇一〇年四月八日、オバマ大統領とメドベージェフ大統領はチェコの首都プラハで戦略核弾頭の配備数を一五五〇発に、戦略核弾頭を運搬する手段である大陸間弾道ミサイル（ICBM）、潜水艦発射弾道ミサイル（SLBM）、重爆撃機の合計配備数を七〇〇、予備を含む保有上限をそれぞれ八〇〇に制限することで合意が成立、「戦略兵器削減に関する新条約（新START）」に調印した。「戦略核兵器削減新条約」は二〇一一年二月に発効した。

新STARTに調印後、米国とロシアの両国は新たな核軍縮への関心は低い。米国ではロシアに対する強硬姿勢の野党共和党が連邦上院と下院で多数を占めたため、オバマ大統領が一期目に二〇〇九年に掲げた「核兵器のない世界」へ向けた展望は開けないのが実情である。しかも二〇一四年三月、ウクライナ危機が発生、その一年後にプーチン・ロシア大統領がクリミア半島の編入時に核兵器の使用を準備したと発言、米ソ間の核軍縮交渉は棚上げとなった（後述）。

国連安全保障理事会と核問題

二〇〇四年四月、国連安全保障理事会は核兵器の拡散防止に関する安保理決議を全会一致で採択した。同決議はすべての国連加盟国に、①大量破壊兵器等の拡散を禁ずるための法的措置をとること、②厳格な輸出管理制度を策定・維持すること——などを求めた。

次いで二〇〇九年九月、核拡散防止・核軍縮に関する安保理首脳会合が開催され、核軍縮、核兵器の拡散防止、原子力の平和的利用などを包括的にカバーする安保理決議が全会一致で採択された。安保理は二〇〇六年以降、北朝鮮によるミサイル発射とイランの核問題などについて、たびたび決議を採択した。

終章　「人類の悲願」核廃絶に向けて

進まない核軍縮と交渉促進活動

冷戦終結後も進まない核軍縮

世界の核兵器保有数は一九五〇年代初めから急増、ピーク時の一九八六年には約六万六〇〇〇発にのぼった（二七五頁図を参照）。

しかし核兵器の削減を求める世界の世論や核軍備費用の増大による国家財政への圧迫、ゴルバチョフ・ソ連共産党書記長による新思考外交の展開などにより、一九八七年十二月、米ソ首脳会談（レーガン米国大統領とゴルバチョフ・ソ連共産党書記長）における中距離核戦力全廃条約が調印され、核兵器の削減が進んだ。

続いて一九八九年十二月、地中海のマルタでブッシュ大統領とゴルバチョフ・ソ連最高会議議長兼共産党書記長が米ソ首脳会談を開き、東西冷戦の終結が決まり、一九九一年にはソ連が崩壊した。

冷戦の終結とソ連の崩壊により、米ソ二極が対立していたパワーポリティックスの時代が終わり、その結果、大量の核兵器を背負った超大国同士の全面戦争の脅威は存在しなくなった。核兵器による先制攻撃の戦略も、そのための核技術開発や核軍拡の競争も必要なくなり、核兵器を持たなければ、国の安全保障が確保できないという状況もなくなった。

第二次世界大戦後、四十四年も続いた冷戦期間中、いつ核戦争が勃発するかわからないとおびえて生活してきた人々は、冷戦が終わってやっと恐怖から解放された。

世界の核弾頭数（2014 年 4 月 30 日現在）

	配備	未配備・予備・解体待ち	計
アメリカ	2104	5211	7315
ロシア	1600	6400	8000
イギリス	160	65	225
フランス	290	10	300
中国	250		250
インド	90 ～ 110		90 ～ 110
パキスタン	100 ～ 120		100 ～ 120
イスラエル	80		80
北朝鮮	<10		<10
計	4180	12300	16400

注）中国、インド、パキスタン、イスラエルの核兵器配備状況は不明。北朝鮮の核兵器能力は不明。推定概数のため、合算と総計との間に誤差がある。
出所）川崎哲『核兵器を禁止する』（岩波ブックレット、2014 年）7 頁。データは米国科学者連盟による。

しかし核保有国は冷戦時代と同様に核抑止論を根拠に「平和の維持に核兵器は必要だ」と主張、核軍縮を積極的に進めようとしない。核抑止論は、もしある国が他の国を攻撃すれば、攻撃を受けた国が耐え難いほどの核兵器による反撃する姿勢を示すことにより、その相手国（仮想敵国）の攻撃を思い留まらせるという軍事理論である。

核抑止の思想はソ連が原爆実験に成功して米国の核兵器独占体制を突き崩した一九四九年以降の米ソ核軍拡競争時代初期に生まれた。核抑止の思想に基づく戦略が核抑止戦略である。核保有国はその後、冷戦の終結まで半世紀近く核抑止政策に頼ってきた。

一方、非核保有国は核抑止政策を自国の安全を確保するために、あるいは外国との紛争を自国に有利に解決する手段として役立てようと、核兵器の製造・保有に躍起になった。核保有国が九カ国に増えたのも、このためだろう。

世界の核兵器数の推移

このような状況のもとでは、核抑止政策が続く限り、核の拡散が誘発される危険性が存在することになる。核兵器の拡散が進めば、核の使用に対する世界の人々の脅威がますます増大し、国際政治や世界情勢は不安定化する。そうなれば、「核のない安全な世界」の実現は遠のく一方である。

こうして核兵器は野放図に増加した。ストックホルム研究所の調べによると、二〇一五年四月現在、核兵器の数は減らされつつあるものの、世界にはまだ一万七三〇〇発の核弾頭が存在している。米国とロシアの核弾頭保有数は一万六二〇〇発。この両国の核弾頭数はピーク時と比べると、四分の一以下に減っているが、それでも世界全体の実に九四パーセントを占めている。

核弾頭を運ぶミサイルの命中精度は、広島、長崎への原爆投下から半世紀の間に、著しく改良され、核弾頭の威力も一方では巨大化しながら、弾頭そのものは小型化されてきた。

九カ国に拡散した核兵器

米ソが対立していた冷戦の時代には、核兵器は大国によって独占管理されていたせいか、小国や開発途上国に拡散しなかった。ところが冷戦が終わると、小国や開発途上国への核拡散の動きが出始めた。いわゆる「第二の核の時代」の到来である。

インドは一九七〇年代初め頃から密かに米国製の重水を用いてプルトニウムを抽出、カナダの協力を

世界の核兵器数の推移

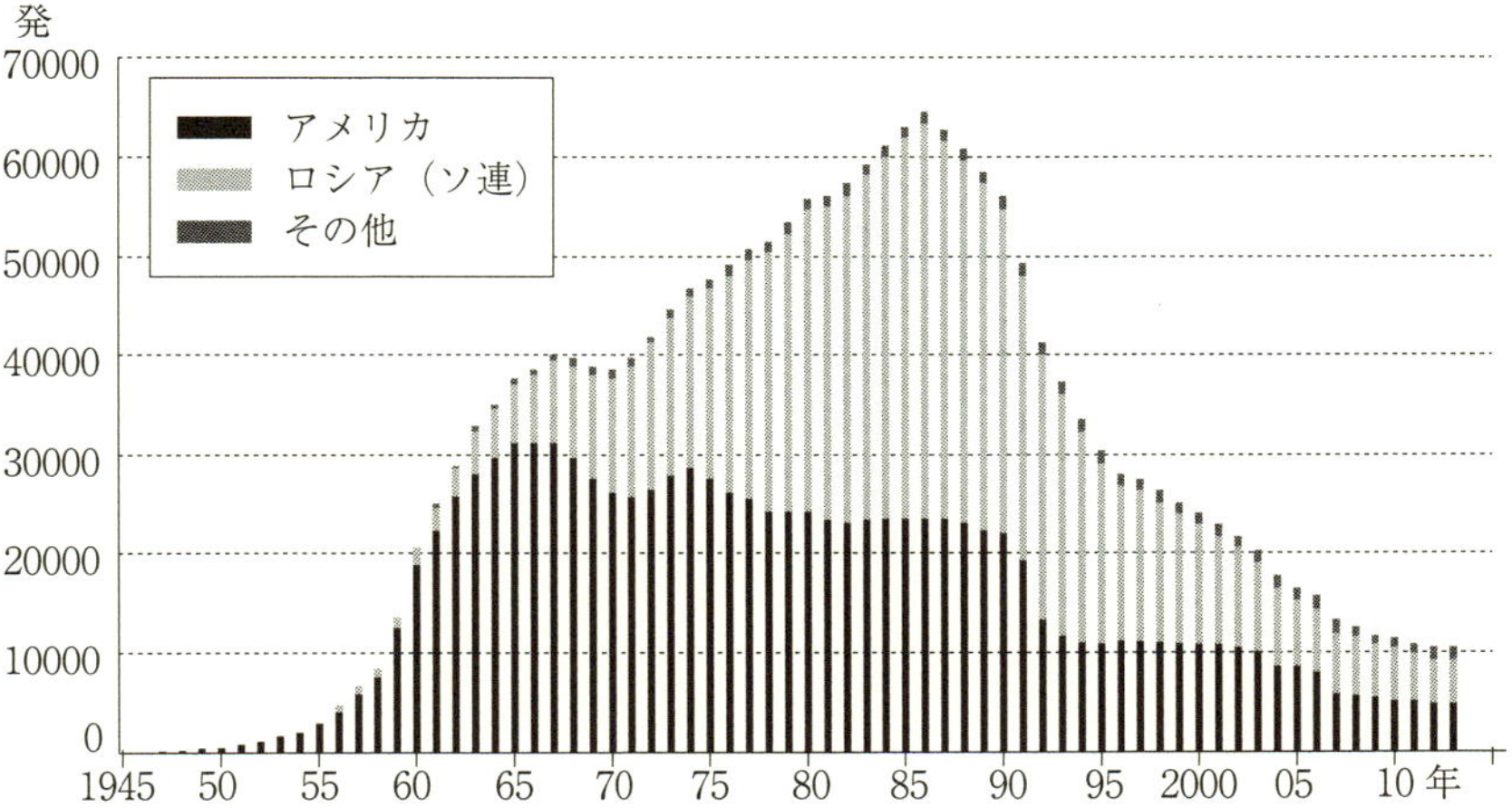

出所）川崎哲『核兵器を禁止する』（岩波ブックレット、2014 年）7 頁。グラフは『原子力科学者会報』による。

注）このほかに米ロ両国は退役したが、解体待ちの核兵器を数千発ずつ持っている。これを含めると、世界の核兵器は 2014 年現在、約 1 万 6000 発である。

得てつくった研究炉を用いて原爆を製造していた。一九七四年五月、インドは原爆開発を終えて突然、実験を実施し、世界を驚かせた。インドは一九六〇年代以降、米国が核爆発の巨大な力を鉱山開発や地形変更などに利用していたことに触発され、核開発に取り組んだという。インドは、この経験を踏まえて一九九八年に改めて核実験を実施し、事実上、核保有国の仲間入りをした。

同年、隣国パキスタンも核実験を実施し、成功した。パキスタン人冶金学者で兵器学者のアブドゥル・カディール・カーン博士の告白（二〇〇四年一月）によると、カーンは核技術・核物質・知識や機器の闇市場を構築し、リビア、イラン、北朝鮮に核開発に繋がり得る物資・情報を提供したという。

北朝鮮は二〇〇三年に核拡散防止条約を脱退、二〇〇六年十月九日に初の核実験を実施、二度目の核実験を二〇〇九年五月二十五日に実施した。経済力が小さく、政治的に不安定な北朝鮮は生存の可能性を賭けて核兵器を開発している格好である。

ソ連の一部だったベラルーシ、ウクライナ、カザフスタンの三国はソ連崩壊時に核兵器を引き継いだが、それらは一九九六年までには全て自主的に放棄、またはロシアへの返還を終えている。南アフリカ共和国は一九六〇年代に少なくとも六発のウラン型原爆を開発したが、一九九〇年代初頭までに全てを廃棄したという。

二〇〇一年九月十一日、テロ組織が米国を攻撃した同時多発テロ事件が発生、世界に衝撃を与えた。この事件以来、戦争は従来のような国対国の形だけでなく、テロやゲリラなどの組織が大国に対して破滅覚悟の核テロリズムを挑む可能性も否定できない状況になった。そこで狙われるのが核兵器の入手である。テロ集団やテロ国家が核兵器を奪取または製造、それを突発的に使用することが懸念され始めた。核兵器を使う恐れのある国家やテロ組織に核物質や核兵器が渡らないよう、国際的な核兵器不拡散の取り組みが強化されなければならない。核の拡散の危険性と脅威は地球温暖化問題と並んで世界が今、抱えている最大の問題となっている。

核兵器の非人道性

放射能障害

原爆投下は二つの面から非人道的と言える。一つは、炸裂の際に発生した放射線が長期にわたって種々

核兵器の広がり

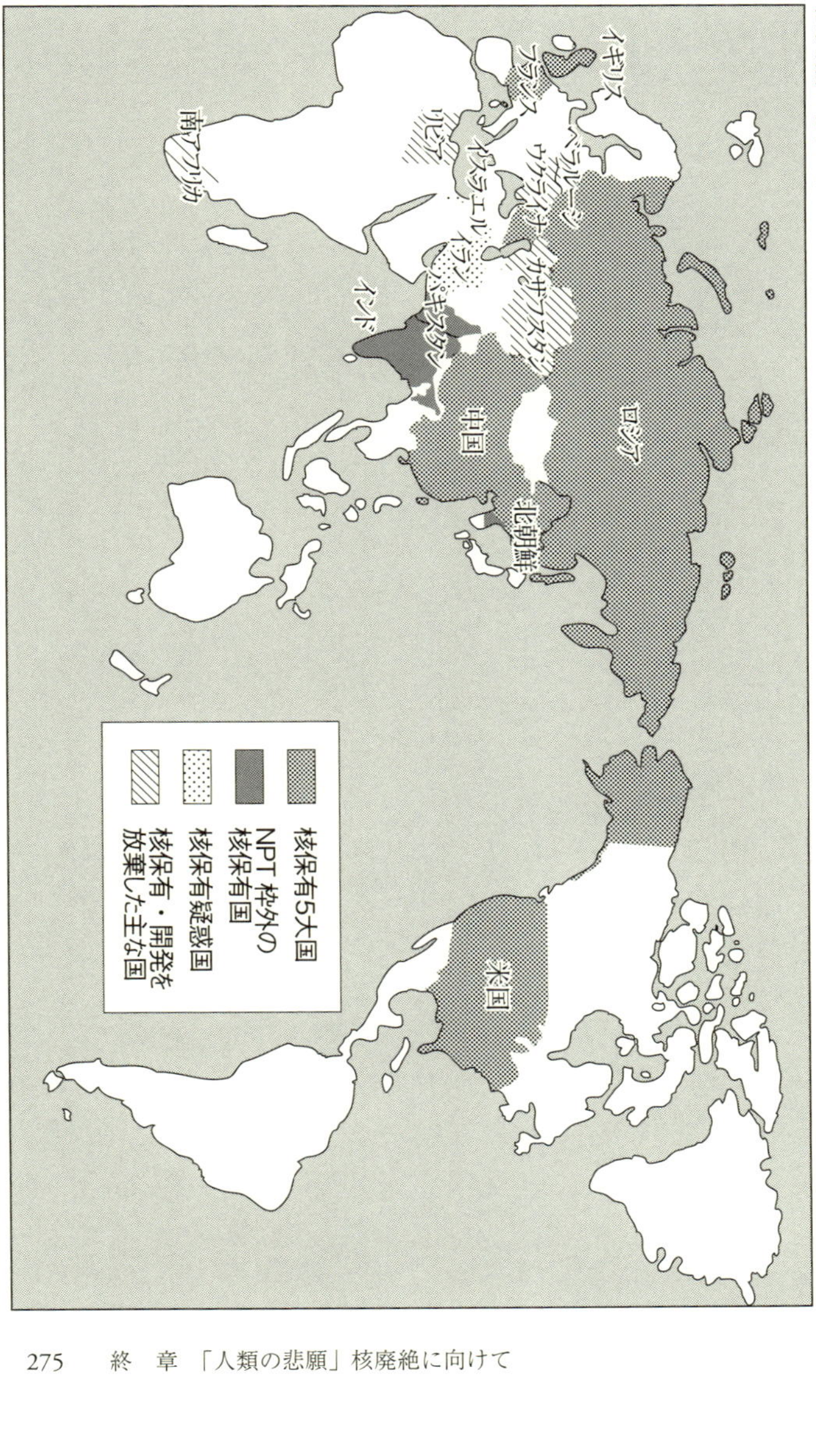

出所）『朝日新聞』2009年5月20日記事。

の臓器にガン・白血病（血液のガン）などの障害を引き起こし、この疾患による苦しみが終生にわたって続く、生涯にわたる残忍性である。

広島・長崎の医師を中心とする最新の放射線医学研究によると、原子爆弾炸裂の瞬間に放たれた放射線が人体の細胞中にある染色体に一〇〇〇分の一ミリメートルにも満たない微細な傷を無数に残す。中には六十年もの長い間、異常を蓄積し、突然変異として被爆者に白血病を引き起こすことがわかり、これを「骨髄異形成症候群」（ＭＤＳ）と名づけた[1]。

例えば四歳のとき、広島の爆心地から二・五キロメートルの地点で被爆した六十八歳の人の血球細胞を医師が調べたところ、白血球全体の二割近くがガン化していた。爆弾の炸裂による熱線と爆風の惨禍を辛うじて生き抜いた被爆者たちの体内では、血球細胞のガン化がじわじわと進行し、症状が進めば免疫機能が低下して死に至るというメカニズムが二〇一三年に初めて明らかになったのである。

核兵器はガン、白血病（血液のガン）、膵臓病など何十年も続く放射線障害をもたらす。非戦闘員である一般市民に、終生にわたる放射線障害の苦しみを与え続ける原爆は、またとない残忍な兵器であり、その使用は非人道的な行為である。

国際人道法の根底には、①市民を巻き込む無差別な攻撃の禁止、②軍事的な効果に比べて、あまりにも大きな損害を市民に与えてはならない、③不必要な苦痛を与えてはならない、④環境を意図的に破壊してはならない——という四つの主要な原則があるとされている。広島・長崎の被爆者が数十年もの長い間、苦しんだ被爆の後遺症は、この四原則に該当する。国際司法裁判所（ＪＣＪ）が一九九四年から翌九五年にかけて核兵器の使用に関する勧告的意見を審議（後述）した際、スリランカのウィラー・マントリー判事は「国際人道法を通底する四原則に照らせば、核兵器は違法である」と主張したが、的を射た指摘である。またモハメド・ベジャウィ裁判長も、後に文民（一般市民）を標的にしないこと、攻撃により不必要な苦痛を与えてはならないことなどを規定した国際人道法から見ると、核兵器の使用・威嚇は違法性が高いという趣旨の発言をした。

大量殺戮

核兵器の持つ、もう一つの非人道性は、原爆が強大な威力を持ち、凄まじい殺傷力によって直接戦争に関わっていない、いわば罪のない一般市民を大量に殺戮することである。だが核兵器が出現する以前にも、普通爆弾で都市を無差別に絨毯爆撃することは道義的に認められない行為とされた時代がある。絨毯爆撃とは、大編隊を組んだ大型爆撃機があたかも絨毯を敷くように目標地域一帯に爆弾を投下して飛行することである。

一九二二年、米国、英国、フランス、日本など六カ国代表がオランダのハーグに集まり、攻撃は軍事目標に限り、都市への無差別爆撃によって市民を戦争に巻き込んではならないというルールを取り決めた。しかし、この戦争ルールは一九三〇年代にナチス・ドイツと日本が破った。ナチス・ドイツの空軍（国防軍）はスペイン内戦中の一九三七年四月二十六日、反乱軍のフランシス・フランコ将軍を支援するため、スペイン北部の小都市ゲルニカに対して絨毯爆撃を行ない、一般市民約一六〇〇人が死亡した。これは人類が経験した最初の本格的な無差別都市爆撃であった。

この爆撃の三カ月後の七月七日、日中戦争が始まり、翌三八年十二月四日、日本軍が長距離爆撃機による重慶爆撃を開始、一万人を超える死者（五年間に二万三六〇〇人死亡説がある）が出た。重慶の絨毯爆撃はゲルニカ爆撃に次ぐ戦争ルール違反である。[2]

第二次世界大戦中の一九四〇年九月から翌四一年五月にかけてナチス・ドイツ軍がロンドンを空爆した。これに対しチャーチル英国首相は四二年二月、ドイツ人の士気を挫き、戦争終結を早める目的で都市攻撃を空軍司令官に指令、英国は爆撃隊を増強して反撃を開始した。以後、米国が加わり、ドイツ降伏までにドレスデン、ケルン、ベルリン、ハンブルクなどの都市を空爆、死者数は六〇万人近くにのぼった。[3]

中でもドイツ東部の都市ドレスデンの絨毯爆撃は広島・長崎の原爆投下と並んで道義的に認められない都市絨毯爆撃の代表とされている。そこで筆者は二〇一四年四月、ドレスデンを訪れ、爆撃の実態と再建の経過を調べた。

ドレスデンは第二次世界大戦末期、一九四五年二月十三日から連続三日間、英国と米国の空軍延べ一三〇〇機の重爆撃機が参加し、合計三九〇〇トンの爆弾（その大半が焼夷弾）が投下された。この無差別・絨毯爆撃によりドレスデンの街の八五パーセントが破壊され、二万五〇〇〇人を超える一般市民が死亡した。

かつてザクセン王国の首都であったドレスデンの街は、エルベ川沿いにバロック建築のツヴィンガー宮殿やゼンパー・オペラ、高さが一〇〇メートルもある壮麗なゴチック建築の市庁舎などが美しい街並みを誇っていた。だが英軍と米軍の猛爆撃を受けて全てがれきと化した。戦後、必死の復旧・再建工事が始まり、破壊から六十年後の二〇〇五年、元の姿に復元された。

絨毯爆撃（第二次世界大戦末期の 1945 年 2 月）で殲滅される以前のドレスデン中心部の美しい建築物群を描いた絵画。手前はエルベ川。描いた画家はテオドール・ケルナー。現在は昔の姿どおりに復元されている。2015 年 4 月 2 日、ドレスデンで筆者写す。

ドレスデン絨毯爆撃も、広島・長崎への原爆投下も、戦争の帰趨がほぼ決まっていた時期に行なわれ、戦後、攻撃した国の中でさえ「必要のない爆撃だった」との批判が起こった。

対日戦争における米軍の爆撃方法は一九四四年九月十四日、ペンタゴンで開かれた戦略分析委員会を境に変化を見せた。

その結果、精密爆撃も続けられたが、次第に戦争終結を早めるためには、大量に生産されたB‐29と新たに開発・生産された新型焼夷弾六〇〇〇トンをフルに活用して日本の都市を絨毯爆撃する必要があるとの意見が強まり、東京大空襲を皮切りに六大都市を焼き払う焦土作戦を推進した。[4]

A・C・グレイリングは著書『大空襲と原爆は本当に必要だったのか』（河出書房新社、二〇〇七年）の中で、「日本やドイツの都市に対する絨毯爆撃（地域爆撃と言う）は必要ではなく、人道主義の原則に反していた。これは非常に悪いことだった」と言い切っている。

広島原爆の爆発力は第二次世界大戦中に使用された通常爆弾の一〇〇〇発分に相当した。そのうえ冷戦中の核開発・軍拡競争により、核爆弾の爆発力は極度に大きくなり、一九六一年十月三十日に旧ソ連のノヴァヤゼムリャ島核実験場の上空約四〇〇〇メートルで炸裂した「ツァーリ・ボンバ」と呼ばれる水素爆弾の爆発力は広島型原爆の約三千三百倍と巨大化した。通常爆弾による都市への絨毯爆撃が国際人道法に違反するなら、爆発力がこれよりはるかに大きく、非戦闘員を大量に殺戮する原爆や水爆の使用は当然、国際人道法違反である。

また米国とソ連が開発、二十世紀後半までに配備した「個別誘導複数目標弾頭」（ＭＩＲＶ。発射された一発の大陸間弾道弾から数発の核弾頭が分かれ、それぞれの核弾頭が別々の都市を攻撃する）も、明らかに国際人道法に違反している。

第二次世界大戦後、都市への無差別・絨毯爆撃は非人道的な行為として反省され、一九七八年以降、二〇〇五年までに発効したジュネーブ条約と二つの追加議定書では、①文民を攻撃の対象としてはならない、②無差別攻撃を禁止する、③攻撃は厳格に軍事目標に限定する——ことを明文化した。これは国際人道法の基本的な規範とされている。日本は二〇〇四年、この国際人道法に一六二番目の締約国として加入したが、米国はまだ加盟していない。

全面的な核戦争が勃発すれば、多数の核爆弾が炸裂、爆発後の火災による上昇気流により地球を取り巻く大気圏に大量の放射性物質が漂い、それが降下する。地球環境全体が高濃度の放射能に汚染され、全世界の人々が汚染されていない食料や水を手に入れることができなくなり、最悪の場合、人類と現代文明の破滅をもたらす。このような大量殺戮を目的とする核兵器ほど非人道的な兵器は他にない。

国連各国代表に呼掛けの手紙

核兵器のない世界の実現が遅々として進まない、閉塞的な状況を打開しようと、一九九三年、ニュージーランドの元高校教師で主婦のケイト・デュイスが、法律家の支援のもと各国の国連大使に対し手紙を送った。ケイトは原爆投下直後の広島・長崎の惨状について、市民が記憶を頼りに描いた「原爆の絵」とスライド数枚を見て衝撃を受け、自分の生涯を核のない世界のために捧げる決心をし、核廃絶運動に参加していた。ケイトを核廃絶運動に駆り立てた背景には、南太平洋が事実上、米国、英国、フランスの核実験場に使われてきたことへのケイト自身の怒りと、一九七〇年代半ば以降、ニュージーランドで繰り広げられてきた核実験反対運動や非核化運動へのケイトの共鳴がある。(5)

南太平洋を中心とする海域では米国と英国が第二次世界大戦後一九六三年までに大気圏内核実験を一二〇回、フランスが同じ実験をフランス領ポリネシアで一九六六～七四年にかけて四二回行なった。南太平洋は事実上、西側大国の核実験の場となった。一九七五年八月、南太平洋諸国会議（南太平洋の一三の国と自治領からなる国際協力機構）の第六回会議がトンガ王国で開かれ、「南太平洋非核地帯宣言」（通称・トンガ宣言）が採択された。

ケイト・デュイスらが各国の国連代表宛てに送った手紙には、「核兵器の違法性について国際司法裁判所（ＪＣＪ。オランダ・ハーグ）の判断を求める提案をしたい」と書かれていた。国際司法裁判所は国連設立と同時に設立された国連の常設的裁判所で、国連加盟国はもちろん、非加盟国でも国連総会の承認があればこの裁判所を利用できる。国際司法裁判所は国家間の紛争を裁き、また国連や専門機関の法律の問題について勧告的意見を出す。

ケイトらの手紙を読んだマレーシア、インドネシアなど核兵器を持たない国々の国連代表がこの呼び掛けに賛同、国連に提訴決議案を提出する準備を始めた。

翌九四年、非核保有国が結束して「核兵器の威嚇と使用は国際法上、許されるのか、緊急に判断を求める」との提訴決議案を国連に提出し、国連総会が同年、これを採択した。(6)

国際司法裁の核兵器違法性判断

国際司法裁判所（ＪＣＪ）は「核兵器の使用は人道に反するかどうか」を問う国連の提訴決議を受けて一九九四年、この問題についての審理を開始した。国際司法裁判所が核兵器の是非を問う審理を行なったのは史上、初めてである。

この審理では、「核兵器の使用は違法か」という問いに対し、二二カ国が意見陳述を行ない、このうち一五カ国が「違法である」と主張した。これに対し、核兵器を保有する米国、英国、フランスの三カ国を加えた七カ国が「合法である」または「核兵器の使用を禁止する法がない」と反論にした。(7)

この問題の審理の過程では一四人の判事の意見が様々に分かれ、混迷した場面もあった。しかし一九九六年七月八日、国際司法裁判所は結論を出し、それを勧告的意見とした。勧告的意見は判事たちの意見が割れたため、「いかなる場合でも核兵器を使用してはならない」というような明快なものとならず、「核兵器の威嚇・使用は武力紛争に関する国際法、特に国際人道法に一般的に違反する」という曖昧な表現となった。とは言え、国際司法裁判所が「一般的に」という表現を用いながらも無差別殺戮をもたらす核兵器の違法性を認めた意義は大きい。

裁判所の結論には、この他にもう一つ、重要な箇所があった。それは国連憲章が保障する国家の生存する権利、すなわち国家が持つ自衛権のために核兵器を使用することは合法か否かという問題である。この問題に対し、国際司法裁判所は「国際法の現状から見て、国家の存亡がかかる自衛のための極限状況では、核兵器の威嚇・使用が合法か、それとも違法か判断を下せない」との判断を示した。(8)

このような表現になったのは、判事たちの意見が最後まで大きく分かれ、判事全員の投票にかけた結果、賛成七人、反対七人と同数だったため裁判長の投票により、前記のように決定されたからである。

国際司法裁判所の判事たちの意見は、核抑止論でも完全に分かれた。判事たちの核抑止論に対する反対意見は、「核抑止政策は核兵器の違法性をつくり上げる法的基盤を潰し、核廃絶の潮流を止めてしまった」など、是認または賛成意見は「核を抑止力とする政策は戦争を防ぎ、平和を維持するために機能してきた。ならず者国家のみならず、犯罪者の脅迫やテロ行為の脅威がある限り、核兵器の使用を違法とするべきではない」などであった。

国際司法裁判所の審理では、「核兵器の使用は人道に反するかどうか」については明確な結論が出せなかったが、核軍縮の進め方については、一四人の判事全員の意見が一致し、「全ての国家には、厳重かつ効果的な国際管理のもとにおける、あらゆる点での核軍縮につながるような交渉を誠実に遂行し、かつ完了させる義務が存在する」と結論した。

核軍縮交渉を誠実に遂行し、完了させる義務については「核兵器拡散防止条約」(NPT)第六条に規定されており、国際司法裁判所の結論は、この第六条の規定を再確認した格好である。国際司法裁判所の審理の過程で、広島と長崎の両市長が被爆体験を基に、それぞれ「いかなる場合でも、核兵器を使ってはならない」と意見陳述した。

ちなみに日本国内では米国の原爆投下を「国際法違反」とする次のような司法判断が確定している。一九六三年十二月七日、東京地裁は原爆被害者五人が国に対して起こした損害賠償請求訴訟に対し、「個人は損害賠償請求権を持たない」としながら、①米軍による日本への原爆投下は国際法違反である、②大日本帝国には戦争責任がある——と指摘、「原爆被害者に十分な救済策を執ることは国会と内閣の責務である」とする判決を示し、これが確定した。

「モデル核兵器禁止条約」の国連提出

国際司法裁判所が国連に提出した勧告的意見は、核兵器禁止へ向けての交渉開始の必要性を浮き彫りにした。この勧告的意見を受けて、マレーシアが一九九六年の第五一回総会以降毎年、国連総会に核兵器禁止条約の交渉開始を求める決議案を提出している。この決議案は国際司法裁判所が国連に提出した勧告的意見についてフォローアップするよう要請している。

この決議案には核保有国中の多くの国と、米国の「核の傘」に頼る北大西洋条約機構（NATO）に加盟しているヨーロッパの非核保有国の大多数が反対している。日本政府も米国の「核の傘」に頼っている立場から、棄権している。

二〇〇七年、「モデル核兵器禁止条約」の改訂版が「核兵器に関する法律家協会（LALANA）」、「核戦争防止国際医師会議」（IPPNW）、「拡散に反対する科学者国際ネットワーク」（INESAP）など三つの国際NGOによって作成され、コスタリカ政府が国連と「核兵器拡散防止条約（NPT）運用検討会議第一回準備委員会」にその条約案を提出した。条約案は締約国が守るべき一般的義務として、次の事項を盛り込んでいる。

(1) 核兵器の開発、実験、生産、貯蔵、委譲、使用および使用の威嚇の禁止。

(2) 核兵器国の核軍備（核兵器、核施設）の廃棄。

(3) 核運搬手段の廃棄。

この条約案は開発途上国やNGOなどから強い支持があり、潘基文《パンギムン》国連事務総長は二〇〇九年、この「モデル核兵器禁止条約」の改訂版を「核兵器禁止条約の交渉を行なううえでの議論の出発点になる」と評価した。

二〇一〇年四月、赤十字国際委員会（ICRC）が「核兵器の時代を終わらせよう」という趣旨の総裁声明を発表、翌五月、国連核不拡散条約再検討会議に最終文書を提出した。この文書には核兵器の使用は人道上の破滅的結末をもたらすとして、深い憂慮を表明し、全ての国がいかなる時も国際人道法を順守しなければならないと書かれている。

マーシャル諸島が核保有国を提訴

国際司法裁判所が「全ての国家には核軍縮につながるような交渉を誠実に遂行し、かつ完了させる義務が存在する」との勧告的意見を一九九六年七月、国連に提出した後、核兵器を保有している九カ国は核軍備の撤廃について交渉する動きを全く見せなかった。

冷戦時代の一九四六年から一九五八年までの間、米国はマーシャル諸島で六七回もの核実験を行ない、住民は深刻な放射能汚染被害を受けた。マーシャル諸島では、二〇〇〇年代に入って、米国の補償金支給が滞るという問題も起こり、核保有国に対する人々の不満が強まった。勧告的意見の提出から十八年後の二〇一四年四月二十四日、マーシャル諸島政府は核兵器を保有する九カ国を相手取り「核軍縮に違反している」として国際司法裁判所に提訴した。

提訴の主旨は、「核兵器拡散防止条約」（NPT）上で「核保有国」とされている米国、ロシア、英国、フランス、中国の五カ国と「非核保有国」とされながら、実際には核を保有しているインド、パキスタン、イスラエル、北朝鮮の四カ国を合わせた九カ国がこの条約の第六条および国際慣習法による義務を順守していないというものである。

この条約の第六条は、加盟国に核軍縮のため「誠実に交渉を行なう義務」を規定している。マーシャル諸島政府は、この規定を基にして核を保有している国々に核軍縮につながるような交渉を促すために再び国際司法裁判所の判断を求めたのである。訴状には「効果的な方法で積極的に交渉を行なっていないのは（核兵器拡散防止条約の）義務に違反する」と批判、一年以内に実行するよう命じた。

「核なき世界」オバマ構想と、その限界

喝采を浴びたプラハ演説

冷戦の終結を機に、世界の多くの人々が核兵器のない、安全な世界の到来を夢見た。しかし核兵器を全

チェコの首都プラハで「核兵器のない世界を目指す」と演説した後、聴衆に手を振るオバマ米国米大統領。2009年4月5日、写す。（AFP＝時事）

廃し、平和で安全な世界を創出しようという動きは一向に本格化しない。そんな閉塞的な状況の中、バラク・オバマ米国大統領が二〇〇九年四月五日、チェコの首都プラハで講演し、「核のない、安全な世界を実現しよう」と「核兵器のない世界」を粘り強く追求していく必要性を次のように呼び掛けた。

「おそらく私が生きている間には、核のない世界という目標に到達しないだろうが、我々が平和を追求しなければ、平和には手が届かない。諦めによって戦争が始まり、人類の進歩が止まる。人類の運命は我々自身がつくる。忍耐と粘り強さが必要だ」

オバマは当面の具体的な対応措置として、①米ロ核軍縮の推進、②米国の「包括的核実験禁止条約」（CTBT）早期批准と発効への期待、③「核拡散防止条約（NPT）」体制の強化、④「核分裂物質生産禁止（カットオフ）条約」の交渉開始――を主張した。

オバマは、このプラハ演説で「核兵器を使用した唯一の核保有国の道義的責任」に触れながら、核兵器のない世界を目指すことを明確に宣言した。

二〇〇九年七月八日、主要八カ国（G８）首脳会議がイタリアのラクイラで開かれ、オバマが四月、プラハで訴えた「核兵器のない世界」の呼び掛けを高く評価した。首脳会議後、発表された核軍縮・核不拡散に関する首脳声明には「核兵器のない世界に向けた状況をつくることを約束する」と明記された。

この首脳会議の席上でも、オバマ大統領は広島、長崎への米国の原爆投下に触れ、米国の核政策を転換する意向を表明した。広島・長崎原爆投下について、米国に道義的責任があると明言したのも、核戦争の不安のない世界の実現を全世界の人々にアピールしたのも、歴代米国大統領の中でオバマ大統領が初めてである。

二〇〇九年十月二十九日、国連総会第一委員会（軍縮・安全保障）は、日本が作成し、米国とともに提出した核兵器の廃絶決議案を過去最多の一七〇カ国の賛成で採択した。日本は一九九四年から毎年、国連総会第一委員会に核兵器廃絶決議案を提出してきたが、米国は、この決議案に反対してきた。その米国が一転、日本と共同で核兵器廃絶決議案を提案したのは大きな変化である。四月五日にプラハで「核兵器のない世界」の追求を呼び掛けたオバマ大統領が、核廃絶機運を高めるために、敢えて日本との決議案共同提案に踏み切ったのである。日米共同で提出された核兵器全廃決議案の骨子は次のとおりである。

(1) 核兵器の全廃に向けて決意を新たにする。
(2) 「核拡散防止条約」の義務履行の重要性を再確認し、非加盟国に加盟を求める。
(3) 核保有国に対し透明性のある方法で各兵器の削減を要請する。
(4) 米国とロシアによる「第一次戦略兵器削減条約」の後継条約作りを歓迎する。

(5)「核実験全面停止条約」の早期発効に向けて署名と批准を要請する。

オバマ大統領は人類の願いである核兵器の廃絶を提唱したことなどが評価され、同年十二月、ノーベル平和賞を受賞した。

目標にほど遠い核軍縮の現実

オバマは二〇一三年六月二十九日、ドイツの首都・ベルリンのブランデンブルク門前でも二〇万人の聴衆を前に「世界全滅の恐怖はなくなったが、核のある限り、本当の安全はない。夢はどんなに遠くても、核のない安全な道を追い求めよう」と訴えた。

二〇〇九年四月のプラハ演説や七月のラクイラ・サミットでは核軍縮の機運が高まったが、現実の世界は「核兵器のない世界」という目標に、どれだけ近づいただろうか。

オバマ大統領がプラハで呼び掛けた四つの課題のうち、米国核軍縮の推進については二〇一三年以降、ロシアがクリミア半島の編入強行とウクライナ東部地域の独立問題で欧米諸国と対立したために、ロシアの協力を得にくい状況になった。両国間の核軍縮交渉は、「新・戦略兵器削減条約」（新・START）が二〇一一年に発効した以外に進展がなく、当面、進展が困難視されている。

また「包括的核実験禁止条約」（CTBT）の発効への期待には、核保有国など四四カ国の批准が必要だが、米国、中国、インド、パキスタン、北朝鮮（朝鮮民主主義人民共和国）、イスラエルなどがまだ批准していない。

一九九九年秋、米国議会上院が批准承認議案を否決した後、今日まで批准に向けた新たな動きは見られないままである。「核兵器拡散防止条約」体制の強化は、北朝鮮が核実験を続けるなど非核化の見込みが全く立っていない。オバマ演説は核兵器のない世界の実現を願う世界の人々の期待を集めたが、現実の世界の核兵器をめぐる状況はオバマ大統領が掲げる目標にはほど遠いのが実情である。

日豪主導の核軍縮・不拡散活動

日本とオーストラアは「核兵器のない世界」の実現を促すため、二〇一〇年三月、「軍縮・不拡散イニシャティブ」（ＮＰＤＩ）を立ち上げた。ＮＰＤＩに参加したのは日豪の他にドイツ、カナダ、チリ、メキシコ、オランダ、フィリピン、ポーランド、トルコ、アラブ連合、ナイジェリアの一二カ国で、このうち七カ国が「核の傘」の下にある国である。

ＮＰＤＩの狙いは核兵器の役割低減や「核拡散防止条約」を順守している核兵器保有国に対し、「核兵器を使用しない」ことなどを求めた点にある。新しい政策パッケージには全ての核保有国が核兵器の数を削減するか増加させないことを盛り込んだ。

ＮＰＤＩの最初の活動の場は結成から二カ月後の五月、ニューヨーク国連本部で開かれた「核拡散防止条約」運用検討会議（五年に一度の開催）であった。

日本、オーストラリア、ドイツ、韓国、オーストリア、ニュージーランドの六カ国外相は「核拡散防止条約」体制を維持していくためには成果文書の採択が不可欠であるとの意見で一致、会議終盤に「我々は違いを乗り越え、政治的意思を結集しなければならない。二〇〇五年の失敗を繰り返してはならない」という趣旨の緊急閣僚声明を出した。

五月二十八日、発表された最終文書には、核保有国があらゆる種類の核兵器を削減し、究極的には廃絶するためにさらに努力することが確認され、核兵器の数と役割の提言も盛り込まれた。会議は、まずまずの成果を収めた。

二〇一四年四月十二日、NPDIは広島市で第八回外相会合を開き、要旨次のような「広島宣言」を採択した。

(1) 世界の指導者に対し広島、長崎への訪問を呼び掛ける。
(2) 二〇一五年四月の「核拡散防止条約」再検討会議に積極的に貢献する。
(3) 米国、ロシアの「新・戦略兵器削減条約」の成果を歓迎し、新兵器のさらなる削減を達成するための交渉継続を促す。
(4) 全ての種類の核兵器の究極的廃絶に向けた多国間交渉を要求する。
(5) 「核兵器のない世界」の実現という国際社会の明確な目標に反する、核兵器の増強に深い懸念を表明する。

「核兵器の増強に対する深い懸念の表明」は具体的には国連安全保障理事国の中で唯一、核戦力を拡大していると言われている中国への懸念を指している。

「核の不使用」に署名しなかった日本

ある国が核攻撃をすれば、その国に対し核兵器により耐え難いほどの反撃をするという核抑止の軍事理論は同盟国にも適用される。軍事同盟を結んでいる国が核攻撃を受けた場合、同盟国が核兵器によって報復攻撃をするというもので、これは「核による拡大抑止」と呼ばれている。

核を持たない日本は米国の核の傘の下にあり、日本の防衛と地域の安全保障は太平洋戦争後、米国の核抑止力によって支えられてきた。日本は唯一の核爆弾投下による被災国であり、同時に戦後も防衛を米国の傘に頼ってきた国でもある。被爆国としては、核兵器の非人道性を強く訴え、核廃絶の実現に力を尽くすべきなのに、核の傘の下にあるという立場を考慮すると、核兵器の非合法化には賛成できないというジレンマを抱えてきた。

このため日本政府は一九九五年以降、核兵器禁止条約の交渉を求める国連決議が採決にかけられるたびに、一貫して棄権した。また核兵器の「非人道性」を訴える共同声明は二〇一二年五月、「核拡散防止条約」再検討会議第一回準備委員会で初めて提案され、これを皮切りに同年十月、一三年四月と繰り返し出されたが、日本はいずれも賛成していない。

二〇一三年四月の「核拡散防止条約」再検討会議第二回準備委員会では核兵器の「非人道性」を訴える共同声明は「核が使われると、人道上、破滅的な結果をもたらす」とし、そのうえで「いかなる状況でも核兵器が二度と使われないことが人類存続の利益になる」と明記された。日本政府は「唯一の被爆国」として修正による賛成も検討したが、結局「いかなる状況でも核兵器が二度と使われないこと」という表現には賛成できないとして、署名を拒んだ。

当然、広島や長崎の被爆者から「これでは世界の国々から日本は核兵器廃絶の意思がないと見なされる」と強い怒りの声が上がった。二〇一三年十月二十一日、日本政府は「共同声明が段階的な核軍縮を核保有国に促す日本の考え方にも理解を示す表現に修正された」として、初めて賛成に転じた。

広島、長崎両市の核廃絶運動

被爆者サイドの姿勢

一九八五年八月五日から九日まで広島、長崎両市の呼びかけに応じた国外二二カ国、六七都市、国内三三自治体が参加して、第一回世界平和連帯都市市長会議（現在の「平和市長会議」）総会が開催された。加盟都市数は二〇一五年現在、一六〇カ国・地域、六四九〇都市（自治体）に拡大した。会長は広島市長、副会長は長崎市長他九都市の市長が務めている。事務局は広島市に置かれている。

この市長会議は核兵器の製造、保有、使用などを全面的に禁止する「核兵器禁止条約」を二〇一五年までに締結し、二〇二〇年までに地球上の全ての核兵器を解体することを目標に掲げている。「二〇二〇年までの核廃絶」を目標年限としたのは、被爆者たちの平均年齢が八十歳近いことから、核廃絶の道筋を早くつけたいという思いからである。

市長会議は廃絶ビジョンの策定や保有国に期限を決めて核兵器を削減させる「ヒロシマ・ナガサキ議定書」の作成、都市を核攻撃の目標にしないよう核保有国に求める「都市を攻撃目標にするなプロジェクト」などに取り組んでいる。

広島、長崎両市は二発の原爆投下により合わせて四五万七七三四人の死者（二〇一四年八月現在）を出した。この過酷な体験を基に一貫して核廃絶を希求し続けている。しかし日本政府の中には、日本が米国の核の傘の下にあることを理由に核兵器を国際法違反とすることには賛同していない。国際司法裁判所の審理で、この考え方がはっきりと示された。

広島、長崎両市は、日本政府のこのような姿勢を「納得できない」と強く反発、これが両者の対立の原因になっている。

国際裁判で見せた日本政府の抵抗ぶり

日本政府は米国の核の下にあるとの立場を考慮、国際会議の場でも核兵器が国際法に違反するという発言は決してしない。先述の国際司法裁判所が一九九五年、国連総会の依頼に基づき、核兵器の使用は国際法上、合法かどうかについて勧告的意見を求められ、各国代表が意見陳述をした際、日本政府の姿勢が浮き彫りになった。

このとき、演壇に立った外務省の河村武和審議官は核兵器が国際法に違反するかどうかについては明言を避け、さらに自らの意見陳述の補佐役として証言を依頼した平岡敬広島市長と伊藤一長長崎市長の証言内容にも注文を付けた。

両市長が予定していた「核兵器は国際法違反」という証言について「表現を変えてもらえないか」と再度、要請したのである。両市長が表現を変える意思のないことがわかると、河村は、自分の後に行なわれる両市長の陳述について、あらかじめ、こう述べた。

「広島、長崎の市長の陳述は証人として述べられるものであり、日本政府の立場からは独立したものです」

平岡、伊藤両市長は河村の要請には応じず、予定原稿どおり、「核兵器は国際法違反」と明言した。平岡市長の意見陳述は次のようなものだった。

「市民を大量無差別に殺傷し、しかも今日に至るまで放射線障害による苦痛を人間に与え続ける核兵器の使用が国際法に違反することは明らかであります。また核兵器の開発・保有・実験も非核保有国にとっては強烈な威嚇であり、国際法に反するものです」

国際司法裁判所の核兵器問題の審理では、世界二二カ国の代表が法廷に立ち、核兵器が国際法に違反するか否かについて陳述した。核兵器を国際法上、違法であるとしたのは一五カ国、違法としなかった国は米国、ロシア、フランス、英国の核保有国と日本、ドイツ、イタリアで、合わせて七カ国だった。

国際司法裁判所の一四人の判事は各国の推薦により就任しているため、各判事の意見は自国の核政策の影響を受ける。日本が送り込んだ小田滋判事は一九七六年に東北大学教授時代、日本政府の推薦で就任、一四人の判事中、判事歴が一番、長い。小田は核兵器が国際法に違反するか否かの審理では一貫して「核兵器は政治問題。国際司法裁判所が判断を出すべきではない」とただ一人、強く主張した。しかし判断を出すべきだとする判事が多数を占めた。

小田提案に対する主な反対意見は「核兵器の問題が政治的問題であるにしても、法による解明がなされるべきだ」、「国際司法裁判所の判断によって、半世紀以上にわたって人類を脅かしている核兵器を廃絶する可能性が増すのであれば、我々は最善を尽くして応える義務がある」というものであった。こうして核兵器に関する審理が始まった(9)。

小田判事の主張と「核兵器のない世界」の実現を目指す広島、長崎両市や被爆国日本の一般国民の願いとの間にある乖離は相当に大きかった。

英選挙で核放棄掲げる地域政党が躍進

核兵器の撤去を掲げる地域政党スコットランド国民党（ＳＮＰ）が二〇一五年五月七日の英国総選挙の結果、大躍進を遂げた。スコットランド西部へレンズバラのクライド海軍基地を母港とする原子力潜水艦は四隻で、最大一六基の核弾道ミサイルを搭載できる。この基地に配備されている原子力潜水艦は現在、二隻。一隻は長距離弾道弾ミサイル「トライデント」を搭載し、世界の海洋を航行している。これらの原子力潜水艦に搭載されている長距離弾道弾（英国の保有する核弾頭は推定二二五発）が英国の持つ唯一の核兵器である。

スコットランド国民党はクライド海軍基地の核兵器放棄を政策目標に掲げ、二〇一四年九月、独立を問う住民投票を実施した。その結果、独立賛成は過半数に届かなかったが、四五パーセントを占めた。翌一五年五月の総選挙前には僅か六議席だったが、スコットランドに割り当てられた五九議席のう五六議席を獲得、第一党の保守党（単独過半数の三三一議席）、第二党の労働党（二三二議席）に次ぐ第三党に躍進した。将来、再びスコットランドで独立を問う住民投票が行なわれれば、英国唯一の核兵器の撤去が大きな問題となる可能性がある。

ＮＰＴ再検討会議に見る核廃絶問題

「核兵器のない安全な世界」の実現を目指すのであれば、「核拡散防止条約」（ＮＰＴ）の再検討会議で議論を深め、核廃絶の機運を高める事が今、最も重要になっている。

「核兵器拡散防止条約」の発効から二十五年後の一九九五年には、条約の延長を検討する「再検討・延長会議」が開かれ、無期限延長が決まった。この条約の第8条3項では、核兵器の軍縮や拡散の状況を定期的に検討するため、五年ごとに「核兵器拡散防止条約再検討会議」を開くことが規定されている。

二〇〇〇年の「核兵器拡散防止条約再検討会議」では、核保有国による核軍縮への努力が不足しているとの声が高まり、「核兵器の全面廃絶に対する核兵器保有国の明確な約束」を盛り込んだ合意文書が採択された。

二〇一五年の再検討会議は四月二十七日、ニューヨークの国連本部で開幕した。

この日、ケリー米国国務長官とロシア代表がウクライナ問題について、つばぜり合いをしたあと、ケリーは米国の核兵器削減に対する取り組み状況について、①オバマ大統領が退役核弾頭の解体ペースを二〇パーセント加速させる方針を決めた、②過去約二十年間に米国は核弾頭を一万二五一発解体した。退役核弾頭約二五〇〇発の解体ペースを加速させる。二〇一四年九月時点で保有する核弾頭は四七一七発である――と説明、そのうえでロシアに対して米露新戦略兵器削減条約（新ＳＴＡＲＴ）の水準から、三分の一削減するよう改めて呼びかけた。

翌二十八日、核兵器の使用がもたらす非人道性を告発し、全面廃絶を求める「核兵器の人道上の影響に関する共同声明」が発表された。声明は「核兵器は巨大で制御不可能な破壊力や無差別性を持ち、人道的に受け入れられない」と指摘。そのうえで、①いかなる状況下でも核兵器が決して二度と使われないようにすることが人類の生存のためになる、②核兵器を使用すれば壊滅的な結果がもたらされるという認識が、再検討会議における作業と核廃絶への努力の土台にならなければならない――という内容である。

同趣旨の「共同声明」は二〇一二年以来、今回が六回目。今回は日本を含む過去最多の一五九カ国・地域が賛同した。しかしNPT加盟国のうち米・英・仏・中・ロの核兵器保有五カ国は賛同しなかった。

再検討会議最終日の五月二十二日、全体会議で「中東非核地帯構想」実現に向けた国際会議開催案が提出された。中東唯一の核兵器保有国イスラエルに核放棄を求めているアラブ諸国が「中東非核化地帯構想」に関する国際会議の早期開催案を強く要求、これが最終文書案に盛り込まれたものだが、この提案に米国、英国、カナダの三カ国が「合意できない」と反対した。

米国はオバマ大統領自身が同盟関係にあるイスラエルを守るために国際会議開催案に反対した。会議は参加一八九カ国の全会一致が原則であるため、会議が決裂した。「核のない世界」の実現を呼び掛けてノーベル平和賞を受賞したオバマ大統領が再検討会議を決裂させる選択をしたことに戸惑いが広がった。

非核兵器地帯は核兵器の製造、取得、核実験、第三国による地域内への核配備を禁止する地域を設置するもので、一九五九年から二〇〇六年までに次の六つの非核兵器地帯が設置された。

(1) 南極条約(一九五九年)
(2) ラテンアメリカ・カリブ地域核兵器禁止条約(一九六七年。米・英・仏が一九九五年に南太平洋の自国領土での条約順守を定めた議定書に調印)
(3) 南太平洋非核地帯条約(一九八五年)
(4) 東南アジア非核兵器地帯条約(一九九五年)
(5) アフリカ非核兵器地帯条約(一九九六年)

(6) 中央アジア非核兵器地帯条約（二〇〇六年）

核戦争の危険性を回避するために、非核兵器地帯の設置が最も強く望まれるのは、現在の世界で最も不安定な中東地域非核兵器条約と朝鮮半島を中心とする北東アジア非核地帯条約の二つである。

人類の悲願・核兵器廃絶を目指そう

被曝の惨禍こそ核廃絶への出発点

人類は一九四五年八月六日、広島で初めて核兵器を使用し、九日に長崎で二発目を投下した。通常の爆弾の二千倍以上という巨大な爆発力のために原爆投下から四カ月後の一九四五年十二月末までに両市の死者・行方不明の合計は約二一万六〇〇〇人。この数が六十九年後には四五万七七三四人と二・一倍に増加した。

このことは、核兵器が被爆者にもたらしたガン、白血病などの様々な疾患が数十年間も続くことを物語っている。たった二発の原爆がこれほど大きな被害と苦痛を引き起こす兵器が他にあるだろうか。しかも広島型原爆の爆発力は通常爆弾の二〇〇〇発分に相当し、たった二発の爆弾を投下しただけで四五万人を殺戮した。冷戦時代の核兵器開発競争により、水爆の爆発力は広島型原発千倍を超えるものまで出現した。

ヘンリー・キッシンジャーの著書によると、二〇メガトン級の水爆では、半径一三キロメートルの範囲内の人は七五パーセントが即死し、放射能降下物はニュージャージー州より広い範囲に及ぶという。仮に米国にこの爆弾が五〇発落とされると、国民の四〇パーセントが壊滅的打撃を受けると予測している。原爆は明らかに国際人道法の根底を流れる原則のうち、「戦闘終了後も長く後遺症が残るような障害を与えてはならない」という原則に違反している。

一九八九年十二月、冷戦がようやく終わり、核軍備の野放図な拡張競争に終止符が打たれた。そして軍縮が行なわれて核弾頭の数は約一万六〇〇〇発にまで減った。だが、この数は、それでも人類を何度も全滅させることができる。いったん、戦争が起これば、通常兵器より、相手国にはるかに効果的な打撃を与える核兵器による攻撃を選ぶ恐れがある。そのうえ、冷戦終結の前後に進んだ核軍縮が、近年は、はかばかしく進んでいない。そのうえテロ組織や政情不安な政府が核兵器を持ちたがり、核の拡散が進む危険性が高まっている。このため核リスクを危惧する人が増えている。

広島市長が会長を務める「平和首長会議」に参加した都市は世界で六四〇〇を超えている。世界の大多数の都市が核廃絶を求めて連帯すれば、国際政治に大きなインパクトを与えるだろう。

また五年置きに開かれるNPT再検討会議で出される「核兵器の人道上の影響に関する共同声明」の賛同国は確実に増え続けている。核の時代入りから七十年、ようやく都市や市民の力によって、核兵器のない安全な世界を築き上げようという機運が起こりつつある。悲観材料ばかりではない。我々は被曝の惨禍を核廃絶への出発点に据える必要がある。

「核兵器は実際には使えない」

核兵器の非人道性、残虐性を問題視し、核廃絶の必要性を強く訴え続けたロバート・マクナマラ元米国国防長官の核問題演説ほど説得力と迫力に富んだ演説はないだろう。

マクナマラは第二次世界大戦で自らの経営理論を戦争に応用、攻撃の効率向上を図った。この理論がカーティス・ルメイ少尉の指揮のもと、ドイツ、日本本土への民間人を狙った大量無差別爆撃（第二章を参照）に使われた。

マクナマラは戦後、フォードに入社し社長を務め、ケネディとジョンソン政権下で国防長官、そして世界銀行総裁を務めた。一九六二年十月、人類が全面核戦争勃発の崖っぷちに立たされたキューバ危機当時も、国防長官だった。危機の二週間、ケネディとフルシチョフ、およびマクナマラなどそれぞれの国の政権を担う要人たちは「核戦争を起こしてはならない」という決意に基づいて、極度の緊張感と苦悩のうちに外交交渉を続け、その結果、核戦争は辛うじて回避された。マクナマラは後に、当時を回顧して「核戦争を回避できたのは、ただ運がよかったからだ」と語った。

一九九五年八月二十八日、ロバート・マクナマラ元米国国防長官は東京の国連大学で開催された「軍縮問題を考えるエコノミストの会」（ＥＣＡＡＲ）の第三回シンポジウムで自らの体験に基づき、核廃絶の必要性を次のように述べた。

「人間は過ちをおかすものである。核兵器の保有国は核を使用するかどうかのリスクに必ずさらされる。偶発戦争の勃発する危険性は今も冷戦時代とほとんど変わらない。しかも核保有のリスクと長期的なコストは抑止の効果をはるかに上回る。人類は核廃絶の具体的な目標を設定し、その実現に向かうべきである」

マクナマラは、そのうえで「核兵器は必要ない」と言い切り、その理由について、次のように述べた。

「極めてむごい兵器だからだ。まともなリーダーならば、核兵器を使用するという最後の一線を踏み越えたいとは決して思わない。使わないのであれば、基本的には無用だ」[10]。キューバ危機は、いかに膨大な核兵器を保有しても、核保有国の政治家自身を含む全人類を全滅させるような全面核戦争の引き金を自ら引くことは実際にはできないことを、当事者たちが身をもって証明したことだろう。これこそ、キューバ危機の最大の教訓であった。マクナマラの「核無用論」もキューバ危機の解決に国防長官として取り組んだ体験から導かれた貴重な意見であり、信念である。

しかし現実の世界はマクナマラの「核無用論」とは異なっている。世界の二大核保有国米国とロシアの核軍縮交渉はロシアのプーチン大統領がウクライナ南部のクリミア半島を編入して以来、頓挫している。しかもプーチン大統領は二〇一五年三月十五日夜、放映された国営テレビ制作のドキュメンタリー番組の中で、クリミア編入によって起こり得る「あらゆる事態」に対応するため、核兵器の使用を準備していたことを明言、世界を驚かせた。

プーチンは二〇一四年八月二十九日、「ロシアは核大国だ。関わりにならない方がよい」と欧米側を威嚇する発言もしている。プーチン発言以来、核廃絶へ向けた具体的な軍縮の動きは見られないのが実情である。世界の人々の核廃絶への願いに掉さす残念な事態である。

一方、人類の未来に不安を抱かせている、もうひとつの要因である地球温暖化について見ると、温室効果ガスの排出抑制が進んでいない。

人類の滅亡までの時間を概念的に示す米国・核問題専門誌『ブレティン・オブ・ジ・アトミック・サイエンティスト』が管理する「世界終末時計」は二〇一五年一月二十四日、「滅亡まで三分」になった。これは世界が核軍縮と地球温暖化の二つの問題で、極めて危険な状態にあることを意味している。時計は一九五三年、米国とソ連が水爆実験を行なった時、最も進み、滅亡までの残り時間は二分前に設定された。現在の状態は、この時点よりはよいが、相当に悪いことになる。

核兵器は非人道性根拠に違法化目指せ

核兵器は非人道の極みであり、絶対悪である。広島、長崎の原爆被災の惨禍を二度と繰り返してはならない。このような認識を持つ人、核のない安全な世界の実現を求める人々が着実に増えている。

核兵器を廃絶するためには、まず核兵器の持つ非人道性についての認識の世界的な浸透に努め、これを基にして核の先制使用を禁止するところから始める必要がある。次に核兵器を違法化して核兵器の使用全般を国際人道法に違反する兵器、すなわち違法化する必要がある。

非人道性についての認識の浸透について見ると、二〇一〇年から毎年秋の国連総会第一委員会で赤十字、スイス、ノルウェーなどが主導して共同声明を取りまとめ、発表している。一六カ国から始まった声明署名国数は年々、確実に広がり、二〇一三年に国連加盟国の約三分の二に当たる一二五カ国に増えた。

二〇一四年十二月、ウィーンで開催された「核兵器の人道的影響に関する国際会議」(参加・一五八カ国)では、議長国オーストリアが「核兵器の最終的な廃絶は、核兵器禁止条約を含む法的な枠組みの中で追求されるべきだと各国代表団の大部分が強調した」と議長総括した。核兵器の非人道性についての認識は今や国際的に無視できない勢力にまで育っている。今後は核兵器の違法化が課題となる。

非核保有国の中には、いつまで待っても核廃絶に至る道筋が見えてこないことへの危惧・憂慮から、核兵器の非人道性を強調し、使用と保有を条約によって禁じて行こうとする動きも出ている。

被爆国日本は核廃絶運動の先頭に立て

日本は核廃絶を唱える一方で、米国に核抑止力を維持してくれるよう求めていることが制約となって、核兵器を国際法上、違法であると見なしていない。日本を含む「核の傘」のにある国々は、核兵器を国際人道法違反として禁止する条約づくりについては、議論を始めることすら「核抑止力を損なう」と反対しているほどだ。

その一方で、日本は軍縮と安全保障を協議する国連総会第一委員会で毎年、「核兵器の全面廃絶に向けた共同行動」の決議案の共同提案を主導している。同じ趣旨の決議は一九九三年から二〇一四年まで二十一年間、連続採択され、しかも共同提案国が二〇一三年の一〇二カ国から二〇一四年には過去最多の一一六カ国に増えた。この分野では、日本の運動は成果を収めている。

核保有国が今後も核兵器禁止条約づくりに頑なに反対し続けるならば、非核保有国が結束して核兵器禁止条約をつくる動きが具体化することが予想される。日本は七十年前、広島・長崎の被爆を経験した唯一の被爆国である。大局的な見地に立ち、「核の傘」の現状から大きく一歩踏み出し、人類と文明を滅亡の淵に追いやりかねない核兵器を違法化することによって廃絶を実現する核兵器禁止条約づくりの運動を主導すべきではないか。

「核兵器のない安全な世界」の実現の必要性を訴え、そのために尽力することは、核兵器の恐ろしさを知った被爆国日本の責務と言えるだろう。核保有国が核兵器を手放さない現状から、核の廃絶は容易なことではないことは言うまでもない。しかし、それは、またとない、やりがいのある大事業であることも確

原爆犠牲者慰霊塔の石碑。ここには「安らかにお眠り下さい。過ちは繰り返しませんから」と刻まれている。左端は原爆ドーム。筆者、写す。

かである。日本が核兵器禁止条約づくりに力を尽くし、これを成功に導けば、世界にまたとない貢献をすることができる。

広島の原爆犠牲者慰霊塔の石碑には「安らかにお眠り下さい。過ちは繰り返しませんから」という誓いの言葉が刻まれている。この誓いは広島、長崎市民だけでなく、日本国民の願いだと思う。無念の死を遂げた四五万人の広島・長崎の被爆者たちの霊を慰めるためにも、核兵器のない安全な世界の建設を目指していかなければならない。日本政府は、これを機に国民の願いを肝に銘じ、戦後七十年間、守り続けてきた核兵器反対と平和主義を堅持するとともに、核兵器の廃絶を目指して積極的な軍縮外交を展開して行くよう望みたい。

核の時代関連事項年表
―放射性物質の発見から核廃絶運動まで―

一八九五年
11月28日　独　物理学者ヴィルヘルム・レントゲンが放射線を発見、X線と名づけた。1901年、X線の発見でノーベル物理学賞受賞。

一八九六年
11月15日　仏　物理学者アンリ・ベクレルがレントゲンのX線発見の論文を基に実験、引出しの中でウランが写真乾板を露光したことを発見。1903年、ノーベル物理学賞受賞。

一八九八年
6月　仏　物理学者マリー・キュリー（ポーランド出身）、ピエール・キュリー夫妻が多量の瀝青ウラン鉱（ピッチブレンド）の鉱滓からポロニウムを精製、発見。12月、ラジウムを発見。1903年、2人がノーベル物理学賞受賞。

同年　英　物理学者、化学者アーネスト・ラザフォード（ニュージーランド出身）がウランから放射線α線とβ線が発生することを発見。

一九〇二年
英　アーネスト・ラザフォードが放射性元素変換説を提唱。数々の業績により1908年、ノーベル化学賞を受賞。

仏　物理学者マリー・キュリーが純粋な金属ラジウムの分離に成功。1911年、ノーベル化学賞を受賞。

一九一六年
独　理論物理学者アインシュタインが一般相対性理論を発表。1921年、ノーベル物理学賞を受賞。

一九三一年
9月18日　日本　関東軍は柳条湖の近くで南満州鉄道の線路を密かに爆破、「爆破は中国の攻撃によるものだ」と偽って独断で中国東北部を攻撃、戦線を拡大して僅か4カ月で中国東北部を手中に収めた。

一九三二年
英　物理学者ジェームズ・チャドウィックが中性子を発見。1935年、ノーベル物理学賞を受賞。

英　物理学者ジョン・コッククロフト、アーネスト・ウォルトンが加速した陽子をリチウムに衝突させる実験に取り組み、原子核の変換に成功。1951年、2人がノーベル物理賞を受賞。

仏　原子物理学者のフレデリック・ジョリオ＝キュリー、イレーヌ・ジョリオ＝キュリー夫妻がアルミニウムにアルファ線を照射し、人工的に放射性元素の合成に成功。１９３５年、ノーベル化学賞を受賞。

一九三八年

伊　物理学者エンリコ・フェルミが原子核への中性子照射や人工放射性同位元素の生成などにより、ノーベル物理学賞を受賞。

一九三九年

1月　米　カイザー・ヴィルヘルム研究所（ベルリン）の化学者オットー・ハーンとフリードリヒ・シュトラスマンが１９３８年12月、実験によりウランの核分裂らしい現象を発見、翌39年1月、リーゼ・マイトナーとオットー・フリッシュが、それを核分裂と判断して論文を発表。ハーンはノーベル物理学賞を受賞。

3月15日　独　ドイツがチェコのボヘミア・モラビアを占領、翌4月末、チェコのウラン鉱山産鉱石の輸出を禁止。

7月16日　米　亡命ユダヤ系核物理学・分子生物学者レオ・シラード（ハンガリー出身）はナチス・ドイツの原爆開発を憂慮する亡命ユダヤ人物理学者のエドワード・テラー、ユージン・ウィグナーとともに、アルバート・アインシュタインにルーズベルト大統領に原爆開発を勧める信書を送るよう要望。アインシュタインは協力を約束。

8月?日　米　レオ・シラードが起草したルーズベルト大統領に原子爆弾の開発を勧める信書にアインシュタイン（ドイツ出身）が署名。

9月1日　日本　ナチス・ドイツがポーランド侵攻を開始。第2次世界大戦、勃発。

9月末　独　ドイツの国防軍兵器局が天然ウラン中に含まれているウラン２３５に中性子を照射して連鎖反応を起こさせる方式で原爆開発の実験を開始。

10月11日　米　アインシュタインの署名した信書がルーズベルトに届く。

一九四〇年

春　独　ドイツ軍がノルウェーのヴェモルクにある世界最大の重水工場を占領、重水を入手。

7月15日　英　デンマークから英国に渡り、核分裂に関する研究を行なっていたオットー・フリッシュ（オーストリア出身）が共同研究者の核物理学者ルドルフ・パイエルスと共に報告書をまとめ政府に提出。内容は、①原子爆弾の製造は濃縮ウラン（ウラン２３５）に高速中性子をぶつけて得られる連鎖反応を利用することにより可能である、②原子爆弾は爆撃機に搭載可能、③英国は米国と共同で原爆を開発すべきである——など。

一九四一年

4月　陸軍航空本部が理化学研究所（東京・駒込）に原子爆弾の開発を委託。天然ウラン中のウラン２３５を熱拡散法で濃縮する方法の研究に着手、翌44年3月、理化学研究所構内に熱拡散塔が完成し、濃縮実験が始まる。この頃、陸軍大将東条英機が原子爆弾の開発を航空本部が中心となって促進するよう指示。

6月22日 独 ナチス・ドイツ軍がソ連の国境を超えて攻撃を開始、ソ連は危急存亡の瀬戸際に追い詰められ、核開発はストップ。

10月11日 米 ルーズベルト大統領がチャーチル英国首相の強い勧めを受けて原子爆弾の開発を決断、原爆開発関連政策を掌握する最高政策グループを設置。

12月8日 日 日本は米国との交渉に進展が見られないと判断、ハワイ・真珠湾の米国海軍基地を奇襲攻撃し、米国と英国に宣戦を布告。

一九四二年

1月 米 米国政府がコロンビア、プリンストン両大学に分散されていた原爆研究グループをシカゴ大学に移し、プルトニウム研究と実験用原子炉の建設に着手。

6月4日 独 アルベルト・シュペーア大臣は核分裂を技術的に利用した新兵器開発を進めるかどうかを決める重要な秘密会議をカイザー・ヴィルヘルム研究所で開催。

6月5日 米 米軍が中部太平洋・ミッドウェー海域で、日本側に大打撃を与える。以後、攻勢に転じ、日本に奪われた太平洋の島々を次々に奪い返して行く。

6月23日 独 シュペーア軍需相がアドルフ・ヒトラー総統に原爆開発の現状を報告。ヒトラーは実戦に使用できる兵器以外の研究を許さず、シュペーアは原爆開発を断念。

9月 米 ルーズベルト大統領は原子爆弾の開発プロジェクト「マンハッタン計画」の統括責任者にレズリー・グローヴス准将を任命。

10月 米 米国陸軍省が原子爆弾の開発事業を科学研究開発局から引き継ぎ、「マンハッタン計画」をスタートさせる。12月2日、以前から進めていた原子核分裂の連鎖反応を起こす研究が成功。

一九四三年

2月 独 ノルスク・ハイドロの重水工場が、英国で訓練を受けたノルウェー兵6人の奇襲隊により爆破され、ドイツは重水のひどい入手難に陥る。

7月 米 ニューメキシコ州の研究所が完成、科学者のリーダーに38歳のロバート・オッペンハイマー博士が抜擢される。研究所はアメリカ・カナダの30カ所を超える地に設置。

4月12日 ソ ソ連科学アカデミーが新研究室を設置する秘密指令を出す。スターリンは研究室長に核物理学者イーゴリ・クルチャトフを選任。秘密警察のトップ、ラヴレンチー・ベリヤをソ連の原爆開発の責任者に据え、原爆開発には巨額の費用を投入。

5月5日 米 米国は軍事政策委員会を開き、日本を原子爆弾の使用対象国とする方針を決める。

一九四四年

1月　米　ナチス・ドイツの核開発計画の進行状況を調査した「アルソス科学情報調査団」が「ドイツは原爆開発を放棄したものと思われる」との報告書をグローヴス少将に提出。

5月16日　米　亡命ユダヤ人物理学者のニールス・ボーア（デンマーク出身）がチャーチル英国首相と会談、戦争に使うための原爆開発をやめるよう説得し、失敗。8月26日、ルーズベルト米国大統領、45年4月25日、科学行政官ヴァネヴァー・ブッシュと会談、いずれも失敗。

7月　米　米軍は日本本土の主要都市の全てをB29の爆撃圏内に収めることができるマリアナ海域のサイパン島を攻略。テニアン島、グアム島も間もなく米軍の手中に落ち、以後、3島で飛行場建設を進める。11月、米軍は日本の早期降伏を目指して超長距離爆撃機B-29に多量の爆弾、焼夷弾を積み、日本本土に出撃、翌45年7月まで数多くの都市への無差別爆撃を繰り返す。

9月1日　米　ルーズベルト大統領は原子爆弾を投下する第509混成部隊（陸海軍）の編成を指示。隊長に任命されたポール・ティベッツ陸軍中佐は12月に編成を完了し、ユタ州のウェンドバー基地で原子爆弾投下の秘密訓練を開始。

9月18日　米・英　ルーズベルト大統領とチャーチル英国首相がニューヨーク州ハイドパークで会談、原爆開発に対する米英両国の協力方法について秘密協定（ハイドパーク協定）を締結。協定には「原爆は恐らく日本に対して使用されることになるだろうが、日本が降伏するまで原爆攻撃が繰り返されることを事前に警告すべきである」などが盛り込まれる。

11月15日　独　連合軍は原子爆弾開発の重要人物カール・フリードリヒ・フォン・ヴァイツゼッカー博士を捕え、その研究室でドイツの原子爆弾開発計画の貴重な資料を発見、これによってナチス・ドイツが1942年に原爆製造計画を放棄していたことを知る。

一九四五年

2月4日　米・英・ソ　米・英・ソ3国の首脳がヤルタで会談（11日まで）。ドイツ処理の大綱、秘密事項としてソ連の対日参戦（ドイツの敗戦後、3カ月以内に参戦）などを取り決め、ヤルタ協定を結ぶ。ルーズベルトはチャーチル抜きで秘密にスターリンと会談、スターリンに対日戦争へのソ連の参戦を求めた。

3月10日　日　米軍の東京大空襲で死者・行方不明者約10万人、罹災者約100万人。以後、12日に名古屋、13日に大阪大空襲など米軍は大都市に対する焼夷弾爆撃を本格化させる。

4月1日　米・日　米軍54万人が沖縄本島に上陸を開始する。激戦となり、6月23日、沖縄守備隊が全滅。1950年の沖縄県援護課の発表によると、沖縄戦の犠牲者は兵士9万4136人、住民9万4000人、合わせて18万8136人。

4月12日 米 ルーズベルト大統領が急死し、後継大統領に副大統領トルーマンが昇格して政権を引き継いだ。ヘンリー・スティムソン陸軍長官は、この日の大統領就任式の後、ハリー・トルーマンに、まず原爆の完成が4カ月以内（8月中旬まで）に完成する見通しであることなどを報告。

5月7日 独 ドイツが無条件降伏の文書に署名、翌8日、発効。ヒトラーの第三帝国が潰える。トルーマンは対日声明を発表、日本に無条件降伏を要求。これに対し日本政府は9日、「日本の戦争遂行決意は不変」と声明。

5月15日 日 原爆開発に使っていた理化学研究所の熱拡散塔が米軍による東京大空襲で焼失。開発は実質的に続行不可能となり、7月までに原爆開発計画を基礎段階のまま放棄。

5月22日 米 原爆投下の目標都市選定委員会が開かれ、広島、小倉（現・北九州市小倉区）、新潟、長崎の四市を選定した。目標としての優先度は京都と広島がAA級目標、横浜と小倉がA級目標とされた。

5月24日 日 スイスの首都ベルンに駐在する海軍武官が「7月以降、ソ連が参戦する可能性が極めて高い」、6月、ポルトガルの首都リスボンの陸軍武官が「7月末までに日本が降伏しない場合、密約どおり、ソ連は参戦する」との情報を、それぞれ海軍、陸軍に打電。

5月28日 米 米国の対日戦争原爆投下方針を知った亡命ユダヤ系核物理学・分子生物学者レオ・シラードがジェームズ・バーンズ（後の米国国務長官）に会い、原子爆弾を対日戦争に使用しないよう強く訴える。

5月 米 スチムソン陸軍長官は大統領の承認を得て原爆問題に関する暫定委員会（委員は政治家・科学者・産業界の8人）を設置。

6月1日 米 スチムソン陸軍長官の原爆に関する暫定委員会（大統領の諮問機関）は対日戦争に用いる原爆投下について討議、「原爆は複合的効果をもたらすような標的に無警告で投下すべきである」との結論を出す。委員会はオッペンハイマー、コンプトン、ローレンス、フェルミという科学者顧問団と協議、そのうえでトルーマン大統領に対する勧告書を作成、トルーマンに提出。

6月初旬 米 レオ・シラードら科学者68人が原爆の対日戦争使用に反対する請願書を大統領に送る。これは世界最初の反原爆運動である。シラードは、これとは別に一人、ワシントンでバーンズ国務長官に会い、原爆を使わないよう要望。

同 日 海軍トップの密命により太平洋戦争終結の糸口をたどる秘密工作に当たっていた日本の海軍少将高木惣吉のもとに、スイス駐在武官から「極秘に米国側と接触、米国大統領と直接つながるアレン・ダレスと戦争終結交渉ができそうだ」という重大な情報が届く。高木は米内光政海相に、このことを報告。米内は処理を外務省に任せるよう指示、早期戦争終結の可能性が失われた。

6月11日　米　シカゴ大学のレオ・シラード、ドナルド・ヒューズなど7人の科学者と連名で原爆投下に関する報告書を暫定委員会統括者の陸軍長官に提出。内容は、①都市への原子爆弾投下に反対する。原爆の威力を各国にデモンストレーションすることにより、戦争終結の目的が果たせる、②核兵器を国際管理する必要がある——と提案。

6月22日　日　天皇が首相鈴木貫太郎、外務、陸軍、海軍の各大臣、参謀総長、軍令部総長の政府・陸海軍の6人からなる最高戦争指導会議を自ら召集。米内海相、梅津参謀総長がソ連への仲介依頼を対米一撃前に行なうべきだとの意見を表明、東郷外相がこれに賛同。天皇は政府首脳に対し、ソ連に和平の仲介をすみやかに依頼するよう要請した。

6月30日　日　米国の目標都市選定委員会は原爆のもたらす効果を正確に測定把握できるようにするため、投下目標に選ばれた都市に対する爆撃を禁止。

7月12日　日　外務省がモスクワの佐藤大使を通じてソ連政府に対し、近衛文麿特使派遣と和平斡旋の依頼を伝える。ソ連外務省当局は「近衛特使が条件を決めて来ない限り、受け入れるつもりはない」と回答。

7月16日　米　午前5時30分、原爆実験がニューメキシコ州南部アラモゴードの砂漠の中で行なわれ、成功。

7月17日　米　レオ・シラードら科学者たちが連名で原子爆弾使用反対の請願書をトルーマン大統領に提出。請願書は原爆投下前に大統領に届けられなかった。

同　米・英・ソ　米・英・ソの3巨頭がドイツのポツダムで会談（8月2日まで）。26日、米・英・中国（蒋介石）の3国は日本に無条件降伏を迫る「ポツダム宣言」を発表。

7月18日　日　佐藤ソ連駐在大使のもとに「日本からの使節の受入れを拒否する」というソ連の回答書が届く。

7月20日　米　ドワイト・アイゼンハワー総司令官（1953年1月、大統領就任）がトルーマン大統領に「対日戦に、もはや原子爆弾の使用は不要である」と進言。

7月25日　米　トルーマン大統領が原子爆弾投下の指令を承認し、ハンディ陸軍参謀総長代行からスパーツ陸軍戦略航空隊総指揮官あてに「広島・小倉・新潟・長崎のいずれかの都市に、8月3日頃以降の目視爆撃可能な天候の日に『特殊爆弾』を投下する」との投下指令。

7月30日　米　トルーマン大統領がマーシャル国務長官に対し、日本への原爆投下の準備と実行を命じる最終指令を発する。

8月1日　米　広島に投下するウラン型原子爆弾「リトルボーイ」の組み立てを完了。広島への攻撃部隊は先行のB-29爆撃機３機、気象状況偵察機、原爆投下機「エノラ・ゲイ」の護衛、爆発の測定、写真撮影に当たる2機、合わせて6機編成。残る1機は「エノラ・ゲイ」の代替機として硫黄島で待機する体制が決まる。完成された原爆は3個。広島、長崎に各1個、もう1個は予備。

8月6日　米・日　テニアン島から飛び立った「特殊任務機」(後に原爆を積んだB29「エノラゲイ」とわかる)が硫黄島の基地に対して「我ら目標に向かって進行中」という無線電波を発信。大本営参謀本部直属の陸軍特種情報部（東京都杉並区）は、この無線電波を受信し、参謀本部に報告したが、なぜか攻撃命令が出されず。午前8時15分17秒、「エノラゲイ」が広島上空からウラン２３５爆弾「リトルボーイ」を投下。

8月8日　ソ　午後11時（日本時間）、モロトフソ外相がクレムリンに佐藤大使を呼び、日本に対する戦線布告を通告、その1時間後の9日午前零時、満州との国境に集結していたソ連軍が満州に侵攻。圧倒的なソ連軍の全面的な攻撃を受けて日本軍は敗退、３万人が戦闘で死亡し、21万人が避難生活の中で死亡。

8月9日　日　午前11時21分、長崎市上空に着いたB29「ボックスカー」からプルトニウム爆弾「ファットマン」が投下される。長崎では推定7万３８８４人が死亡し、それを上回る人が重軽傷の放射線障害を負う。

8月10日　日　大本営調査団が広島、長崎に投下された爆弾は「原子爆弾である」と発表。政府が米国に対し「新型爆弾」の使用に抗議。

同　日本陸軍は７３１部隊の人体実験に関する全資料を抹殺、米国の心証を良くするために陸軍省医務局の小池卓郎中佐に対し「敵に証拠を得られることを不利とする特殊研究は全て証拠を隠滅せよ」と極秘命令。さらに原爆投下による人体被害の実態調査の実施を陸軍医務局に指示する。同医務局は被爆者の救済をよそに検査・調査し、調査結果は被爆者の治療には全く役立てられなかった。２年後、『原子爆弾による広島戦災医学的調査報告書』（１８１冊）が完成し、米国に渡される。

8月11日　日　日本の軍部（主に陸軍）が広島、長崎に投下された爆弾が原爆であると確認すると、報道統制を解除。日本の新聞各紙や放送各局は翌12日にかけて広島に記者団を送り、被害状況を詳細に報道。

8月14日　日　日本がポツダム宣言を受諾、無条件降伏。

8月15日　日　終戦詔書が発布される。正午、天皇がラジオを通じてポツダム宣言受諾を日本国民に発表。

8月16日　ソ　スターリンはトルーマンに書簡を送り、東の釧路と西の留萌を結ぶ北海道北部のソ連軍による占領を公式に提案。トルーマンはスターリンの新たな領土要求に対し18日付で拒否回答を送る。これにより、北海道はソ連による占領を免れた。

8月19日　日　満州で戦っていた日本軍将兵約57万5000人がソ連軍に武装解除させられ、極寒のシベリアに連行・抑留されて労働を強制させられる。

9月2日　ソ　連合国と日本が停戦協定、すなわち日本の降伏文書に調印。第二次世界大戦（1939年9月1日〜1945年9月2日）が終了。ソ連は日本との降伏文書調印（9月2日）を無視して戦闘を継続。

9月5日　ソ　ソ連が戦闘を停止。この日までに満州、朝鮮半島北部、南樺太、北千島、択捉、国後、色丹、歯舞の全域を支配下に置く。

9月　ソ　ソ連が原爆投下による被害状況を調べるため、デレビャンコ中将らの軍人や在日大使館員などからなる調査団を広島、長崎両市に送り込む。後日、デレビャンコは調査結果をまとめ、スターリンに直接会って報告。報告書にはモロトフ外相が「次の戦争は敗北に終わりかねない」という注目すべき書込みをした。

10月24日　国連　国連が発足。

11月　米英加　米英加の3カ国が原子力を国際管理するための委員会を国連に設置することを提案。

一九四六年

1月24日　国連　国連第1回総会で「原子力委員会の設置、原子兵器廃絶」を採択。原子力委員会が設置される。米国は国際管理体制が機能するようになるまでは原爆を保有し続ける姿勢を明確にし、ソ連は核兵器の開発を進める。

3月5日　英　チャーチル首相が米国のトルーマンの郷里ミズーリ州フルトン市を訪問、ウェストミンスター大学でトルーマンの司会により講演、「鉄のカーテンが中欧・東欧諸国を覆っている。原子爆弾の秘密はソ連に対抗するためにも当分、国際連合に公開せず、米国、英国、カナダの3国が確保すべきである」と述べる。

6月14日　米　設置された国連原子力委員会の第1回会議で、米国の国連首席代表バーナード・バルークが、①ウランやプルトニウムの使用規制、②強力な国際機関を創設、国際管理協定による原爆の管理――などを骨子とし原爆管理案（バルーク案）を提出。

6月19日　ソ　ソ連が原子力兵器禁止案を国連に提出。

7月1日　米　米国が同国の国連信託領になっている南太

平洋ビキニ島で核実験シリーズ「クロスロード作戦」を開始。実験はビキニ島の住民167人をビキニ島の西約200キロにある無人の環礁、ロンゲリック島に移住させて実施。

9月19日 米 連合国最高司令官総司令部が広島、長崎への原爆投下による被害状況の報道を検閲し、言論統制。原爆に関する報道は1949年10月までなかった。

9月 米 アインシュタイン博士が国連総会に原子兵器の不使用を求める公開状を提出。

12月31日 米 米国原子力委員会、陸軍から核兵器開発計画を引き継ぐ。

一九四七年

3月12日 トルーマン大統領が上下両院合同会議でギリシャとトルコを共産主義勢力の脅威から守ることを目的とした援助法案の承認を求める演説を行ない、「米国は今後、地球上のいかなる地域においても共産主義の膨張を封じ込める決意である」（トルーマン・ドクトリン）と宣言。

9月18日 米 米空軍、米陸軍から正式独立。

一九四八年

6月 ソ プルトニウム生産工場や使用済みウランからプルトニウムを取り出す再処理工場（黒鉛チェンネル型原子炉）が南ウラルのオビ川の支流テチャ川水系流域に広がる森林地帯の一角に完成。12月22日、プルトニウムの生産が始まる。

9月25日 ソ ソ連が原子爆弾の開発に全力を挙げる一方で、原爆禁止と5大国の軍備の3分の1の軍縮を求める提案を国連に提出。

一九四九年

4月4日 国際 北大西洋条約機構（NATO）が発足。

8月29日 ソ 午前8時、カザフスタンの北東部、ロシア国境に近いセミパラチンスク核実験場でソ連最初の原爆（プルトニウム爆弾）の大気圏内核実験が行なわれる。実験は成功し、ソ連は米国の核独占を突き崩して核保有国となる。放射性物質が南西の風で爆発の中心から北東500キロ離れたロシア共和国アルタイ州ビースクまで運ばれ、住民が被曝、健康被害が発生。

一九五〇年

1月31日 米 トルーマン大統領とバーンズ国務長官らの水爆開発についての協議に基づき、水爆の製造を決断、製造を急ぐよう指示。ソ連の予想外に早い核保有に衝撃を受け、大きな威力を持つ水素爆弾の開発に踏み切る。

2月2日 米 予想外に早いソ連の原爆開発は米国の機密がソ連に漏れたと疑い捜査。米国連邦捜査局（FBI）が調査を開始。連邦検察庁はクラウス・フックスが原爆・水爆の情報をソ連に流したとして、機密漏洩でフックスを逮捕した。

2月 米 米国、移動可能な短距離核ミサイルの開発に着手。

3月19日　国際　スウェーデンのストックホルムで開かれた世界平和擁護大会常任委員会第3回総会が最終日を迎え、①核兵器の無条件禁止、②国際管理機関の設置、③最初に使用した政府を戦争犯罪人とみなす――という「ストックホルム・アピール」を採択。原爆反対の署名が世界各国から5億余、集まる。

6月25日　朝鮮　朝鮮戦争、勃発。

7月12日　米　ローゼンバーグ夫妻がスパイ容疑で逮捕される。

8月5日　米　米国で核兵器搭載のB-29墜落。火薬が爆発。19人死亡。

11月30日　韓　トルーマン大統領、「朝鮮に原爆投下も考慮中」と声明。

12月3日　英　韓国国防長官、国連に対し原爆の使用を要請。

12月4日　英　英国、朝鮮での原爆使用に反対。

12月18日　国際　NATO軍60個師団創設。1952年2月26日、NATO軍欧州軍を創設。

一九五一年

1月27日　米　ネバダで戦術核兵器の爆発実験（2月6日まで）

3月26日　日　「ストックホルム・アピール」の署名集め、日本全国で六四〇万人になる。

4月5日　米　米国の原爆設計図のスパイ容疑により、平和運動家ローゼンバーグ夫妻に死刑判決。

4月11日　米　トルーマン大統領がマッカーサー元帥を極東米軍司令官の職務から解任する。元帥は3月、朝鮮戦争に進攻した中国軍に対し「米国は原子爆弾の使用も考慮中である」と発言、原稿を共和党院内総務ジョゼフ・マーチンに送った。

一九五二年

10月3日　米　英国、最初の核爆発実験をオーストラリアのモンテベロー諸島で実施。

11月1日　米　米国がマーシャル諸島エニウェトク環礁で水爆実験。爆弾の重量は65トン。爆撃機に搭載できず、実用兵器には程遠いものであった。

一九五三年

3月5日　ソ　スターリン・ソ連首相が死去。

8月12日　ソ　ソ連がセミパラチンスク実験場で水爆の実験を行ない、成功。米国の核爆弾独占が破られる。威力は推定50万トンで、広島、長崎の実に20倍を超える。

12月8日　日　アイゼンハワー米大統領「原子力の平和利用」を演説。

一九五四年

3月1日　米　午前4時すぎ、静岡県焼津のマグロはえ縄漁船「第五福竜丸」はビキニ島の東約159キロの「危険区域」設定外の海域で操業中、警告なしの米国の水素爆弾実験による「死の灰」を浴び、乗組員23人全員が急性放射能障害を起こす。

4月12日　米　水素爆弾の開発着手に反対したオッペンハイ

マーは原子力委員会から国家機密を漏らす恐れのある危険人物として公職を追放され、国家機密から完全に閉め出される。

5月9日　日　東京・杉並で「水爆禁止署名運動杉並協議会」、8月8日、「原水爆禁止署名運動全国協議会」が結成される。

6月20日　ソ　ソ連が工業用原子力発電の開始を発表。

9月14日　ソ　ソ連軍が南ウラル地方オレンブルク州のトーツク（南ウラル軍管区）で原爆投下直後に装甲車などで部隊を進撃させる「人体実験」とも言える軍事演習を実施。

9月23日　日　米国のビキニ水爆実験で「死の灰」を浴びた「第五福竜丸」乗組員23人中の最年長39歳の久保山愛吉無線長が死亡。10月9日、焼津市講堂で「静岡県漁民葬」。

一九五五年

1月19日　核戦争の準備に反対する「ウィーン・アピール」を発表。

3月29日　インドのネール首相が核兵器保有国に対して核実験の停止を呼びかける。

4月18日　AA　インドネシアのバンドンで開かれた「アジア・アフリカ諸国民会議」（参加・24カ国）は最終コミュニケの中で「軍縮および原子核・熱核兵器の製造・実験・使用の禁止が人類と文明を全面的滅亡から救うために緊急に求められている」と指摘、核戦争発生の危険に対する注意を喚起。

5月5日　西独　パリ条約が発効、西ドイツが主権を回復し、北大西洋条約機構（NATO）に加盟。6月、国防省を設置。連邦軍を編成、再軍備を開始する。また原発建設を連合国側から許可され、政府と産業界が原発開発に向けて一斉に動き出す。

6月11日　米　米国大統領が西側同盟諸国に実験用原子炉を提供すると発表。

7月9日　米　世界11人の学者がロンドンで「ラッセル・アインシュタイン宣言」を発表。

8月6日　国際日　広島で第1回原水爆禁止世界大会を開く。海外および日本各地から５０００人を超える代表が参加。最終日の8日、「私たちは原水爆の禁止、貯蔵の破棄、軍備縮小により、真の平和が来る日まで原水爆禁止運動を続ける」との宣言を採択。9月19日、「原水爆禁止日本協議会」（原水協）を結成。

一九五六年

2月22日　米　アイゼンハワー大統領がウラン２３５の40トン放出を発表。

5月20日　米　米国、ビキニ環礁上空B-52から最初の水爆投下実験

一九五七年

4月5日　米　西ドイツのアデナウアー首相が「西ドイツ軍を核武装する計画を持っている」と発言。これを重大視した核科学者18人が4月12日、「核兵器の製造、実験、使用には絶対に参加しない」という趣旨の「ゲッティンゲ

ン宣言」を発表。野党社会民主党は労働組合とともに西ドイツに配備された米国の核兵器の撤去を訴え、全国各地で運動。

5月15日　英　第1回水爆実験。

8月26日　ソ　ソ連が大陸間弾道ミサイル（ICBM）の実験成功を発表。

9月29日　ソ　ソ連ウラル地方の核廃棄物工場で爆発。広範囲に放射能汚染。

10月2日　ポ　ラパツキー・ポーランド外相が核武装禁止地帯の設置を提案。

一九五八年

8月12日　仏　政権に復帰したドゴール・フランス大統領が核武装を宣言。

一九五九年

9月　米・ソ　レオ・シラードが訪米したニキータ・フルシチョフ・ソ連首相と2時間、会談し、終戦直後から訴えてきた米ソのホットラインの開設を提案。これがキューバ危機後に実現。

一九六一年

1月24日　米　米国ノースカロライナでB-52が火災、水爆2発が落下。

11月24日　A・A　アジア・アフリカの11カ国が国連総会に対し「核兵器の使用禁止を求める決議」を共同提案。

一九六二年

5月1日　仏　フランスがサハラ砂漠で第1回地下核実験。

5月29日　ソ　ソ連の使節団がキューバを訪れ、カストロ首相に中距離弾道弾、爆撃機、最新の地対空ミサイル、沿岸防備ミサイル、防衛のための戦車部隊、全部で数万人の兵士を送ることを提案、キューバ側が受け入れた。

10月4日　ソ　99個の核弾頭を積んだソ連船がキューバに到着。

10月14日　米　米国のU2型偵察機がキューバ西部で建設中の中距離、準中距離弾道弾の基地とイリューシン28爆撃機の写真撮影。

10月22日　米　ケネディ米国大統領が「キューバにソ連がミサイル基地を建設中である」と発表し、キューバを海上封鎖すると声明。

10月28日　ソ　フルシチョフ・ソ連首相がキューバから攻撃用ミサイルの撤去を命じる。

一九六三年

3月　仏　フランスがサハラ砂漠で初の核実験。

4月10日　米　ボストン沖で米国原潜スレッシャー号沈没。１２９人が死亡。

6月20日　米ソ　米ソ両国政府間のホットライン協定が調印される。開通は8月30日。

8月5日　米ソ英　米国、ソ連、英国の3カ国が「部分的核実験停止条約」に調印。

一九六四年

10月16日　中　中国は新疆ウイグル族のロブノールで核爆発実験（ウラン２３５を使用）、核保有国となる。

一九六五年

8月19日　米　米国でタイタン・ミサイルが炎上。53人死亡。

12月5日　仏　沖縄近海で米国の空母から核兵器搭載のA-4E機が落下し、水没。

一九六六年

1月17日　米　スペイン上空で水爆搭載の米国B-52が墜落。放射能汚染。

10月　米・ソ・　中国が初の核ミサイル発射実験に成功。

一九六七年

2月　米　「ラテンアメリカ・カリブ核兵器禁止条約」調印。１９６８年4月22日、発効。

一九六八年

1月21日　米　グリーンランドで水爆搭載の米国B-52墜落。放射能汚染。

5月21日　米　アゾレス群島沖で米国原潜「スコーピオン号」が沈没。99人が死亡。

7月　国際　「核拡散防止条約（NPT）」が調印される。発効は１９７０年3月。

一九七〇年

2月　ソ　ソ連ゴーリキー市西の原潜建造所で爆発。数人が死亡。放射能汚染。

一九七一年

6月17日　中　中国が初の水爆実験。

一九七二年

3月5日　米ソ　「弾道弾迎撃ミサイル条約（ABM条約）」が発効（２００２年6月13日失効）。

11月13日　米　ロンドンで開かれた「政府間海事機構協議会」（IMCO）の会議で「廃棄物その他の物の投棄による海洋汚染防止条約」（通称・ロンドン条約）が調印される。１９７５年に発効。

一九七三年

8月28日　米　米国がABM（対弾道ミサイル）の実験に成功。

9月30日　米ソ　米ソ両国が「偶発戦争防止協定」と米ソ政府間のホットライン改善協定に調印。

一九七四年

5月　国際　オーストラリアとニュージーランドがフランスの核実験を国際司法裁判所に提訴。

3月1日　米ソ　米、ソが首脳会談（ワシントン）で「SALTⅡ基本原則」に調印。

5月18日　印　インドが初の地下核実験を実施。

6月22日　国際　国際司法裁判所がオーストラリアとニュージーランドの核実験中止要請を認める。

一九七五年

7月3日　米ソ　米ソ首脳会談（モスクワ）の最終日、ABM（対弾道ミサイル）制限条約の付属議定書に調印。

一九七六年

10月10日　ソ英　ソ連と英国が「偶発核戦争防止協定」の調印。

6月20日　ソ　ソ連バルト海海軍基地で地下核爆発。40人以上死亡説。

一九七七年

9月14日　米ソ　米ソが平和目的の地下核実験制限に調印。米国は批准せず。

10月10日　ソ仏　ソ連とフランスが「偶発核戦争防止協定」に調印。

10月4日　米　カーター米国大統領が国連総会の演説で「自衛以外に核兵器を最初に使用しない」と発言。

11月2日　ソ　ブレジネフ・ソ連最高会議議長が革命60周年集会で「あらゆる核実験の禁止に合意する用意がある」と演説。

一九七八年

1月24日　ソ　ソ連原子炉衛星、カナダ北西部の湖に墜落。放射能汚染。

5月23日　国連　国連初の軍縮特別総会が始まる。日本は1869万4225人の署名を国連に提出。

一九七九

3月28日　米　スリーマイル島原発で事故が発生。

一九八〇年

7月6日　仏　ムルロアのフランス核実験場で爆発事故。2人死亡。

8月21日　ソ　ソ連原子力潜水艦（E1型）K-66、沖縄近海で火災事故。9人死亡。

一九八一年

10月10日　欧州　西ドイツの首都ボンに欧州各国から約30万人が集まり、戦域核配備反対の反核集会。24日にロンドンとローマ、25日、ブリュッセルで、それぞれ約20万人参加の反核集会。

一九八二年

5月23日　日　広島で約20万人が参加して核兵器反対集会、東京で約40万人が反核デモ。

6月12日　米　ニューヨークで反核デモ。参加者総数は約95万人。

9月12日　米　米国の核実験で被爆したネバダ州の住民1100人が合わせて20億ドルの損害賠償を求め、米国連邦地裁に提訴。

10月　欧州　西ドイツで反核行動週間。最終日に約30万人が「人間の鎖」をつくる。西ドイツのほか、イタリア、英国などの欧州諸国でも計約200万人が反核集会に参加。

11月25日　米　レーガン米国大統領が上下両院の合同会議で「核戦争は決して戦ってはならない。それなら核兵器を全面的に廃絶した方がいいのではなかろうか」と発言。

1月25日　米ソ　シュルツ米国国務長官とグロムイコ・ソ連外相が会談。共同コミュニケに、核兵器の完全廃絶を目標として交渉を進めることを盛り込む。

8月6日　国際　「南太平洋非核地帯条約」（ラトロンガ条約）が調印される。翌86年12月11日、発効。

一九八四年

11月19日　米　レーガン米国大統領とゴルバチョフ・ソ連共産党書記長がジュネーブで首脳会談（第1回）。20日まで。

一九八五年

9月29日　ソ　ゴルバチョフ・ソ連共産党書記長が20世紀末までにほぼ5年刻みの3段階で核を廃絶することを目標とする7項目の具体的な計画を提案。

一九八六年

4月26日　ソ　深夜、ソ連キエフ近郊のチェルノブイリ原発で4号炉の原子炉が制御棒の欠陥と作業員の操作ミスのために「暴走」、2度爆発が起こって人類史上最大の放射能汚染事故となる。事故後の対策作業に携わった86万人のうち約5万5000人が放射能障害などの健康被害で死亡。「死の灰」がヨーロッパ全域に降下、地球的規模の放射能汚染を引き起こした。

10月3日　ソ　ソ連原子力潜水艦k-219の原子炉の一部が西大西洋で爆発。同潜水艦が沈没。乗員4人が死亡、116人は米艦に救助される。

10月11日　米ソ　レーガン米国大統領とゴルバチョフ・ソ連共産党書記長がレイキャビックで米ソ首脳会談。（第2回。12日まで）レーガンが戦略防衛構想（SDI）に固執し、会談の成果はなかった。米国側が「ソ連が有効な検証手段の改善に応じるならば、米国は核実験制限条約、平和目的核実験制限条約の批准を急ぎ、そのあと全面的核実験禁止に向けて段階的な規制交渉を進める」と提案。

12月10日　米　レーガン米国大統領とゴルバチョフ・ソ連共産党書記長がワシントンのホワイトハウスで首脳会談。「米ソ両国の地上発射中距離・短射程ミサイル全廃条約（INF条約）」に調印。88年5月の米ソ首脳会談で批准書が交換され、発効。歴史上、初めての核兵器削減の実現となる。

一九八七年

5月　ビキニ　ロンゲリック島に移住した元ビキニ島の複数の住民の体内から基準以上の放射性物質が発見された。このため住民145人がキリー島に運ばれ、ビキニ島は無人島になる。曲折の後、米国は「核実験の及ぼした結果に米国は責任がある」と被災の責任を認めた。

一九八八年

6月1日　国際　「中距離核戦略条約（INF条約）」が発効。

一九八九年

4月9日　ソ　ソ連原潜がノルウェー沖で火災・沈没。42人死亡。

11月2日　ソ　ソ連政府がセミパラチンスク核実験場における核実験被害の責任を初めて認め、計約60万人に1人最高300ルーブル（当時の労働者の平均賃金1カ月分にも満たない額）の補償金を支払う。

12月2日　米ソ　マルタ島でブッシュ米国大統領とゴルバチョフ・ソ連最高会議議長兼共産党書記長が首脳会談を開き、翌3日、冷戦終結を決める。

一九九〇年

12月11日　国際　「地下核実験制限条約（TTBT）」が発効。

一九九一年

1月17日　国際　湾岸戦争、勃発。多国籍軍がイラクを攻撃。ミサイルや劣化ウラン弾25万発を使用。

5月　米　米国、西ドイツに配備されていた短距離道路移動型弾道ミサイルMGM-31AパーシングI全てを破壊。

5月　ソ　ソ連、中距離離間弾道弾SS-4SAndalを全て撤去、破壊。

7月30日　米・ソ　米国が「戦略兵器削減交渉（STARTI）」に調印。31日、ソ連が調印。

10月6日　ソ　ゴルバチョフ・ソ連大統領、戦術核ミサイル撤廃と70万人の兵力削減を発表。

11月26日　英　英国、最後の核爆発実験を実施（通算45回）。

12月21日　ソ　ソ連が崩壊し、独立国家共同体（CIS）が成立。

一九九二年

6月16日　米ロ　米国、ロシアの両国、戦略核弾頭3分の2削減協定に調印。

9月23日　米　米国、事実上最後の核爆発実験を実施。

10月17日　ロ　ロシアの核廃棄物海洋投棄船が核廃棄物を日本海に投棄、その投棄現場を「グリーンピース」が撮影、映像を全世界に配信。抗議の世論が世界的に高まる。

一九九三年

2月　ロ　ロシア政府の「放射性廃棄物海洋投棄問題委員会」がエリツィン大統領に海洋投棄の実態調査結果を報告。1966年から1992年までに極東海域への液体と固体の核廃棄物投棄総量は1万8565キュリー。

4月6日　ロ　西シベリアの旧ソ連核秘密都市「トムスク7」のプルトニウム再処理工場で爆発事故。高レベル放射性廃液が無処理のままテチャ川に流された。

11月8日　国際　ロンドン条約第16回締約国会議で放射性廃棄物海洋投棄の全面禁止決議案が賛成37、反対0、棄権5で採択。

一九九四年

9月　日　日本が国連に初めて「核兵器廃絶決議案」を提出。以後毎年、提出。12月、裁決。

12月　国際　「戦略兵器削減条約（STARTI）」が発効。2009年12月5日、失効。

一九九五年

東南ア　「東南アジア非核兵器地帯条約」、10カ国が調印。発効は1997年3月27日。

一九九六年

1月29日　仏　フランスが南太平洋のファンガタウファ環礁で最後の地下核実験。同月、ムルロア環礁から核実験による放射能漏れを確認。

一九九七年

4月11日　ア　「アフリカ非核兵器条約」が調印される。2009年7月15日、発効。

5月27日　国際　ロシアとNATO、基本文書に調印。ロシアが、NATO諸国に対するICBMの照準を解除すると約束。

10月13日　米　米国上院、「包括的核実験禁止条約」（C

TBT）の承認を否決。

一九九八年

2月2日　仏　フランス、高速増殖炉スーパーフェニックスの廃止を決定。

4月7日　英仏　英国とフランス、CTBTを批准。

5月11日　印　インドがタール砂漠で軍事目的の水爆地下核実験を3回実施。13日に2回、合計5回。3発の核爆発実験を実施。うち1発は水爆。

5月28日　パ　パキスタン、地下核爆発実験を5回、実施。30日、さらに1回、2日間で6回実施。

6月4日　国連　国連安全保障理事会常任理事国外相会議でインド・パキスタンを核保有国として認めないと決定。

8月31日　北朝鮮　北朝鮮、初の大型ミサイル、テポドン1号の発射実験。第1弾は日本海へ、第2弾は日本上空を通過、太平洋に落ちる。

一九九九年

9月30日　日　茨城県東海村の燃料加工会社JCOウラン精製工場でレベル4の臨界事故。3人が大量被曝。後に2人が死亡。

12月2日　国連　国連で日本提案の「核兵器の究極的廃絶に向けた核軍縮」を賛成多数で決議。新アジェンダ連合提案の「核兵器のない世界」も賛成多数で決議されるが、日本は棄権。

二〇〇〇年

8月　国連　ロシア（旧ソ連海軍）原子力潜水艦「K-141クルスク」が演習中、訓練魚雷の爆発と誘爆で炉心に約2トンの核燃料を搭載したままバレンツ海海底に沈没。118人全員が死亡。

二〇〇一年

4月30日　米　国連欧州経済委員会（ECE）は、カザフスタン全土の大半が放射能汚染されていると発表。汚染はカザフ平均で地球平均の2〜3倍と推定

8月23日　米　ブッシュ米大統領、ミサイル防衛の開発予定に合わせて弾道弾迎撃ミサイル（ABM）制限条約から脱退すると明言。

11月13日　米ロ　米ロ首脳会談。米が約7000個の戦略核弾頭を今後10年間で1700〜2200個に削減することを表明。プーチン露大統領も「同じように対応する」と述べる。

二〇〇二年

1月29日　米　ブッシュ米大統領、一般教書演説でイラク、イラン、北朝鮮を「大量破壊兵器を開発している」と批判。いわゆる「悪の枢軸」発言。

5月24日　米ロ　米ロ首脳、戦略核ミサイルを6000発から1700〜2200発に削減する「戦略攻撃能力削減条約（通称・モスクワ条約。SORT）」に調印。

12月12日　北朝鮮　北朝鮮が国際原子力機関（IAEA）に核施設の凍結（1994年の米朝枠組み合意に基づく）解除を書簡で通知し、核施設のうち黒鉛炉、核燃料棒貯蔵プールなど

で封印を解除したうえ、IAEAが設置した監視カメラの撤去を要請。

二〇〇三年

1月10日　北朝鮮　北朝鮮が「核不拡散条約」（調印は1985年12月12日）から脱退。

3月20日　中東　イラク戦争、開戦。（5月1日まで）

6月1日　米ロ　「戦略攻撃兵器削減条約（SORT。モスクワ条約）」が発効。

6月2日　国際　フランスのエビアンで開催されたサミットで、北朝鮮の核兵器開発やイランの原子力計画など「大量破壊兵器の不拡散に関するG8宣言」が採択される。

12月13日　米　米スミソニアン航空宇宙博物館で広島に原子爆弾を投下した「エノラゲイ号」が一般公開。この展示は航空機の発展をテーマにしており、原爆投下についてのものではなかったので、被爆者団体などが反発。

12月19日　リ　リビアのカダフィ大佐が、米英と大量破壊兵器の破棄で合意。

二〇〇四年

1月2日　仏　フランスがサハラ砂漠や南太平洋で行なった核実験（1960年から1996年までに210回）によって健康を損なったとして、退役軍人や現地作業員ら11人が、国に損害賠償を求める訴訟を起こす。

二〇〇五年

2月10日　北朝鮮　北朝鮮が核保有を公式に宣言。同国の核問題を巡る6カ国協議への参加を無期限中断すると発表。

4月11日　ロ　ロシア政府がチェルノブイリ原発事故により、ロシア国内で145万人が被曝したと発表。24日、ウクライナの民間組織チェルノブイリ身体障害者同盟は、1986年のチェルノブイリ原発事故で、過去19年間にウクライナで350万人が被曝し、汚染地域に230万人、放射能警戒地域に160万人が居住していることなどを明らかにした。

5月2日　国際　核拡散防止条約（NPT）再検討会議が国連本部で開幕。5月25日、核軍縮分野における米国と非核国の対立などから3つの主要委員会で合意に失敗、包括合意文書を採択できず。

二〇〇六年

9月3日　国際　「中央アジア非核兵器地帯条約」が調印される。2009年3月21日、発効。

10月9日　北朝鮮　北朝鮮が地下核実験の実施を発表、国連安全保障理事会が北朝鮮制裁決議を採択、北朝鮮に核その他の大量破壊兵器・弾道ミサイルの放棄を義務付けた。

二〇〇九年

4月5日　米　オバマ米国大統領がチェコの首都プラハで演説、「米国は核兵器を使った唯一の核大国として行動する道義的な責任がある」と述べ、さらに「核のない、安全な世界」の建設を呼び掛ける。

5月25日　北朝鮮　北朝鮮が2度目の地下核実験を実施。6

月12日、国連安全保障理事会が北朝鮮に対し制裁措置を強化。翌13日、北朝鮮がウラン濃縮着手を宣言。

7月8日　国際　イタリアのラクイラで開かれた主要8カ国（G8）首脳会議終了後、「核兵器のない世界」に向けた状況をつくることを約束する」と明記した核軍縮・核不拡散に関する首脳声明を発表。声明はオバマ米国大統領が4月、プラハで「核兵器のない世界」を訴えた演説を受けて出された。

二〇一一年

3月11日　日　東京電力福島第一原発に巨大津波が襲来、1号機から4号機までの各原子炉が全交流電源を喪失。12日、1号機の原子炉建屋、14日、3号機の原子炉建屋、15日、運転停止中の4号機原子炉建屋で、それぞれ水素爆発。炉心溶融。2号機の格納容器下部の圧力抑制プール付近でも爆発。大量の放射性物質が環境中に放出され、住民に避難指示。

二〇一二年

4月19日　印　インドが初の長距離弾道ミサイル「アグニ5」の発射実験に成功。射程は5000キロメートル。

二〇一四年

3月16日　ロ　クリミア半島のロシア編入を決める住民投票。18日、ロシアは編入賛成票が全体投票数の9割以上を占めたとして編入を宣言。その後、ロシアは東ウクライナの親ロシア派の反乱を支援するなど、ロシアと欧米の間に新たな緊張を生む。

二〇一五年

3月15日　ロシア　プーチン大統領がクリミア編入によって起こり得るあらゆる事態に対応するため、核兵器の使用を準備させていたと発言。

4月27日　国際　「核兵器拡散防止条約（NTT）」の再検討会議が開かれる。最終日の5月22日、「中東非核化地帯構想」に関する国際会議開催案を巡り、会議が決裂。

脚注

第1章 「核の世紀」を導いた核分裂発見

注1 NHK制作テレビ番組「BS歴史館 人は原子の能力とどう出会ったのか」。
注2 スーザン・クイン著、田中京子訳『マリー・キュリー』(みすず書房、一九九九年)二四一~二四四頁。
注3 前掲書二四九頁。
注4 前掲書二四七頁。
注5 前掲書二九〇~二九一頁。
注6 NHK制作テレビ番組「BS歴史館 人は原子の能力とどう出会ったのか」。
注7 桜井邦明『マリー・キュリー 激動の時代に生きた女性科学者の素顔』(地人書館、一九九五年)一九五頁。
注8 前掲書二六五頁。
注9 オットー・ハーン著、山崎和夫訳『オットー・ハーン自伝』(みすず書房、一九七七年)一七二~一七四頁。
注10 K・ホフマン著、山崎正勝・小長谷大介・栗原岳史訳『オットー・ハーン 科学者の義務と責任とは』(シュプリンガー・ジャパン、二〇〇六年)一五四頁。
注11 前掲書一五九頁。
注12 前掲書一五六頁。
注13 C.ケルナー著『核分裂を発見した人―リーゼ・マイトナーの生涯』(晶文社、一九九〇年)二一八頁。
注14 前掲書一二頁。
注15 K・ホフマン著、山崎正勝・小長谷大介・栗原岳史訳『オットー・ハーン 科学者の義務と責任とは』(シュプリンガー・ジャパン、二〇〇六年)七九頁。
注16 シャルロッテ・ケルナー著、平野卿子『核分裂を発見した人々 リーゼ・マイトナーの生涯』(晶文社、一九九〇年)一五六頁。

注17　レオ・シラード著、伏見康治・伏見諭訳『レオ・シラードの証言』（みすず書房、一九八三年）一四頁。
注18　前掲書一四頁。
注19　前掲書一四頁。
注20　小野周監修、天笠啓祐著『原発はなぜこわいか』（高文研、一九八〇年）三六～三七頁。
注21　レオ・シラード著、伏見康治・伏見諭訳『レオ・シラードの証言』（みすず書房、一九八三年）一一一頁。

第2章　米国の原爆開発

注1　レオ・シラード著、伏見康治・伏見諭訳『レオ・シラードの証言』（みすず書房、一九八二年）一四〇頁。
注2　前掲書一一二頁。
注3　前掲書一四〇頁。
注4　山田克哉『原子爆弾　その理論と歴史』（講談社、一六年）二六三～二六四頁。
注5　前掲書三〇四～三〇五頁。
注6　前掲書三〇六～三〇七頁。
注7　前掲書三〇八頁。
注8　前掲書三一四頁。
注9　前掲書四〇五頁。
注10　アラン・R・レミット著、ピーター・マスロウスキー著、防衛大学校戦争史研究会訳『アメリカ社会と戦争の歴史』（彩流社、二〇一一年）二九頁。

第3章　早期終戦できず原爆投下に

注1　半藤一利・湯川豊『原爆が落とされた日』（PHP研究所、一九九四年）二六三頁。
注2　リチャード・ローズ著、神沼二真訳『原子爆弾の誕生（下）』（紀伊國屋書店、一九九五年）五〇一～五〇二頁。
注3　前掲書五〇三頁。
注4　NHK広島制作テレビ番組「原爆投下　活かされなかった極秘情報」。
注5　前掲テレビ番組。
注6　前掲テレビ番組。
注7　前掲テレビ番組。

注8　NHK出版編集・発行『ヒロシマはどう記録されたか　NHKと中国新聞の原爆報道』（二〇〇三年）一四五頁。
注9　川名英之「米ソ核開発とソ連核実験汚染」、『世界の環境問題』第4巻・ロシアと旧ソ連邦諸国所収（緑風出版、二〇〇九年）一九四頁。
注10　『毎日新聞』二〇一五年一月六日記事「原爆投下の日『煙幕』　八幡製鉄所元従業員69年目の苦悩告白」。
注11　NHK制作テレビ番組「封印された報告書」。
注12　前掲テレビ番組。
注13　前掲テレビ番組。
注14　米国政策テレビ番組「オリバーストーンが語るもうひとつのアメリカ史」（10回シリーズ）第三回「原爆の投下」。

第4章　孤立無援に苦しむ被爆者たち

注1　飯島宗一『広島・長崎でなにが起ったのか　原爆の人体への影響』（岩波書店、一九八二年）五三～五四頁。
注2　前掲書五四頁。
注3　真野章子『被ばくと補償　広島、長崎、そして福島』八五～八六頁。広島市・長崎市　原爆災害誌編集委員会『原爆災害――ヒロシマ・ナガサキ』（岩波書店、二〇〇五年）一八二～一九一頁。
注4　『デイリー・エクスプレス』一九四五年九月五日記事『原子の伝染病』。
注5　前掲紙記事。
注6　梅本哲也『核兵器と国際政治』（日本国際問題研究所、一九九六年）四六〇頁。
注7　繁沢敦子『原爆と検閲』（中央公論社、二〇一〇年）一五七頁。
注8　前掲書一六〇～一六一頁。
注9　飯島宗一『広島・長崎でなにが起ったのか　原爆の人体への影響』（岩波書店、一九八二年）四五～四六頁。
注10　『木戸日記　下巻』一二二二頁。
注11　二〇一四年九月、宮内庁が公開した『昭和和天皇実録』。勝田龍夫『重臣たちの昭和史　下』文藝春秋。二〇一四年）四三六頁。
注12　半藤一利『聖断　昭和天皇と鈴木貫太郎』（P

HP研究所、二〇〇六年）四五六頁。
注13　前掲書四六八頁。
注14　前掲書四六〇～四六二頁。
注15　前掲書五一二頁。
注16　NHK制作テレビ番組「終戦　なぜ早く決められなかったのか」（二〇一四年八月十五日放送）

第5章　米ソ核軍拡と核戦争の危機

注1　川名英之『世界の環境問題　第4巻・ロシアと旧ソ連邦諸国』（緑風出版、二〇〇九年）一九六～一九七頁。
注2　前掲書一九九頁。
注3　NHK（モスクワ・広島）取材班『旧ソ連・戦慄の核実験』（日本放送出版協会、一九九四年）
注4　前掲書二一〇頁。
注5　前掲書二〇四頁。
注6　前掲書二一〇～二一一頁。
注7　前掲書二一七頁。デーヴィド・ホロウェイ著、川上洸・松本幸重訳『スターリンと原爆』下巻（大月書店、一九九七年）四二六頁。
注8　川名英之『世界の環境問題　第5巻・米国』（緑風出版、二〇〇九年）一五五頁。
注9　前掲書一五五頁。
注10　前掲書一五五頁。
注11　米国政策テレビ番組「オリバーストーンが語るもうひとつのアメリカ史」（10回シリーズ）第四回「冷戦の構図」。
注12　前掲テレビ番組。
注13　前掲テレビ番組。

第6章　核実験と核工場・兵器の事故

注1　川名英之『ドキュメント　日本の公害　第4巻・足尾・水俣・ビキニ』（緑風出版、一九八九年）三五四～三五五頁。
注2　NHK制作テレビ番組「半世紀の現実　除染された島へ」（二〇一二年、放送）
注3　前掲テレビ番組。
注4　『毎日新聞』一九九三年一月二十三日記事「六万人が深刻な核汚染　ウラル核事故の被害」。
注5　『朝日新聞』一九九一年二月四日記事。

注6　米国防省資料「核兵器関連事故のまとめ　1950～80年」（一九八一年）。

注7　「放射性物質海洋投棄問題委員会」（委員長・環境問題担当のアレクサンドル・ヤブロコフ大統領顧問）がエリツィン大統領に提出した報告書『ロシア連邦領土に隣接する海洋への放射性廃棄物の投棄に関する事実と問題』（略称・海洋投棄白書。一九九三年二月）。

第7章　反核運動と核軍縮の歩み

注1　NHK制作テレビ番組「核なき世界を　第2集　ラストメッセージ　湯川秀樹」。

注2　前掲テレビ番組。

注3　林一・林大訳『アインシュタインは語る』増補新版（大月書店、一九九七年）二〇一頁。

注4　前掲書二〇一頁。

注5　川名英之『世界の環境問題　第5巻・米国』（緑風出版、二〇〇九年）二〇五頁。

注6　オットー・ハーン著、山崎和夫訳『オットー・ハーン自伝』（みすず書房、一九七七年）二六八頁。

注7　前掲書二六九頁。

注8　前掲書二七四～二七五頁。

注9　川名英之「米ソ核開発とソ連核実験汚染」、『世界の環境問題　第4巻・ロシアと旧ソ連邦諸国』所収（緑風出版、二〇〇九年）二四〇頁。

注10　吉田文彦『核のアメリカ』（岩波書店、二〇〇九年）一四一～一四五頁。

注11　NHKテレビ番組「21世紀への証言　誤算なき未来へ　ミハイル・ゴルバチョフ」。

注12　川名英之『世界の環境問題　第4巻・ロシアと旧ソ連邦諸国』（緑風出版、二〇〇九年）二七一～二f七二頁。

終章　「人類の悲願」核廃絶に向けて

注1　NHK制作テレビ番組「終わりなき被曝との闘い」（二〇一三年八月六日放送）。

注2　NHK制作テレビ番組「戦後70年　東京大空襲はなぜ行われたか」（二〇一五年放送）。

注3　前掲テレビ番組。

注4　前掲テレビ番組。

注5　NHK制作テレビ番組「核兵器は　こう裁かれた　攻防国際司法裁判所」（二〇一五年放送）。
注6　前掲テレビ番組。
注7　前掲テレビ番組。
注8　前掲テレビ番組。
注9　前掲テレビ番組。
注10　『朝日新聞』二〇一四年四月十二日記事。

参考文献

第1章 「核の世紀」を導いた核分裂発見

オットー・ハーン著、山崎和夫訳『オットー・ハーン自伝』みすず書房、一九七七年。

シャルロッテ・ケルナー著、平野卿子訳『核分裂を発見した人々　リーゼ・マイトナーの生涯』晶文社、一九九〇年。

山田克哉『原子爆弾　その理論と歴史』講談社、一九九六年。

スーザン・クイン著、田中京子訳『マリー・キュリー』みすず書房、一九九九年。

セアラ・ドライ著、増田珠子訳『科学者キュリー』青土社、二〇〇五年。

K・ホフマン著、山崎正勝・小長谷大介・栗原岳史訳『オットー・ハーン　科学者の義務と責任とは』シュプリンガー・ジャパン、二〇〇六年。

第2章 米国の原爆開発

ピーター・グッドチャイルド著、池澤夏樹訳『ヒロシマを壊滅させた男　オッペンハイマー』白水社、一九八二年。

服部学『核兵器と核戦争』大月書店、一九八二年。

レオ・シラード著、伏見康治・伏見諭訳『シラードの証言』みすず書房、一九八三年。

キャサリン・コーフィールド著、友清裕昭訳『被爆の世紀』一九九〇年。

リチャード・ローズ著、神沼二真・渋谷泰一訳『原子爆弾の誕生』上、下　紀伊国屋書店、一九九五年。

フリーマン・ダイソン著、林一、林大訳『アインシュタインは語る』大月書店、一九九七年。

鳥居民『原爆を投下するまで日本を降伏させるな』草思社、二〇〇五年。

J・サミュエル・ウォーカー著、林勝義監訳『原爆投下とトルーマン』彩流社、二〇〇八年。

和田長久『原子力と核の時代史』七つ森書館、二〇一四年。

第3章　早期終戦できず原爆投下に

中国新聞社編『ヒロシマ・25年―広島の記録　3』未来社、一九七一年。

舘野之男『放射線と人間』岩波新書、一九七四年。

飯島宗一『広島・長崎でなにが起ったのか――原爆の人体への影響』岩波ブックレット、一九八二年。

服部学『核兵器と核戦争』大月書店、一九八二年。

伊東壮『原爆被害者の半世紀』岩波ブックレット、一九八八年。

リチャード・ローズ著、神沼二真訳『原子爆弾の誕生（下）』紀伊国屋書店、一九九五年。

NHK出版編集・発行『ヒロシマはどう記録されたか　NHKと中国新聞の原爆報道』二〇〇三年。

川名英之「米ソ核開発とソ連核実験汚染」、『世界の環境問題　第4巻・ロシアと旧ソ連邦諸国』所収、緑風出版、二〇〇九年。

『毎日新聞』二〇一五年一月六日記事「原爆投下の日『煙幕』　八幡製鉄所元従業員69年目の苦悩告白」。

繁沢敦子『原爆と検閲』中央公論社、二〇一〇年。

NHK広島局・原爆プロジェクト・チーム『ヒロシマ・残留放射能の四十二年――原爆救援隊の軌跡』日本放送出版協会、一九八八年。

田中伸尚『ドキュメント　昭和天皇　第5巻・敗戦（下）』緑風出版、一九八八年。

荒井信一『シリーズ昭和史№8　日本の敗戦』岩波ブックレット、一九八八年。

レオ・シラード著、伏見康治・伏見諭訳『レオ・シラードの証言』みすず書房、一九八三年。

半藤一利・湯川豊『原爆が落とされた日』PHP研究所、一九九四年。

梅本哲也『核兵器と国際政治　一九四五〜一九九五』日本国際問題研究所、一九九六年。

坂本義和・庄野直美監修、岩垂博・中島竜美編『日本原爆論体系　第1巻・なぜ日本に投下されたか』日本図書センター、一九九九年。

広島平和記念資料館編集・発行『図録　ヒロシマを世界に』一九九九年。

諏訪澄『ヒロシマ原爆8時15分投下の意味』原書房、

二〇〇三年。

NHK出版編『ヒロシマはどう記録されたか　NHKと中国新聞の原爆報道』日本放送出版協会、二〇〇三年。

半藤一利『昭和史　1926～1945』平凡社、二〇〇四年。

スティーヴン・ウォーカー著、横山啓明訳『カウントダウン・ヒロシマ』早川書房、二〇〇五年。

広島市・長崎市原爆災害史編集委員会編『原爆災害　ヒロシマ・ナガサキ』岩波現代文庫、二〇〇五年。

半藤一利『昭和史〈戦後編〉1945～1989』平凡社、二〇〇六年。

ジョージ・ウェラー編著、小西紀嗣訳『GHQが封印した幻の潜入ルポ　ナガサキ昭和20年夏』毎日新聞社、二〇〇七年。

アルチュール・コント著、山口俊幸訳『ヤルタ会談　世界の分割　戦後体制を決めた8日間の記録』二玄社、二〇〇九年。

マイケル・ドブズ著『ヤルタからヒロシマへ——終戦と冷戦の覇権争い』白水社、二〇一三年。

田口ランディ『ヒロシマ、ナガサキ、フクシマ　原子力を受け入れた日本』筑摩書房、二〇一一年。

直野章子『被ばくと補償　広島、長崎、そして福島』平凡社、二〇一一年。

岡部伸『消えたヤルタ密約急電』新潮社、二〇一二年。

日高義樹『なぜアメリカは日本に二発の原爆を落としたのか』PHP研究所、二〇一二年。

オリバー・ストーン&ピーター・カズニック著、大田直子ほか訳『オリバー・ストーンが語るもうひとつのアメリカ史1　2つの世界大戦と原爆投下』早川書房、二〇一三年。

マイケル・D・ゴーディン著、林義勝・藤田怜史・武井望訳『原爆投下とアメリカ人の核認識——通常兵器から「核」兵器へ』彩流社、二〇一三年。

和田長久『原子力と核の時代史』七つ森書館、二〇一四年。

第4章　孤立無援に苦しむ被爆者たち

『デイリー・エクスプレス』一九四五年九月五日記事「原子の伝染病」。

日本学術会議『原子爆弾災害調査報告集　第1分冊、第2分冊』日本学術振興会、一九五三年。

広島原爆医療史編集委員会『広島原爆医療史』広島原爆障害対策協議会、一九六一年。

木戸幸一『木戸幸一日記　下巻』東京大学出版会、一九六六年。

広島市・長崎市　原爆災害誌編集委員会編『広島・長崎の原爆災害』岩波書店、一九七九年。

飯島宗一『広島・長崎でなにが起ったのか　原爆の人体への影響』岩波書店、一九八二年。

ウイルフレッド・バーチエット著、成田良雄・文京洙訳『広島ＴＯＤＡＹ』連合出版、一九八三年。

モニカ・ブラウ著、立花誠逸訳『検閲　一九四五―一九四九』時事通信社、一九八八年。

半藤一利『原爆が落とされた日』ＰＨＰ研究所、一九九四年。

堀場清子『原爆表現と検閲――日本人はどう対応したか』朝日新聞社、一九九五年。

梅本哲也『核兵器と国際政治』日本国際問題研究所、一九九六年。

岩垂弘・中島竜美編『日本原爆論体系　第1巻　なぜ日本に投下されたか』日本図書センター、一九九九年。

ＮＨＫ出版編『ヒロシマはどう記録されたか　ＮＨＫと中国新聞の原爆報道』日本放送出版協会、二〇〇三年。

広島市・長崎市　原爆災害誌編集委員会『原爆災害――ヒロシマ・ナガサキ』岩波書店、二〇〇五年。

鳥居民『原爆を投下するまで日本を降伏させるな』草思社、二〇〇五年。

半藤一利『聖断　昭和天皇と鈴木貫太郎』ＰＨＰ研究所、二〇〇六年。

ＮＨＫ制作テレビ番組「被爆者　空白の10年」二〇〇七年八月六日放送)

繁沢敦子『原爆と検閲』中央公論社、二〇一〇年。

真野章子『被ばくと補償　広島、長崎、そして福島』平凡社、二〇一一年。

マイケル・D・ゴーディン著、林勝義・武田怜史・武井望訳『原爆投下とアメリカ人の核意識――通常兵器から「核兵器」へ』彩流社、二〇一三年。

ＮＨＫ制作テレビ番組「終戦　なぜ早く決められなかったのか」(二〇一四年八月十五日放送)

二〇一四年九月、宮内庁が公開した『昭和天皇実録』。

勝田龍夫『重臣たちの昭和史　下』文藝春秋　二〇一

四年。

宇吹暁『ヒロシマ戦後史』岩波書店、二〇一四年。

第5章　米ソ核軍拡と核戦争の危機

前田寿『原子力と国際政治』岩波新書、一九五八年。

広田重道『戦後史の発掘　第五福竜丸――その深層と現在』白石書店、一九七七年。

高榎堯『現代の核兵器』岩波新書、一九八二年。

ジョナサン・シェル著、斎田一路・西俣総平訳『地球の運命』朝日新聞社、一九八二年。

服部学『核兵器と核戦争』大月書店、一九八二年。

M・ロワン＝ロビンソン著、高榎堯訳『核の冬』岩波新書、一九八五年。

シドニー・レンズ著、矢ヶ崎誠治訳『核兵器は世界をどう変えたか』草思社、一九八六年。

H・コルディコット著、高木仁三郎・阿木幸男訳『核文明の恐怖――原発と核兵器』岩波現代文庫、一九八七年。

『朝日新聞』記事「核を操った科学者　E・テラーとその時代」一九九一年十月十七日〜十二月七日朝日新聞夕刊連載。

前田哲男『非核太平洋　被爆太平洋――新編　棄民の群島』筑摩書房、一九九一年。

西堂紀一郎、ジョン・イー・グレイ『原子力の奇跡　国際政治の泥にまみれたサイエンティストたち』日刊工業新聞社、一九九三年。

NHK（モスクワ・広島）取材班編『NHKスペシャル　旧ソ連――戦慄の核実験』日本放送出版協会、一九九四年。

森本良男『冷戦　人と事件　核をめぐる激動の50年』サイマル出版会、一九九五年。

豊崎博光『蝕まれる星・地球』平和のアトリエ、一九九五年。

豊崎博光『核の影を追って――ビキニからチェルノブイリへ』NTT出版、一九九六年。

梅本哲也『核兵器と国際政治』日本国際問題研究所、一九九六年。

デーヴィド・ホロウェイ著、川上洸・松本幸重訳『スターリンと原爆』上、大月書店、一九九七年。

吉田文彦著『核のアメリカ――トルーマンからオバマまで』岩波書店、二〇〇九年。

ステファニー・クック、藤井留美『原子力　その隠蔽された真実　人の手に負えない核エネルギーの70年史』飛鳥新社、二〇一一年。

アラン・R・ミレット、ピーター・マスロウスキー、防衛大学校戦争史研究会訳『アメリカ社会と戦争の歴史——連邦防衛のために』彩流社、二〇一一年。

大石又七『矛盾——ビキニ事件、平和運動の原点』武蔵野書房、二〇一一年。

「NHKスペシャル」取材班『核を求めた日本　被爆国の知られざる真実』光文社、二〇一二年。

和田長久『原子力と核の時代史』七つ森書館、二〇一四年。

第6章　核実験と核工場・兵器の事故

川名英之『ドキュメント　日本の公害　第4巻・足尾・水俣・ビキニ』緑風出版、一九八九年。

田窪雅文「ロシアの核管理と地球核汚染」、『軍縮問題試料』一九九五年三月号所収、宇都宮軍縮研究室。

川名英之「進行する地球核汚染」、『地球環境破局』所収、紀伊国屋書店、一九九六年。

アルヴァレズ、エレノア・ウォルターズ著、茂木正子訳『被爆国アメリカ　放射線被害の恐るべき実態』早川書房、一九八八年。

桐生広人編著『地球を守る　グリーンピース・ジャパンたたかいの記録』山と渓谷社、一九九九年。

大石又七『ビキニ事件の背景』みすず書房、二〇〇三年。

グローバルヒバクシャ研究会・前田哲男・中原聖乃・高橋博子・竹峰一郎著『隠されたヒバクシャ——検証＝裁きなきビキニ水爆被災』凱風社、二〇〇五年。

川名英之「米ソ核開発とソ連核実験汚染」、『世界の環境問題　第4巻・ロシアと旧ソ連邦諸国』所収、緑風出版、二〇〇九年。

川名英之「核兵器の生産と廃棄による汚染」、『世界の環境問題　第4巻・ロシアと旧ソ連邦諸国』所収、緑風出版、二〇〇九年。

川名英之「核開発政策と核実験被曝」、『世界の環境問題　第5巻・米国』所収、緑風出版、二〇〇九年。

第7章　反核運動と核軍縮の歩み

飯島宗一・豊田利幸『核廃絶は可能か』岩波新書、一九八四年。

黒沢満「INF全廃条約の成立」、『ジュリスト』一九八八年二月一日号所収、有斐閣。

藤井晴雄著、ユーラシア研究所・ブックレット編集委員会編『ソ連・ロシアの原子力開発　一九三〇年から現在まで』東洋書店、二〇〇一年。

NHK広島「核テロ」取材班『核テロリズムの時代』日本放送出版協会、二〇〇三年。

豊崎博光『マーシャル諸島核の世紀　一九一四〜二〇〇四』（上）、（下）日本図書センター、二〇〇五年。

ニュースなるほど塾編『核兵器と原子力』夢の設計社、二〇〇七年。

吉田文彦『核のアメリカ――トルーマンからオバマまで』岩波書店、二〇〇九年。

Lawrence Wittner, Confronting the Bomb, A Short History of the World Nuclear Disarmament Movement, STANFORD UNIVERCITY PRESS, 2009.

浦田賢治『核不拡散から核廃絶へ』日本評論社、二〇一〇年。

春原剛『核がなくならない7つの理由』新潮新書、二〇一〇年。

会川晴之『独裁者に原爆を売る男たち　核の世界地図』文藝春秋、二〇一三年。

外務省軍縮不拡散・科学部編集・発行『日本の軍備・不拡散外交』二〇一三年。

川崎哲『核兵器を禁止する』岩波ブックレット、二〇一四年。

田中利幸、ピーター・カズニック『原発とヒロシマ「原子力平和利用」の真相』岩波ブックレット、二〇一一年。

和田長久『原子力と核の時代史』七つ森書館、二〇一四年。

川名英之「チェルノブイリ原発事故」、『世界の環境問題　第4巻・ロシアと旧ソ連邦諸国』所収、緑風出版、二〇〇九年。

終章　「人類の悲願」核廃絶に向けて

本島等『長崎市長のことば』岩波ブックレット、一九八九年。

鎌田定夫『広島・長崎の平和宣言――その歴史と課題』平和文化、一九九三年。

川名英之「岐路に立つ米国の環境・核政策」、『世界の環境問題　第5巻・米国』所収、緑風出版、二〇〇九年。

川崎哲『核兵器を禁止する』岩波書店、二〇一四年。

あとがき

一九四五年八月六日、広島、九日、長崎に人類史上、最初の原子爆弾が投下され、「核の時代」が始まった。「核の時代」には前史がある。一八九六年にアンリ・ベクレルがウランの中に放射能があることを発見したときがそもそもの始まりである。

この発見から四十三年後、ウランの核分裂現象が発見され、その僅か六年後に米国が原爆を開発、対日戦争に使った。つまり、ウランの放射能が発見されてから原爆投下までの期間は半世紀だが、原爆投下以降、人類を何度も全滅させることができるほど多量の核兵器が製造・配備されるまでには僅か三十年ほどしか経っていない。

筆者が核兵器の問題に強い関心を持ったきっかけは、『ドキュメント　日本の公害』（全十三巻。一九八七～一九九六年）『世界の環境問題』（全十一巻。二〇〇六～二〇一五年）を執筆するための取材・調査であった。前者では南太平洋で操業中のマグロはえ縄漁船「第五福竜丸」乗組員二三人全員がビキニ水爆実験の「死の灰」を浴びた事件、後者では東西冷戦が激化する中の核軍拡競争や頻繁な核実験による環境汚染と実験場周辺地域住民の健康被害、米ソ全面核戦争勃発の瀬戸際だったキューバ危機（一九六二年十月）などについて書いた。

ソ連がキューバに配備したミサイル基地をめぐる「キューバ危機」では、考えるだけでもゾッとする事態が発生した。米軍がミサイル基地を破壊する計画を立て、臨戦態勢を敷いたためである。この時、米海軍太平洋艦隊司令部が統合参謀本部に送った報告の中には、「日本への核持ち込みの許可が下りれば、太平洋艦隊は全面戦争の準備が全て整う」と書かれていた。

米軍のキューバ海上封鎖と、これによるソ連艦船に対する臨検で何か一つトラブルが発生すれば、それが全面核戦争に発展する危険性があった。核兵器が核保有国に氾濫している現状は、人類の滅亡につながりかねない危険性を孕んでいることを示している。

今、核兵器が氾濫する危険な状態を「核兵器のない、安全な世界」に改める運動が非核兵器保有国によって進められている。核廃絶は今や紛れもなく、人類に課された最大の課題であり、人類の悲願とも言えるものである。このような核問題の起点が広島・長崎への原爆投下である。

原爆投下から七十年。被爆者が少なくなっている。世界には今も内戦の続いている地域や紛争が戦争に発展しかねない地域が存在する。戦争に核兵器が使われないという保証はない。そこで本書では放射能の発見から広島・長崎の原爆投下を経て今日の核廃絶運動に至るまでの原子力問題と、それによってもたらされた災いの歴史を徹底検証した。

本書が広島、長崎への原爆投下が現代史に占める位置づけや核の時代の歴史的経緯、核兵器のない、安全な世界を創る必要性などについての理解の増進に少しでも役立てば、この上ない喜びである。

最後に本書を世に出してくださった緑風出版と編集の労を取っていただいた高須次郎さんに心より感謝申し上げる。

二〇一五年六月二十三日

川名　英之

[著者略歴]

川名　英之（かわな　ひでゆき）

環境ジャーナリスト。

千葉県生まれ。1959 年 東京外国語大学ドイツ語科卒，毎日新聞社に入社。1963 ～ 1964 年、ウイーン大学へ文部省交換留学。社会部に所属し，主に環境庁・環境問題を担当、1985 年に編集委委員、89 年に立教大学法学部非常勤講師。90 年、毎日新聞社を定年退職し、ジャーナリストとして環境問題の著述に従事。この間、津田塾大学国際学科などの非常勤講師。

〔主な著書〕日本の公害・環境問題の歴史の初の通史『ドキュメント 日本の公害』全 13 巻 (緑風出版、1987 ～ 96 年)。『ドキュメント クロム公害事件』(同、1983 年)、『「地球環境」破局』（紀伊国屋書店、1996 年）、『検証・ダイオキシン汚染』（緑風出版、1998 年）、『どう創る循環型社会』（同，1999 年）、『こうして…森と緑は守られた　自然保護と環境の国ドイツ』（三修社、1999 年）、『資料「環境問題」地球環境編』（日本専門図書出版、2000 年）、『検証・デイ―ゼル車公害』（緑風出版, 2001 年）、『杉並病公害』(緑風出版、2002 年)、『検証・カネミ油症事件』（緑風出版、2005 年）。

世界各国の環境問題の歴史と現状をまとめた『世界の環境問題』（全 11 巻）。第 1 巻「ドイツと北欧」（緑風出版、2006 年）、第 2 巻「西欧」（同、2007 年）、第 3 巻「中・東欧」（同、2008 年）、第 4 巻「ロシアと旧ソ連邦諸国」（同、2009 年）、第 5 巻「米国」（同、2009 年）、第 6 巻「極地・カナダ・中南米」（同、2010 年）、第 7 巻「中国」（同、2011 年）、第 8 巻「アジア・オセアニア」（同、2012 年）、第 9 巻「中東・アフリカ」（同、2014 年）、第 10 巻「日本」（同、2014 年）、第 11 巻「地球環境と人類の未来」（同、2015 年）＝予定 10 月。

〔主な共著〕『紙面で勝負する！「読者のための新聞」への討論』（晩聲社、1979 年）、『市民のための環境講座　上』（中央法規出版、1997 年）、立川涼・ダイオキシン・環境ホルモン対策国民会議著『提言・ダイオキシン緊急提言』（かもがわ出版、1999 年）、化学物質問題市民会研究会編『奪われた未来を取り戻せ　有害化学物質対策――NGO の対策』（リム出版新社、2000 年）、止めよう！ダイオキシン汚染・関東ネットワーク編集・発行『今、なぜカネミ油症か』（2000 年）、『人とわざわい　持続的幸福へのメッセージ』上巻（エス・ビー・ビー、2006 年）など。

核《かく》の時代《じだい》70年《ねん》

2015年8月15日　初版第1刷発行　　　定価2800円＋税

著　者　川名英之©
発行者　高須次郎
発行所　緑風出版
〒113-0033　東京都文京区本郷2-17-5　ツイン壱岐坂
［電話］03-3812-9420　［FAX］03-3812-7262［郵便振替］00100-9-30776
［E-mail］info@ryokufu.com［URL］http://www.ryokufu.com/
装　幀　斎藤あかね
制　作　R 企 画　　印　刷　中央精版印刷・巣鴨美術印刷
製　本　中央精版印刷　　用　紙　大宝紙業・中央精版印刷　　E1000

ISBN978-4-8461-1511-1　C0036